이승환   고려대학교 철학과 교수

유종호   전 연세대학교 석좌교수

심경호   고려대학교 한문학과 교수

이남호   고려대학교 국어교육과 교수

김호동   서울대학교 동양사학과 교수

김상환   서울대학교 철학과 교수

여건종   숙명여자대학교 영어영문학부 교수

고전 강연

1

개론

문화의 안과 밖

고전 강연

이승환
유종호
심경호
이남호
김호동
김상환
여건종

1

개론

민음사

머리말

『고전 강연』은 네이버 문화재단이 지원하는 '문화의 안과 밖' 강연의 두 번째 시리즈 '오늘을 성찰하는 고전 읽기'를 책으로 엮은 것이다. '문화의 안과 밖'은 오늘날 학문의 여러 분야에서 문제가 될 만한 주제들을 다루면서, 학문의 현재 위상에 대한 일단의 성찰을 시도하고 그 기초의 재확립에 기여할 것을 목표로 한 기획이었다.

지금까지 우리 학문의 기본자세를 결정한 것은 긴급한 시대의 부름이었다. 이는 정당한 것이면서도, 전통적으로 학문의 사명으로 정의되어 왔던 진리 탐구의 의무를 뒷전으로 밀리게 하는 일이기도 했다. 그리하여 새삼스럽게 상기할 필요가 있는 것은 진리에 대한 추구가 문화의 핵심에 자리할 때 건전한 사회가 유지될 수 있다는 사실이다. 그리고 그에 비추어서만 현실 문제에 대한 진정한 해답도 찾을 수 있다.

'문화의 안과 밖'은 학문적 기준을 지키면서도 일반 청중에 열려 있는 강연 시리즈다. 일반 청중과의 대화는 학문 자체를 위해서도 중요한 의미를 지닌다. 그것은 특별한 문제에 집중하여 전문적으로 연구하는 학문을 보다 넓은 관점에서 되돌아보게 한다. 사회적 열림은 자연스럽게 학문이 문화 일반과 맺는 관련을 생각하게 한다. 그리고 그에 요구되는 다면적 검토는 학문 상호 간의 대화를 자극할 것이다.

그리하여 넓어지는 학문적 성찰은 당면하는 문제의 궁극적인 배경으로서 보편성의 지평을 상정할 수 있게 한다. 가장 넓은 의미에서의 건전한 사회의 바탕은 여기에 이어져야 마땅하다고 할 수 있다.

그러나 너무 넓은 관점에서 시도되는 성찰은 지나치게 일반적이고 추상적인 것이 되어 학문적 사고가 태어나는 구체적 정황을 망각하게 할 수 있다. 현실에 대한 개념적 이해는 학문이 추구하는 목표의 하나다. 이에 못지않게 중요한 것은 그러한 개념과 이해가 생성되는 이해의 동역학이다. 이것을 생각하게 하는 계기의 하나는 고전 텍스트의 주의 깊은 독서일 것이다. 그러나 고전이 된 텍스트는 새로이 해석되어야 비로소 살아 움직이는 현실로서 이해될 수 있다. 해석은 텍스트에 충실하면서 그것이 오늘의 삶에 지니는 의미를 생각해 보는 작업이다. 또 고전이 동시대에 지녔던 자리와 의미를 알아보는 일도 필요하다. 이러한 동시대적 의미를 밝힘으로써 고전은 삶의 핵심적 사건으로서 구체성을 얻게 되고, 오늘의 삶의 조명에 도움을 줄 수 있다.

물론 고전을 읽는 데에 한 가지 고정된 접근 방법이 있는 것은 아니다. 선택된 고전을 어떻게 읽느냐 하는 것은 고전의 독특한 성격에 따라, 또 강연자의 관심에 따라 다를 수밖에 없다. 접근 방법을 고정하는 것은 고전을 통하여 사회의 정신을 넓히고 깊게 하는 것이 아니라 그것을 좁히고 옅게 하는 일이 될 것이다.

이번 고전 강연 시리즈에서 다루는 텍스트는 50여 권에 한정된다. 이를 선택하는 것은 극히 어려운 일이었다. 우리는 강연에서 다루는 고전들이 다른 고전 텍스트로 나아가는 길을 열기를 희망한다. 시리즈의 처음, 1권에 자리한 여러 고전 전통에 대한 글은 보다 넓은 고전들의 세계로 나가는 길잡이로서 계획된 것이다. 고전 읽기가 우리 문화의 안과 밖을 넓히고 깊이 있게 하는 데 도움이 되기를 바란다.

문화의 안과 밖 자문위원회

동양의 고전

동양 고전 이해를 위한 방법론적 서언

이승환 (고려대학교 철학과 교수)

1 동양 고전의 분류 체계

고전의 의미

우리말에서 고전(古典)이란 예전에 쓰인 작품으로 시대의 차이를 뛰어넘어 변함없이 읽을 만한 가치를 지니는 문헌 자료들을 일컫는 말이다. 동양 전통에서 고전이라는 낱말이 지닌 원래 의미를 알아보려면 『설문해자(說文解字)』[1]를 참조할 필요가 있다. 『설문해자』에 의하면 고(古) 자는 열 십(十)과 입 구(口)로 이루어진 회의자(會意字)로서, 사람들의 입을 통해 이전 시대의 말과 일을 기억하고 전승하는 일을 뜻한다.[2] 그리고 전(典) 자는 오제(五帝)[3]의 서책을 가리키는 말로, 책(冊)이 높다란 서가(兀) 위에 모셔져 있음을 뜻하는 회의자이다.[4]

현대 우리말에서 고전은 읽을 만한 가치를 지닌 옛 책을 가리키지만, 전통 동양에서 고전은 다음 세 가지의 의미를 중첩적으로 내포하고 있다. 전장(典章, 사회 운영의 기본이 되는 이전 시대의 원칙과 제도)과 전적(典籍, 이전 시대의 중요 문헌과 기록), 전고(典故, 근거가 될 만한 이전 시대의 모범적 사례) 등이 그것이다. 이로 볼 때 전통 동양에서 고전은 단지 읽을 가치가 있는 옛 책의 의미에 한정되지 않고, 인간 사회의 운영에 전범(典範)이 될 만한 이전 시대의 제도와 원리, 사례와 근거, 문헌과 기록 등의 의미를 망라하는 복합 명사임을 알 수 있다. 이 글에서는 고전을 '읽을 만한 가치를 지닌 옛 책'의 의미로 한정해서 사용하기로 한다.

동양의 고전

한대의 칠략—중국 최초의 도서 분류 체계

르네상스 이전까지의 세계 기록 문물 가운데서 한자로 쓰인 것이 80퍼센트 이상을 차지한다고 한다. 현재까지 중국의 고전 도서가 몇 권이나 되는지 정확한 통계는 나와 있지 않으나, 한(漢)·당(唐)·청(淸)대에 각기 만들어진 도서 목록을 통해 그 종류와 규모를 짐작해 보기로 한다.

먼저 목록학의 시조라고 일컬어지는 유향(劉向)·유흠(劉歆) 부자가 한대에 황실 도서를 정리하기 위해 만든 칠략(七略, B.C. 5세기경)을 살펴보자. 칠략은 서구 최초의 도서 분류 체계인 콘라트 폰 게스너(Konrad von Gesner, 1516~1565)의 『도서 총람(*Bibliotheca Universalis*)』보다 무려 1500년이 앞서는 것으로, 총론 격에 해당하는 집부(輯部)를 제외하면 사실상 6분법의 분류 체계이다. 황실 수장 도서를 모두 여섯 개의 략(略)으로 분류하고 략의 하위는 종(種)으로, 종의 하위는 가(家)로 세분하여 최종적으로 가의 하위에 개별 서적들을 수록했다. 집부를 제외하고 모두 6략 38종 603가 1만 3219권의 도서가 수록되어 있다. 칠략의 분류 체계를 도표로 정리하면 오른쪽과 같다.

칠략에 나타난 도서 분류 체계의 특징은 다음과 같다.

(1) 유학의 경전류를 육예략이라는 이름의 독립 부문으로 설정하여 유교의 특수 지위를 드러냈다.

(2) 『논어』를 개별 사상가의 부류인 제자략에 두지 않고 육예략에 포함하여 경전의 지위를 부여했다.

(3) 『사기』를 비롯한 역사서를 육예략의 춘추에 포함하여 경전의 일부로 간주했다.

략(略)	종(種)	내용
집부(輯部)		총론
육예략(六藝略)	역(易), 서(書), 시(詩), 예(禮), 악(樂), 춘추(春秋), 논어(論語), 효경(孝經), 소학(小學)	유학의 기본 경전
제자략(諸子略)	유(儒), 도(道), 음양(陰陽), 법(法), 명(名), 묵(墨), 종횡(縱橫), 잡(雜), 농(農), 소설(小說)	다양한 학파의 사상을 열 가지로 분류
시부략(詩賦略)	굴원부(屈原賦), 육가부(陸賈賦), 손경부(孫卿賦), 잡부(雜賦), 가시(歌詩)	운문체의 문학 작품
병서략(兵書略)	병권모(兵權謀), 병형세(兵形勢), 병음양(兵陰陽), 병기교(兵技巧).	군사, 병법, 무기 제조법
술수략(術數略)	천문(天文), 역수(曆數), 오행(五行), 시귀(蓍龜), 잡점(雜占), 형법(形法)	천문, 수학, 역법, 점술
방기략(方技略)	의경(醫經), 경방(經方), 방중(房中), 신선(神仙)	의술, 약초학, 양생술

(4) 소학(小學) 즉 자전(字典)과 문자학을 육예략에 포함하여 경전 독해를 위한 기초 지식인 훈고(訓詁)를 강조했다.

(5) 군사 및 전쟁에 관한 제반 지식을 병서략으로 분류하여 종합 학문으로 격상했다.

(6) 천문, 역수, 오행과 같은 자연과학 지식을 시귀, 잡점, 형법 등의 점복적 지식과 함께 술수략에 포함했다.

(7) 신비적 성격이 농후한 신선학을 의경, 경방, 방중과 같은 의약학적 지식과 더불어 방기략에 포함하여 정식 학문으로 인정하고 있다.

당대의 『수서』 「경적지」—경사자집의 분류 체계

칠략의 분류 체계는 후에 반고(班固)가 지은 『한서(漢書)』 「예문지(藝文志)」(B.C. 1세기)에 거의 그대로 계승되어 중국 도서 분류법의 효시가 되었다. 하지만 당나라 정관(貞觀) 10년(7세기)에 만들어진 『수서(隋書)』 「경적지(經籍志)」에서는 6분법 대신 4분법을 채용하여, 8만 9666권의 책을 경서(經)·사서(史)·제자(子)·문집(集)으로 분류하였다. 『수서』 「경적지」의 분류 체계를 도표로 정리하면 아래와 같다.

부(部)	내용
경부(經部)	역(易), 서(書), 시(詩), 예(禮), 악(樂), 춘추(春秋), 효경(孝經), 논어(論語), 위참(緯讖), 소학(小學)
사부(史部)	정사(正史), 고사(古史), 잡사(雜史), 구사(舊史), 직관(職官), 의주(儀注), 형법(刑法), 지리(地理), 보계(譜系)
자부(子部)	유(儒), 도(道), 묵(墨), 종횡(縱橫), 농(農), 소설(小說), 병(兵), 천문(天文), 역수(曆數), 오행(五行), 의방(醫方)
집부(集部)	초사(楚辭), 별집(別集), 총집(總集)

『수서』 「경적지」에 나타난 도서 분류 체계의 특징은 다음과 같다.

(1) 원래 역사서의 성격을 띤 『춘추』를 경부로 분류하여 경전으로서 지위를 인정했다.

(2) 『춘추』 이외의 역사서는 사부로 분류하여 역사학의 독립적 위상이 확보되었다.

(3) 사부는 각종 역사서뿐 아니라 직관, 형법, 지리에 속하는 도서를 포함함으로써 단순한 역사서의 성격을 넘어 사회과학의 성격까지 띠게 되었다.

(4) 자부에 제자백가의 서적과 더불어 천문, 의방 등의 지식까지 함께 수록함으로써 철학 사상과 자연과학이 한곳에 모이게 되었다.

(5) 시(詩), 가(歌), 부(賦), 문(文)을 집부에 통합함으로써 문학의 독립적 위상이 확보되었다.

(6) 도교와 불교 관련 서적을 4부 이외의 부록으로 처리함으로써 유학의 독존(獨尊)적 지위를 확고하게 하는 동시에 신비적인 종교 사상을 정식 학문에서 배제하였다.

『수서』「경적지」에서 채용한 4분법은 훗날 송·명·청대에 이르기까지 그대로 채용되어, 근대 서양의 도서 분류 체계가 수입될 때까지 중국 목록학의 전범으로 기능하였다.

청대의 『사고전서』 ─ 경사자집 4분법적 도서 분류 체계의 완성

『사고전서(四庫全書)』는 중국 역사상 최대 규모의 도서 모음으로서, 건륭제의 칙명에 따라 360여 명의 관원과 3600여 명의 문인 학자가 1773년부터 9년에 걸쳐 중국 전역의 도서를 수집해서 경·사·자·집의 4부로 나누어 집성한 총서이다. 약 3800명의 초사(抄寫) 인원이 직접 베껴 수록한 서적의 수는 3503종(7만 9337권)으로, 책 수로는 3만 6304책, 면수로는 230만 쪽, 글자 수로는 약 8억 자가 된다. 이 밖에도『사고전서』에 부록으로 딸린『존목(存目)』에는 6793종(9만 3511권)의 책 이름이 추가로 기재되어 있으니, 모두 합하여 1만 296종, 17만 2848권의 책이 청나라 조정에 의해 파악되었던 셈이다.

『사고전서』는 애초 네 부(copy)를 내는 것을 목표로 하였으나 후에 세 부를 추가하여 모두 일곱 부를 초사해서, 자금성 황궁 내의 문연각(文淵閣), 북경 교외 원명원의 문원각(文源閣), 봉천 고궁의 문소각(文溯閣), 승덕 피서산장의 문진각(文津閣), 진강 금산사의 문종각(文宗閣), 양주 대관당의 문회각(文匯閣), 항주 성인사의 문란각(文瀾閣)에 각기 한 부씩 보관하게 했다. 황궁 내의 문연각본은 1949년 장개석 정권이 대만으로 옮겨 갈 때 이송되어 영인·출판되었다.

『사고전서』는 수집한 서적을 경·사·자·집의 4부로 나누고 부의 아래에는 류(類), 류의 아래는 다시 속(屬)으로 세분하여 각종 도서를 분류했다. 이를 도표로 정리하면 아래와 같다.

부(部)	류(類)
경부(經部)	역(易), 서(書), 시(詩), 예(禮), 악(樂), 춘추(春秋), 효경(孝經), 오경총의(五經總義), 사서(四書), 소학(小學)
사부(史部)	정사(正史), 편년(編年), 기사본말(紀事本末), 별사(別史), 잡사(雜史), 조령주의(詔令奏議), 전기(傳記), 사초(史鈔), 재기(載記), 시령(時令), 지리(地理), 직관(職官), 정서(政書), 목록(目錄), 사평(史評)
자부(子部)	유가(儒家), 병가(兵家), 법가(法家), 농가(農家), 의가(醫家), 천문연산법(天文演算法), 술수(術數), 예술(藝術), 보록(譜錄), 잡가(雜家), 유서(類書), 소설(小說), 석가(釋家), 도가(道家)
집부(集部)	초사(楚辭), 별집(別集), 총집(總集), 시문평(詩文評), 사곡(詞曲)

『사고전서』의 분류 체계에서『수서』「경적지」와 달라진 점은 다음과 같다.

(1) 경부에『논어』·『맹자』·『대학』·『중용』등의 사서를 포함해 송대 이후 사서 중심의 유학 발전을 반영하고 있다.

(2) 경부의 소학류(小學類)를 훈고(訓詁), 자서(字書), 운서(韻書) 등의 3속으로 확대, 세분함으로써 문자학·음운학 중심의 고증학적 경전 해석학의 발전을 반영하고 있다.

(3) 사부에 직관, 시령, 조령, 주의, 정서, 지리 등을 포함하여 사부의 역사학적 성격 이외에 행정학·정치학적 성격을 부각했다.

(4) 자부에서는 묵가, 명가, 종횡가가 독립 학파로서의 지위를 상실하고 잡가(雜家)로 전락했다.

(5) 자부 안에『음부경』,『주역참동계』등 도교 서적들을 도가류로,『홍명집』,『오등회원』과 같은 불교 서적들을 석가류로 분류해 정식 학문에 포함했다.(불경(佛經)과 도장(道藏)은 여전히 4부에서 제외되어 있다.)

(6) 집부 안에『문심조룡(文心雕龍)』,『시품(詩品)』,『문칙(文則)』,『문설(文說)』등의 문학 평론 서적들을 시문평류(詩文評類)로 모아서 독립시켜, 문학의 이론적 성격을 강화하였다.

『고전 강연』시리즈에 수록된 동양 고전으로는『논어』,『맹자』,『노자』,『장자』,『한비자』,『근사록』,『화엄경』등이 있다. 이 책들을『사고전서』의 분류 체계에 따라 정리하면 다음과 같다.

『논어』, 『맹자』	경부(經部) 사서류(四書類)
『노자』, 『장자』	자부(子部) 도가류(道家類)
『한비자』	자부(子部) 법가류(法家類)
『근사록』	자부(子部) 유가류(儒家類)
『화엄경』	『사고전서』에서 제외

2 고전 연구의 두 갈래 — 훈고와 의리

경전과 경학

경(經)은 원래 직물의 위에서 아래로 뻗어 있는 줄기를 가리켰으나, 이에서 연신(延伸)하여 불변의 도리(常道)를 담은 고대의 전적을 가리키게 되었다. 노자의 책에도 『도덕경』이라 하여 경 자를 붙이고 장자의 책에도 『남화진경』이라 하여 경 자를 붙이지만, 중국의 주류 학문인 유학의 전통에서 경은 5경[5]이나 13경[6]과 같은 유교 경전을 가리킨다.

중국의 전통 학문은 경에 대한 해석(경학)을 통해 전개되었다. 경은 선진 시대 또는 그 이전의 고대 언어와 역사 문화를 배경으로 하고 있기 때문에 전문가의 해설(또는 해석) 없이는 접근하기 어렵다. 우리가 통상 사용하는 경전(經傳)이라는 단어는 경과 전이 합해진 말이다. 경이 고대부터 전해 내려온 텍스트의 본문이라면, 전(傳)은 이에 대한 부연 해설을 말한다. 예를 들어 『역전(易傳)』은 공자가 『주역』이라는 경에 해설을 붙인 것이고 『춘추좌전(春秋左傳)』은 공자의 제자

좌구명이 『춘추』라는 경에 해설을 덧붙인 것이다.

한대의 훈고학

한대에 성행한 경전 해석학(즉 경학)은 훈고학(訓詁學)이라 불린다. 『설문해자』에서는 훈(訓)을 "말하여 가르치는 일"이라 풀고[7] 고(詁)는 "옛말을 해석하는 일"이라 풀고 있다.[8] 훈고학은 고대 경전의 사의(辭義), 음운(音韻), 어법(語法), 수사(修辭) 등을 연구하는 학문으로 훈고(訓故), 고훈(古訓), 해고(解故), 해고(解詁)라 하기도 한다.

한·당대의 경학은 주소학(注疏學)이라고도 불린다. 원래 주(注)는 물길에 물을 쏟아부어 흐르게 하는 일을 뜻하고, 소(疏)는 막힌 물길을 뚫어 물이 원활하게 통하도록 하는 일을 뜻한다. 여기서 연신하여 주는 경에 대한 해석을 말하고 소는 (경에 대한 추가 해석과 더불어) 주에 대한 부연 설명을 가리킨다. 간단하게 말해서 주소란 경전에 해석을 가하여 뜻이 물 흐르듯 통하게 하는 작업을 가리킨다. 주소에는 다양한 명칭이 있다. 훈(訓), 고(詁), 설(說), 해(解), 전(箋), 석(釋), 전(詮), 정(訂), 교(校), 고(考), 증(證), 의(義) 등이 그것이다.

당대 주소가들 사이에는 "소는 주를 깨뜨릴 수 없다(疏不破注)."라는 말이 금언처럼 신봉되었다. 당대의 학자들은 경전에 소를 달면서 한대에 이루어진 주의 범위를 벗어나서는 안 된다고 여겼다. 훗날 량치차오(梁啓超)를 비롯한 많은 지식인들이 한탄했던 것처럼, 옛것만이 옳고 지금의 것을 그르다고 여기는 시고비금(是古非今)의 학문 태도는 학술 연구를 현실에서 멀어지게 하는 폐단을 낳았다.

송대의 의리학

송대의 학문은 한·당대의 훈고학과 대비하여 의리학(義理學)이라고 불린다. 의리란 의미(義)와 이치(理)가 합해진 말로, 북송 시대의 사상가 정이(程頤)가 처음 사용한 말이다. 송대의 학자들은 경전 문자에 대한 훈고학적 탐구 대신 우주의 운행 원리와 인간의 내면 본성, 그리고 사회와 공동체의 운영 원칙에 대한 철학적 탐구를 학문의 목적으로 삼았기 때문에, 이들의 학문을 도학(道學)이나 이학(理學)으로 부르기도 한다. 송대 유학은 원시 유학의 근본정신을 바탕에 깔고 도교, 불교로부터 도입한 형이상학과 수양론을 접목한 새로운 유학(新儒學)이었기 때문에, 상이한 유파들의 사상을 종합적으로 융회하고 체계적 일관성을 갖추기 위해 훈고학적 태도 대신 '철학적 해석학'의 학문 자세가 새롭게 요구되었다. 이들은 경전을 한 구절씩 주해하거나 개별 문자의 본래적 의미에 대해 천착하던 한학의 폐풍에서 벗어나 경전 전체에 나타난 철학적 의미, 즉 의리를 파악하고자 하였다. 의리학은 비록 송대에 시작된 것이기는 하나 송대라는 시대적 한계를 넘어 청대 이전까지, 즉 송·원·명의 학문 경향을 포괄해서 지칭하는 것이다.

청대의 고증학

청대에 들어서는 한대의 훈고학을 재평가하고 다시금 한학으로 회귀하는 경향을 보인다. 신한학(新漢學)이라고 해도 무방한 청대의 학술 풍토는 고증학(考證學) 또는 고거학(考據學)이라고 불린다. 고(考)는 '밝힌다'는 의미이고, 증(證)은 '증명하다' 또는 '증거를 찾다'

라는 의미이다. 고와 증을 연언(連言)하면 "증거를 찾아 밝히다."라는 의미가 된다. 고증을 현대어로 말한다면 근거를 찾아 밝히는 증명 작업(evidential research)이라고 할 수 있다.

고증학은 청대 건륭(乾隆)·가경(嘉慶) 연간에 성행한 경전 해석 방법론으로, 이러한 사조는 명대 말기 양명 좌파에 대한 반동으로부터 비롯되었다. 명 말의 양명 좌파 사상가들은 경전이나 주석에 기대지 않고 개인의 주관적 이해에 근거하여 현실과 동떨어진 고담준론을 일삼았다. 그러나 이민족에 의해 나라가 멸망하자 학자들은 광선(狂禪)으로 흘러가던 당시의 공소(空疎)한 학술 풍조를 비판하고 경세치용(經世致用)을 위한 실학으로 학문 노선을 전환하고자 하였다. 이들은 실학의 원류를 원시 유가의 경전에서 찾았고, 원시 경전에 대한 정확한 이해를 도모하고 실학에 대한 경전적 권위를 확보하기 위하여 고증으로 눈을 돌린 것이다.[9]

고증학의 기풍이 흥하게 된 배경에는 강희(康熙) 연간부터 건륭 연간까지 지속된 문자옥(文字獄)의 영향도 간과할 수 없다. 문자옥은 청의 지배에 저항하는 지식인들의 언론을 탄압하고 사상 통제를 강화하려는 데 목적이 있었다. 청조는 특히 비판적 지식인들의 진취적 연구 활동을 금함으로써 반청 복명(反淸復明)의 움직임을 차단하고 문화 전제주의를 강화해 나갔다. 이러한 사상 탄압의 분위기 속에서 창의적인 학문의 기상은 억압되고, 대신 현실과 담을 쌓은 채 고증학적 경전 해석에만 몰두하는 기풍이 생겨난 것이다.[10]

처음에 경전을 고증학적으로 천착하던 학술 기풍은 점차 전문화된 분과 영역으로 발전하였다. 고증학은 단지 문자의 훈고만 다루는 것이 아니라 판본학, 문헌학, 목록학, 교감학, 문자학, 성운학, 훈고학, 박물학, 분류학, 문화사, 제도사 등의 다양한 전문 영역으로 심화되었다.

이상에서 설명한 것처럼 중국 경학 2000년의 역사는 한대의 훈고학, 송대의 의리학, 청대의 고증학으로 발전하였지만, 청대의 고증학은 한대 훈고학의 연장선상에 있으므로 중국의 경학 방법론은 사실상 크게 한학과 송학으로 대별된다고 할 수 있다.

3 고전 이해를 위한 해석학적 5단계

고증과 의리의 갈등

고증과 의리는 역사적 맥락에서 볼 때 각기 청대와 송대에 성행했던 대표적인 학술 사조를 일컫는다. 하지만 고증과 의리를 특정 시기에 존재했던 과거의 학술 사조로만 보지 않고 현재에도 통용되는 고전 해석 방법론으로 이해한다면, 전통 시기뿐 아니라 오늘날에도 이 두 가지 방법적 태도가 서로 갈등 관계 혹은 긴장 관계를 유지하면서 병존하고 있다는 사실에 동의할 수 있을 것이다. 동양철학 전공자들 또는 경전 연구자들 사이에는 이 두 가지 방법론 중 어느 쪽에 더 비중을 두는가에 따라 서로 상대방의 학문을 인정하지 않으려는 분위기가 은연중 퍼져 있는 것 같다. 아래에서는 서로 화합할 수 없는 것처럼 보이는 이 두 가지 방법적 태도가 결국은 한 연구자의 이해 체계 안에서 조화롭게 '해석학적 융합'을 이루어야 함을 주장하고자 한다.

고증과 의리 융합의 필요성

고증은 경전 해석에 있어서 반드시 거쳐야 할 기초 단계이다. 고증학의 세부 영역인 판본학, 문헌학, 목록학, 교감학, 문자학, 성운학, 훈고학, 박물학, 분류학, 문화사, 제도사 등과 관련된 기초 지식은 경전 연구자를 정확한 이해의 길로 안내한다. 만약 이러한 실증적인 천착이 없다면 우리의 경전 이해는 다만 부천(浮淺)한 수준에 머물고 말 것이며, 개인적 주관과 억측에 근거한 낭설과 독단으로 흐르게 될 것이다. 가오밍(高明)은 고증이 지닌 방법론적 의의를 이렇게 말한다.

고거(考據)는 고증이라고도 불리며, 이는 진상(眞象)을 구하는 학문 방법론이다. 진상을 구하기 위해서는 반드시 충분한 증거를 가지고 객관적인 입장에 서서 과학적 방법을 운용하여 연구에 종사해야 한다.[11]

고증은 문자가 지닌 정확한 의미를 실증적 근거를 통하여 드러내 줄 수 있기 때문에 경전 해석에 있어서 거치지 않으면 안 될 제1관문이다. 첸무(錢穆)는 고증의 필요성을 이렇게 강조한다.

고거는 학문에 종사하는 한 가지 방법에 불과하다. 하지만 학문에 입문하여 의심나거나 어려운 문제에 부닥쳤을 때는 반드시 고거를 거쳐야 한다.[12]

첸무의 말처럼 고증은 경전 연구자가 필수적으로 통과해야 하는 관문이지만 경전 연구의 최종 목적지라고 할 수는 없다. 만약 고증이 학술 활동의 최종 목적지라고 여긴다면 이는 곧 심각한 문제를 낳게 된다. 후스(胡適)와 야부우치 기요시(藪內淸)는 고증학에만 매몰되어 생기는 폐단으로 특히 수학이나 천문학과 관련된 고증학자들의 학문 태도를 예로 든다. 대진(戴震)이나 전대흔(錢大昕)과 같은 고증학자는 단지 고전의 복원이라는 측면에서만 수학·천문학 문헌에 접근했을 뿐, 수학이나 천문학이 과학 일반으로서 지니는 의미와 중요성에 주목하거나 새로운 발견과 발명을 통하여 이들 학문을 독립된 연구 분과로 발전시키는 일에는 관심을 가지지 못했다. 자연 현상에 관한 연구는 경학이나 고전 문헌과 관련되는 한에서만 연구 대상으로 채택되었을 뿐 새로운 실험이나 증거의 발견을 통하여 이를 과학 일반으로 발전시킬 지적 호기심은 이들에게 결여되어 있었다.[13]

고증이 학문의 최종 목표라고 여기는 태도는 수학이나 천문학과 같은 과학 분야만이 아니라 인문학에서도 심각한 문제를 야기한다. 단옥재(段玉裁)와 같은 고증학자는 "고거는 학문의 전부다."[14]라고 주장한다. 이러한 주장은 학문의 본질과 의미에 관해 엄중한 질문을 던진다. 형식 논리와 사실 관계 증명만이 절대적 진리를 담보해 준다고 믿었던 근대의 실증주의 사조처럼, 고증만이 진리에 도달하는 유일한 길이라고 믿는 고증 제일주의의 태도는 오히려 학문의 의미를 축소하고 학문의 본질을 고사시켜 버린다.

고증만을 진리에 이르는 유일한 길로 간주했던 건가(乾嘉) 학풍이 비운의 종말을 맞이하게 된 이유는 다음 몇 가지로 정리할 수 있다. 첫째, "경전을 통하여 실용에 이른다."라는 통경치용(通經致用)의 입장은 결국 모든 진리의 기준을 고대의 경전에 한정함으로써 극히 보수적인 색채를 띨 수밖에 없었다. 시대의 변화에 따라 삶의 조건도 바뀌며, 이에 따라 사회 규범과 가치 기준도 변하기 마련이다. 그러나 이러한 객관적 변화를 무시한 채, 가치 기준과 정당성의 근거를 머나 먼 상고 시대에 고정해 놓고 거기에 맞춰서 살아야 한다고 강요한다 면 이는 너무도 보수적인 태도가 아닐 수 없다.

둘째로 고증을 최후의 목적으로 삼는 건가 학풍은 끝내 학문의 유희로 흐를 수밖에 없었다.[15] 후일 량치차오는 건가 학풍을 "학문을 위한 학문(爲學問而學問)"이라고 혹평한 적이 있다. 이는 고증학이 인 문학의 근본 의의와 목적을 상실한 채 고전에 대한 실증적 연구라는 고학(古學)의 범주 안에 매몰되고 말았음을 지적한 것이다. 학자들이, 그것도 일부가 아니라 대부분의 학자들이 자신의 현실이 안고 있는 절절한 문제의식을 외면한 채 고전에 대한 문헌학적 연구에만 매달 린다면 이는 창백한 지적 유희 또는 현실에 대한 책임 방기로 이어질 수밖에 없다.

셋째로 건가 고증학은 처음에는 객관적·실증적 경전 연구를 목 적으로 하였기에 가법(家法)이나 문호(門戶)에 구속되지 않았다. 그러 나 진리와 가치의 기준을 고대에서 구하려는 숭고(崇古)의 태도는 점 차 자기 문호의 해석만을 유일하게 옳은 것으로 여기고 다른 문호의 해석과는 담을 쌓는 결과로 이어졌다. 이러한 폐쇄적 학문 자세는 결 국 지식인들의 진취성과 창의성을 가로막는 장벽이 되었다. 도광(道 光) 연간 이후 서양 군함과 대포의 위협이 늘어 갈 때 이에 대응하기 위하여 과학과 기술을 진흥시키고자 했던 진보적 지식인들이 고증학 을 새로운 지식을 가로막는 장애물로 간주한 것은 당연한 일이다.

건가 학풍의 어두운 종말을 보면서 우리는 고증의 방법을 사용해

동양의 고전

서 도달하고자 하는 최종 목적지가 어디인지 되물어야 한다. 고증학, 훈고학, 문자학, 음운학이 스스로 모든 학문 활동의 최종 목표라고 자임하지만 않는다면, 이러한 분과 학문들은 경전의 실증적 이해나 인문학적 사유의 확장에 풍부한 기초 지식을 제공해 줄 것이다. 이런 점에서 고전 연구자들은 고증이 경전 해석의 예비 단계에서 반드시 거쳐야 할 기초 작업임을 인정할 필요가 있지만, 그것을 인문학의 최종 목표라고 여겨서는 안 될 것이다. 이와 관련하여 전대흔은 이렇게 말한다.

문자가 있은 후에 훈고가 있고, 훈고가 있은 후에 의리가 있다.[16]

전대흔의 말처럼 경전 문자의 뜻을 정확하게 파악하기 위해서 일차적으로 훈고와 고증이 필요하기는 하지만, 훈고와 고증을 거쳐 우리가 최종적으로 도달하고자 하는 곳은 의리이다.

고증에서 의리까지 ─ 고전 해석의 5단계[17]

고증에 전념하는 연구자들이 다른 해석 방법론을 원용하는 연구자들에 대해서 거부감을 가지는 이유는 그들의 이해가 실증적인 고전 해석에 기초하지 않았다는 점 때문이다. 고증을 중시하는 연구자들은 장자를 20세기 후반의 미국 철학자 로티(Richard Rorty)와 비교한다든지, 불교 사상을 니체나 보르헤스와 비교한다든지, 노장사상을 하이데거나 데리다와 비교하는 작업에 대해 심히 못마땅함을 토로한다. 경전을 해석할 때는 경전이 쓰였던 과거로 돌아가서 그 시대의 언어와 맥락 안에서 이해해야지, 현대의 안경을 쓰고 과거를 바라보려 한다면 이는 현대화의 오류(fallacy of modernization)를 범하는 꼴이라는 것이다. 타당한 지적이다. "매우 현대적인" 어떤 해석자는 노자가 환경 문제를 해결할 수 있는 생태주의 철학을 펼쳤다고 말하지만, 현대에도 중국의 궁벽한 농촌에서는 어지간한 높이의 산이라면 정상까지도 다 개간하여 화전을 일구고 뱀과 개구리 그리고 매미와 메뚜기까지 잡아먹지 않는 생물이 없는 판에, 생산력이 그토록 저급했던 춘추전국시대의 사람들이 무슨 수로 환경 보호 의식을 가질 수 있었겠는가? 어떤 해석자는 장자의 사상이 로티의 자유 민주주의 사상과 유사하다고 말하지만, 노예 한 명이 말 다섯 마리와 교환되던 시절에 자유 민주주의는 또 웬 말인가? 이러한 해석들은 확실히 황탄무계한 면이 있다. 너무도 탈맥락적이고 탈역사적이기 때문이다. 이러한 연구자들은 "의리학은 반드시 훈고로부터 시작해야 한다."[18]라는 완원(阮元)의 말을 새겨들을 필요가 있다.

다른 한편으로, 고증이 아닌 다른 해석 방법론을 원용하여 이해의 지평을 넓히려는 연구자들은 고증의 방법을 고수하려는 학자들이 고루하고 편협하다고 불평한다. 특정 학파의 해석과 특정 문호의 주석에만 매몰되어 아집과 독선 그리고 폐쇄주의와 권위주의에 빠지고 만다는 것이다. 요즘도 학위 논문을 지도하는 과정에서 대학원생이 다른 문호의 주석을 원용하여 해석하거나 다양한 현대의 방법론을 원용하여 창의적 해석을 시도하는 일을 금하는 경우를 볼 수 있다. 이러한 태도는 극히 권위주의적이며 창의적 연구를 가로막는 처사가 아닐 수 없다. 고증학적 방법론의 폐쇄성에 불만을 가지는 사람은 문학이나 사학 연구자보다는 철학 연구자 가운데 더 많다. 철학은 철학함(philosophizing)이라는 '현재형'이 되어 지금 여기에 살고 있는 사람들에게 참된 인식과 가치의 기준을 제공해 주어야지, '과거형'을 기술하는 데 그쳐 과거의 언어나 과거의 맥락에만 매달리는 일은 철학이 아니라 철학사(history of philosophy)에 불과하다는 것이다. 이러한 주장을 하는 사람들은 "육경은 모두 나를 위한 각주에 불과하다(六經皆我註脚)."라는 육상산(陸象山)의 말을 신봉한다.

고증학과 의리학의 대립은 조선 시대 과거제의 강경(講經)과 제술(製述)의 대립에 비유될 수 있다. 강경은 『사서삼경』과 같은 유교 경전에 대한 훈석(訓釋)의 정확성을 측정하는 시험이고, 제술은 시(詩)·부(賦)·송(頌) 등의 글짓기를 통해 문예 창작 능력을 측정하고 아울러 책(策)의 작성을 통해 시무(時務)에 대처하는 능력을 측정하는 시험이다. 조선 초기에는 정권의 공고화와 지배 이념의 강화를 위하여 강경이 중시되었지만, 강경을 중시하던 정도전이 제거된 뒤에는 점차 제술이 점차 중시되기 시작했다.

제술의 중요성을 주장하는 사람들은 강경에만 치중하게 되면 기송(記誦)과 훈고에 빠져 의리에 어둡게 된다고 지적한다. 그러나 강경을 중시하는 사람들은 제술에만 치중하게 되면 유자들이 경전을 제대로 읽지도 않고 망탄한 문장만 남발하게 된다고 반박한다.

그러나 강경과 제술은 이렇게 대립적이기만 한 것일까? 경전을 훈석하는 일도 중요하지만 자기의 생각과 주장을 창의적인 문장으로 펴내는 일도 중요하지 않은가? 고증의 방법과 의리의 방법 역시 서로 대립적이기만 한 것일까? 경전의 원의를 고증하는 일도 중요하지만 지금 여기에 살고 있는 사람들에게 아무런 감흥이나 계시를 주지 못하는 경전 읽기가 무슨 의미가 있겠는가?

강경/제술, 고증/의리, 그리고 철학사/철학함은 한 연구자의 해석 체계 안에서 조화롭게 융합되지 않으면 안 된다. 고증 없는 의리는 망탄해지기 쉽고 의리 없는 고증은 고루해지기 때문이다. 문자가 지닌 원래의 뜻을 하나하나 밝혀내려는 고증의 작업은 지금 여기에 살고 있는 독자들에게 감명을 줄 수 있는 의리의 차원으로 연결되어야 하며, 지금 여기에서의 의미를 찾으려는 의리의 작업은 과거의 문법과 맥락에 더욱 세심한 주의를 기울이지 않으면 안 된다. 고증에서 시작하여 마지막으로 철학적 의의를 찾아내기까지의 과정은 다음과 같은 다섯 단계를 필요로 한다.

해석의 제1단계 ── 고증학적 이해(philological understanding)

모든 과거의 사상을 이해하는 제1관문은 언어다. 언어는 살아 있는 생명체이다. 한 언어 체계 속에서 문자의 의미는 부단히 새로워지고, 풍부해지기도 하고 사라지기도 한다. 따라서 문자에 대한 문자학·성운학·문법학적 고찰은 해석자가 보다 원의에 가깝게 다가서도록 안내해 주며, 문헌학·판본학적 고찰은 저자가 원래 의도했던 텍스트의 원형에 접근하도록 도와준다. 따라서 경전 해석의 제1단계에서는 단옥재의 다음 말을 염두에 둘 필요가 있다.

경전의 의미가 밝혀지지 않는 것은 의리(義理)를 잃었기 때문이고, 의리를 잃게 된 까닭은 구도(句度)를 잃었거나 고훈(故訓)을 잃었거나 음독(音讀)

을 잃었기 때문이다. 이 세 가지를 잃고서는 의리를 구할 수 없다.[19]

해석의 제2단계 —— 텍스트의 이해(textual understanding)

아무리 개별 문자에 대한 훈고·고증학적 이해가 잘 이루어져도, 문장에 담긴 의미 구조가 파악되지 않으면 경전에 대한 이해는 불가능하다. 텍스트 안에서 구사되고 있는 어사(語辭)에 대한 문법적 이해, 텍스트 안에서 전개되고 있는 논증 구조에 대한 파악, 텍스트 안에서 범해지고 있는 오류의 발견, 전제와 가설 그리고 주장과 결론에 대한 인식 —— 이러한 작업들이 텍스트 이해의 단계에서 이루어져야 한다. 이를 위해서는 원래 텍스트가 속했던 시대의 문장 구조와 서술 방식뿐 아니라 보편적인 인식의 틀인 오류론과 논리학에 대한 세심한 주의가 요청된다. 따라서 이 과정에서는 맹자의 다음 말을 새겨들을 필요가 있다.

하나하나의 문자(文)로 언사(辭)를 해쳐서는 안 되고, 부분적인 언사(辭)로 작자의 의도(志)를 해쳐서도 안 된다.[20]

해석의 제3단계 —— 맥락적 이해(contextual understanding)

아무리 텍스트에 대한 이해가 잘 이루어져도 텍스트를 둘러싼 '맥락'에 대한 이해가 없다면 경전 해석은 겉핥기에 그칠 수가 있다. 텍스트에 쓰여 있는 활자에 대한 이해 못지않게 활자를 둘러싸고 있는 나머지 빈칸을 읽어 내는 일도 중요하다. 여백은 활자보다 훨씬 더 많은 것을 말해 준다. 여기서 여백이란 텍스트가 속했던 시대의 명물

(名物)·전장(典章)·제도(制度)를 말한다. 텍스트가 속했던 시대의 정치·경제적 맥락, 사회·제도적 맥락, 종교·이념적 맥락, 생활·문화사적 맥락을 더불어 읽지 않는다면 피상적인 읽기에 그칠 것이며, 이러한 맥락을 고려하지 않는 경전 이해는 허무맹랑한 지경으로 나아가게 될 것이다. 노장사상을 환경 문제와 연관시킨다든지, 장자를 로티와 연관시킨다든지, 예(禮)를 평등한 인간 사이의 사회적 규약이라고 여기는 현대적 해석들은 맥락에서 일탈한 시대착오적 오독(誤讀)의 대표적인 경우다. 문장 사이의 여백을 읽어 내기 위해서는 염약거(閻若璩)의 다음 말을 귀담아들을 필요가 있다.

고인(古人)의 사적은 고거(考據)하지 못할 것이 없다. 비록 정문(正文)에는 쓰여 있지 않더라도 책갈피 속에 감추어져 있어서, 세심한 마음을 가진 사람이 단번에 찾아내기를 기다리고 있는 것이다.[21]

해석의 제4단계 ── 평가적 이해(evaluative understanding)

하나의 고전에 대한 이해는 그 책의 저자가 어떤 맥락에서 어떤 주장을 했는지 파악하는 것만으로는 충분치 않다. 여기에 '평가'가 붙지 않으면 이러한 이해는 보고서 수준에 그치게 된다. 제4단계에서 말하는 평가는 현대의 관점에서 내리는 평가를 뜻하지 않는다. 여기서의 평가는 해석자가 철저하게 과거의 맥락으로 이입해서, 그 사상가가 몸담았던 시대적 맥락 안에서 내리는 평가를 말한다. 만약 내가 춘추시대에 살았더라면 과연 그 시대의 위정자들에게 어떤 발언을 할 것인가? 내가 공자와 동시대인이라면 그의 견해에 대해 어떻게 평

동양의 고전

가할 것인가? 그리고 내가 전국시대에 살았더라면 한비자의 주장을 어떻게 평가할 것인가? 나 자신을 과거로 끌고 들어가 과거의 사상가와 대화하는 일, 이것이 평가적 이해의 단계에서 이루어져야 한다. 이 단계에서는 호응린(胡應麟)의 다음 말을 새겨들을 필요가 있다.

옛사람의 말이 내 마음에 합당하면 그 출처를 밝혀 찬상(讚賞)하며 즐길 것이고, 내 마음에 합당치 않으면 옳고 그름을 살펴 반박할 일이다.[22]

해석의 제5단계 — 해석학적 이해(hermeneutical understanding)

이상의 네 단계는 모두 과거형의 문장으로 기술된다. 즉 해석자 자신이 이해하고자 하는 고전의 언어적·시대적 맥락 속으로 들어가 죽은 자와 더불어 나누는 대화가 바로 제1단계에서 제4단계에 걸친 작업들이다. 그러나 모든 역사는 현재를 위해 존재한다. 과거의 사상이 나의 문제를 해결하는 데 도움이 될 수 없다면 과거에 대한 집착은 고고학자의 창백한 지적 유희에 그칠 것이며 고전에 대한 집착은 무덤 속 유물의 먼지를 떠는 일에 불과할 것이다. 이제 고증의 작업은 의리에 대한 탐구로 연결-전환되지 않으면 안 된다. 과거의 고전을 연구하는 이유는 과거의 사상가로부터 조금의, 조금이지만 의미 있는 교훈을 얻어 내어 '내'가 안고 있는 고민, 그리고 '이 시대'가 안고 있는 문제를 해결하기 위해서이다. 과거 사상가들의 고민과 열정, 성공과 좌절을 통하여 우리는 일말의 격려와 계발을 받기를 원한다.

이해의 마지막 단계이자 핵심이라고 할 수 있는 해석학적 이해는 죽은 사상가를 무덤에서 불러와 이 시대의 문제 그리고 내가 안고 있는 고민에 대해 함께 논의해 보는 단계이다. 이 단계의 서술은 철저하게 현재형으로 기술되지 않으면 안 된다. 이 단계에서 우리는 과거의 사상가가 가질 수밖에 없었던 시대적 한계에 대한 지적과 더불어, 시대의 한계를 뛰어넘어 항구하게 지속될 수 있는 보편적 가치를 발굴하도록 노력해야 한다. 그리고 과거와 현재의 시대적 차이보다는 차이를 뛰어넘어 의견을 공유할 수 있도록 '이해의 지평'을 넓혀 가야 한다. 제1단계에서 제4단계를 거친 후에 도달하게 되는 마지막 제5단계에서 비로소 육상산의 다음 말이 효력을 발휘한다.

육경(六經)은 모두 나를 위한 각주이다.[23]

'고증인가 의리인가'에서 '고증과 의리'로

고전에 대한 이해는 위에서 밝힌 해석의 다섯 단계를 거쳐 비로소 완정하게 이루어질 수 있다. 이러한 중층적 이해의 과정을 통하여 과거형의 문장은 과거형대로 그리고 현재형의 문장은 현재형대로 각기 합당한 지위와 의미를 확보하게 될 것이며, "고증이냐 의리냐"의 해묵은 갈등도 절로 해소될 것이다. 이러한 과정을 두루 거친 해석이라야 "고루하게 고증에만 매달린다."라는 비판이나 "훈(訓)도 모르면서 입만 나불댄다."라는 비아냥거림에서 벗어날 수 있을 것이다.

해석의 5단계가 꼭 순차적인 절차를 의미하는 것은 아니다. 맥락적 이해가 먼저 이루어진 후 텍스트 분석이나 고증학적 이해로 들어갈 수도 있으며, 고증학적 이해가 먼저 이루어진 후 맥락적 이해로 들어갈 수도 있을 것이다. 그러나 제4단계인 평가적 이해는 반드시

동양의 고전

제1·2·3단계를 거친 후에 이루어져야 하며, 제5단계인 해석학적 이해는 제4단계인 평가적 이해의 뒤에 놓여야 한다. 제1~4단계를 건너뛴 해석은 섣부른 비교철학자들의 작업처럼 부화(浮華)한 말장난에 그치기 쉽다. 제1~4단계까지의 튼실한 기초 작업을 거친 후라야 '지금' '여기'에서의 의미를 찾을 수 있으며 노자와 장자를 로티나 데리다 등과 견주어 보는 일도 가능해진다.

우리의 고전 이해 태도는 어떠한가? 우리 고전 학계의 연구 성과 중 제1단계에서 제5단계까지 두루 거친 작업은 그다지 많지 않은 것 같다. 대부분의 연구자들은 전통적 방법을 주장하지만 정작 제1단계인 고증학적 이해에 충실한 사람은 많지 않으며, 제3단계인 맥락적 이해에 주목하는 사람도 많지 않다. 문자 하나하나의 훈고에도 충실하지 못할 뿐 아니라 텍스트를 둘러싸고 있는 역사적 맥락에도 무관심한 논문들이 많다. 한국의 동양철학 연구는 대개가 제2단계인 텍스트 이해와 제4단계인 평가적 이해에 치중되어 있는 것 같다. 결국 고증과 맥락에도 충실하지 못하고 현재적 의의도 제대로 논하지 못하면서, 말로만 전통적 방법을 고집하는 경우가 대부분이다. 반면에 서양 방법론을 익힌 현대 연구자들은 제5단계인 현재적 의의를 논하는 일에는 능하지만, 고증학적 이해와 맥락적 이해에는 서투르다. 외국에서 유학하고 갓 돌아온 연구자들은 관련 학회에서 매번 "제발 원전 좀 충실하게 읽고 글을 쓰라."라는 질타를 받곤 한다.(물론 이러한 지적에서 벗어날 만한 연구가 점차 늘어나고 있다고 생각된다.) 이상에서 논의한 것처럼 고증의 방법은 의리의 방법과 배타적이지 않으며 오히려 연속적인 것으로 이해되어야 한다. 이런 점에서 "고증인가 의리인가"

라는 선언(選言) 명제는 "고증과 의리의 융합"이라는 연언(連言) 명제
로 바뀌지 않으면 안 된다.

4   동양 고전과 인문 정신

동양에서 인문의 의미

일본의 한학자 시라카와 시즈카(白川靜)에 의하면 문(文)이라는
글자는 가슴에 아름다운 문양(文樣)을 새겨 넣은 사람의 모습을 상형
한 문자이다.[24] 이처럼 문은 처음에는 문양 또는 무늬를 의미했으며,
그래서 아름다운 비늘을 가진 물고기를 문어(文魚), 아름다운 무늬를
지닌 직물을 문수(文繡), 아름다운 문양을 새긴 몸을 문신(文身)이라
고 불렀다. 문에 내포된 이러한 의미는 점차 확대되어, 일정한 의미를
지닌 기호의 체계를 문자(文字)라 하고 인간 자신의 노력에 의해 삶의
환경을 아름답게 바꾸어 나가는 일을 문화(文化)라고 했으며 이렇게
해서 만들어진 밝은 세상을 문명(文明)이라고 불렀다.

인문(人文)은 문자적 의미에서 본다면 자연에 아로새긴 '인간의
무늬'를 말한다. 동양 전통에서 인간의 무늬 즉 인문은 하늘의 무늬
즉 천문(天文)과 대비되어 왔다. 인문과 천문의 두 단어는 『주역』에
처음 등장하는데 그 내용은 다음과 같다.

천문(天文)을 살펴서 시간의 변화를 관찰하고, 인문(人文)을 살펴서 천하
를 화성(化成)한다.[25]

여기서 천문은 항성의 별자리와 행성의 규칙적인 운행을 가리키며, 인문은 자연 상태로 주어진 삶의 조건을 변화시켜 인간 세상을 바람직한 방향으로 만들어 가는 문화적 활동을 가리킨다. 정도전은『주역』의 위 구절을 다음과 같이 풀이한다.

> 해와 달과 별은 하늘의 무늬(天之文)이고 산천초목은 땅의 무늬(地之文)이며『시경』·『서경』·『예기』·『악경』 등은 사람의 무늬(人之文)이다. 하늘은 기(氣)로써 그 무늬를 이루고 땅은 형(形)으로써 그 무늬를 이루지만 사람은 도(道)로써 그 무늬를 이룬다.[26]

하늘에는 일월성신과 같은 하늘의 무늬가 있고, 땅에는 산천초목과 같은 땅의 무늬가 있으며, 인간에게는 시·서·예·악과 같은 인간의 무늬가 있다. 인간의 무늬는 비록 인간이 자신의 노력에 의해 성취한 것이기는 하지만 궁극적으로는 우주 자연의 무늬에 상응하는 것이다. 하늘에 자연의 길인 천도(天道)가 있다면 인간에게는 인간이 걸어야 할 인도(人道)가 있으며, 인도는 천도를 거스르는 것이 아니라 오히려 천도를 본받아 그 보편성과 항상성을 구현한 것이어야 했다. 따라서 인도의 중요한 부분으로 간주되는 효(孝)나 예(禮)와 같은 윤리 규범도 천경지의(天經地義)라고 불러, 시간이 흘러도 변치 않는 우주적 보편성을 지닌 것으로 파악했다.

인문과 비인문/차인문/초인문/반인문

인간의 무늬는 철학과 역사, 문학과 예술, 그리고 제도나 문물과 같은 각종 문화적 양식을 통하여 구현된다. 이렇게 다양한 분야의 문화적 활동이 얼마나 격조 있고 깊이 있게 인간의 존재 의의를 드러내고 인간다움의 가치를 구현하는가에 따라 그 활동에 깃든 인문 정신의 층차를 논할 수 있을 것이다. 인문 정신의 격조와 깊이는 동양 문화권 안에서도 시대와 학파에 따라 다양한 차이를 보인다. 시대에 따라 인간의 본성에 대한 견해가 달라질 뿐 아니라 학파에 따라서도 무엇이 진정 인간다움을 드러내는 길인가에 대한 대답도 다르기 때문이다.

중국의 철학사가 탕쥔이(唐君毅, 1909~1978)[27]는 동양의 각종 학문과 사상이 드러내는 인문 정신의 층차를 인문(人文), 비인문(非人文), 차인문(次人文), 초인문(超人文), 반인문(反人文)의 다섯 가지로 구분한다. 먼저 비인문 사상은 인간을 제외한 나머지 존재 세계를 대상으로 하여 성립한 사상 체계를 말하며 주로 자연과학으로 분류되는 학문 영역이 이에 속한다. 초인문 사상은 인간의 경험을 넘어선 초자연 세계를 대상으로 삼는 사상의 체계를 말하며 신인(神人), 신선(神仙), 상제(上帝), 신령(神靈), 불성(佛性)과 같은 초월적 존재를 다루는 학문이 이에 속한다. 차인문 사상은 인간 자신의 존재 의의와 가치를 탐구의 대상으로 하되, 궁극적으로 인간다움의 의미를 온전히 드러내지 못한 사상 체계를 말한다. 그리고 반인문 사상은 인간 자신에 대한 물음을 소홀히 하거나 나아가서는 인간의 존재 의의와 가치를 곡해하거나 폄하하는 사상 체계를 가리킨다. 특히 인간을 인간 이외의 존재(예컨대 동물)와 동일시한다든지 인간의 고유한 특징인 정신성과 도덕성을 물질적 요소로 환원해 버리려는 사상 체계를 일컫는다. 마지막으로 인문 사상은 인성(人性), 인도(人道), 인격(人格), 인륜(人倫) 등과 같은 인간 자신에 대한 궁극적인 물음을 대상으로 하며, 이러한 탐구를 통하여 적극적으로 인간 존재의 의의와 가치를 긍정하고 고양하려는 사상 체계를 말한다.[28]

인문 사상이 비인문 사상이나 초인문 사상과 다른 점은 다음과 같다. 인문 사상은 인간 자신을 탐구의 대상으로 삼는 데 비해 비인문 사상이나 초인문 사상은 인간 이외의 존재를 탐구의 대상으로 삼는다. 하지만 비인문 사상이나 초인문 사상이 인간 이외의 존재를 탐구한다고 하여 인문 사상과 아무 관련도 없는 것은 아니다. 비인문 사상이 탐구하는 자연에 관한 지식은 오히려 인간 자신에 대한 이해를 더욱 풍부하게 할 수 있으며, 초인문 사상이 대상으로 삼는 초월적 존재에 대한 탐구는 인간 자신의 한계를 자각하게 함으로써 인간 정신을 더욱 고양하는 데 기여할 수 있다. 따라서 인문 정신의 성숙과 고양을 위해서 인문 사상은 비인문 사상과 초인문 사상이 이룩한 학술적 성과를 적극 수용하고 나아가서는 이들의 연구 성과를 인문 사상의 발전을 위한 자양분으로 삼아 왔다.

인문 사상은 반인문 사상과 서로 대척 관계에 놓여 있다. 지성사를 살펴보면 대부분의 인문 사상은 인간다움의 의의와 가치를 부정하는 반인문 사상에 대한 반성으로부터 비롯되는 것을 볼 수 있다. 인문 정신은 인간다움의 가치를 거부하거나 곡해하는 반인문 사상을 반성하고 부정하면서 성숙해 왔으며, 이런 점에서 인문 정신은 반인문 사상에 대한 반성적 극복을 함축한다.[29]

동양의 지적 전통에 나타난 인문 정신의 층차들

탕쥔이는 동양의 지적 전통에서 인문 정신의 고양을 위하여 가장 많은 노력을 기울인 학문으로 유학을 든다. 유학은 크게 공자와 맹자로 대표되는 선진 유학, 동중서로 대표되는 한대 유학, 주자와 왕양명으로 대표되는 송명 유학, 그리고 대진과 고염무 등으로 대표되는 청대 유학으로 나뉜다. 유학의 창시자인 공자는 천도(天道)나 상제(上帝)와 같은 초월적 존재에 대해 특별한 관심을 두지 않았으며, 자연 현상에 대한 인과적 설명이나 과학적 해명에도 별다른 흥미를 가지지 않았다. 공자의 궁극적인 관심은 진정한 인간다움이란 무엇이며, 어떻게 하면 이 혼탁한 세상에서 인간다움을 성취할 수 있는가에 있었다. 공자는 진정으로 인간다움을 구현한 이상적 인간을 군자라 부르고 인간답지 못한 인간을 소인이라 불렀다. 공자에 의하면 인(仁)과 의(義)야말로 인간다움을 드러내는 지표가 된다. 인은 좁은 의미로 사용될 때는 타자에 대한 관용과 포용력 그리고 약자에 대한 배려와 동정심을 의미하지만, 넓은 의미로 사용될 때는 인간으로서 성취할 수 있는 최고의 덕을 의미한다. 그리고 의는 변화하는 상황 속에서 택할 수 있는 최적의 판단을 뜻한다.

공자에 의하면 군자는 마음 바탕(質)에 인과 의를 갖추고, 이를 예(禮)라는 문화적 형식을 통해 구현해 나가는 사람이다. 마음 바탕에 인과 의가 갖추어지지 않은 채 겉모양으로만 예를 흉내 내는 사람은 소인이다. 공자는 특히 "기교 있는 언변과 꾸민 낯빛은 인(仁)하기가 드물다."[30]라고 하여 진정성이 결여된 가식적 표현을 경계했다. 인간다운 인간은 내면에 가치에 대한 자각심을 지니고 이를 예라는 형식을 통하여 적절하게 구현해 낼 수 있는 사람이다. 이렇게 내면의 바탕과 외면의 수식이 적절하게 조화를 이룬 상태를 "문질빈빈(文質彬彬)"[31]이라고 한다. 문이 인위적으로 만들어진 문화적 형식을 통해 수식을 가하는 일이라면 질은 이러한 수식이 가해지기 이전의 질박한 마음 바탕을 의미한다. 내면에 인간다움의 바탕이 먼저 갖추어져야 문화적 형식을 통한 표현 또한 의미를 얻게 된다. 공자는 마음 바탕을 먼저 갖추는 일을 그림 그리기 전에 캔버스를 희게 칠하는 일에 비유한다. "그림 그리는 일은 먼저 바탕을 희게 칠한 다음의 일이다."[32]

외재적 형식보다 인간다움의 바탕이 내면에 먼저 갖추어져야 한다고 보는 공자의 사상은 자신이 당면했던 시대의 반인문적 상황에 대한 비판이 담겨 있다. 공자가 살았던 춘추시대에는 제후들 간의 영토 쟁탈전과 패권 다툼으로 인해 "천하무도(天下無道)"[33]의 상태가 지속되고 있었다. 이 시기에는 신하가 군주를 시해하고 임금 자리를 찬탈하는 일이 빈번하게 일어났으며, 심지어 자식이 부친을 죽이고 군주의 위를 차지하는 일도 일어났다. 이러한 혼란의 와중에서 무거운 세금과 가혹한 부역을 견디지 못한 민중들이 곳곳에서 폭동을 일으켰지만, 반역을 꾀한 자에게는 가차 없는 죽음과 잔혹한 형벌이 기다릴 뿐이었다. 공자가 강조한 인과 예는 야수들의 싸움터로 변해 버린 당시 사회를 다시금 인간다운 삶의 터전으로 재건하고자 했던 고뇌의 결과물이었다.

묵자가 살았던 시대 상황은 공자 당시와 비슷했지만, 묵자의 사상은 인문 사상보다는 차인문 사상으로 분류된다. 묵자는 공자와 마찬가지로 자기 시대의 혼란한 사회상을 비판하고 정의로운 사회를 구현하기 위해 노력했다. 그는 당시에 벌어졌던 잔혹한 쟁탈전이 강자의 약자에 대한 침탈에서 비롯되었다고 보고, 분쟁 당사자들이 호혜성의 원칙에 입각하여 즉각 전쟁을 멈출 것을 주장하였다. 묵자가 설파한 겸애(兼愛)란 기독교의 박애와 같이 조건 없는 숭고한 사랑이라기보다 "호혜성에 입각한 이익의 상호 교환(兼相愛, 交互利)"[34]을 의미한다. 묵자의 겸애사상은 당시의 정의롭지 못한 쟁탈전을 멈추게하기 위한 정의론으로서 의의가 있지만, 철저하게 이익 계산에 기반을 두기 때문에 진정으로 인간다움의 가치를 고양할 수는 없었다. 묵자는 "옳음(義)이란 이로움(利)이다."[35]라고 정의하고 심지어 "효(孝)란 부모를 이롭게 하는 것이다."[36]라고 하여 일체의 규범과 덕목을 이익 계산으로 환원하였다. 공자가 "이익을 보면 먼저 옳음을 생각하라(見利思義)."라고 한 것과 대조적으로 묵자는 옳음 자체를 이로움과 같은 것으로 보았다. 그리고 맹자가 물질적 봉양만이 아니라 부모의 뜻을 잘 받드는 것을 효라고 여긴 것과 대조적으로 부모에 대한 물질적 봉양만을 효라고 간주했다. 인간만이 가질 수 있는 근원적인 도덕감을 일률적으로 이익으로 환원함으로 말미암아 그는 나중에 순자로부터 "실용에 빠져서 인문을 알지 못했다."[37]라는 비판을 받게 되었다. 이것이 바로 묵자의 사상이 인문에 속하지 못하고 차인문으로 분류되는 이유다.

맹자는 묵자에 대해 비판적이다. 맹자의 사상은 묵자류의 이익 계산보다는 인간 내면 깊숙한 곳에서 우러나오는 가치의 자각심과 근원적 도덕 감정에 입각해 있다. 공자가 자연에 대한 과학적 인식이나 인간을 초월한 신적 존재에 대한 탐구에 별다른 관심을 가지지 않

동양의 고전

았듯이 맹자 역시 비인문이나 초인문 사상에는 별다른 관심을 두지 않았다. 맹자가 추구한 것은 인간을 인간답게 하는 인간성(人性)의 탐구에 있었다. 맹자는 인간이 동물과 여러 면에서 공유하는 속성이 많다고 보았지만, 인간이 동물과 구별되는 결정적인 분기점은 인간만이 느낄 수 있는 측은지심이나 수오지심과 같은 도덕 감정이라고 보았다. 측은지심은 불행에 빠진 타자를 향해 느끼게 되는 동정심과 연민의 감정이다. 수오지심은 자신의 잘못에 대한 반성에서 나오는 수치감과 더불어 불의에 대한 분노로부터 나오는 혐오의 감정을 뜻한다. 맹자는 인간이 지닌 기본적 도덕감을 측은지심·수오지심·사양지심·시비지심의 네 가지(四端)로 파악하고, 이러한 도덕감이 인간을 인간답게 만들어 주는 네 가지 덕목(인의예지)의 단초가 된다고 보았다.[38] 고대 서양의 철학자들은 인간이 동물과 구별되는 특징으로 이성(logos)을 들었지만, 맹자는 단순히 가치 중립적인 지성의 능력이 아니라 가치의 높낮이를 판단할 수 있는 근원적인 도덕 감정을 인간만이 지닌 특징으로 들었다. 그는 이러한 도덕감을 잘 발휘하면(盡心) 인간의 본성을 알게 되고(知性), 인간의 본성을 알게 되면 우주·자연의 존재 원리까지 알게 될 것(知天)이라고 강조하였다. 진심에서 지성을 거쳐 지천에 이르는 이러한 공부의 과정은 인간의 존재 의의를 우주의 차원에까지 확장하려는 인문학적 시도로 볼 수 있다.

노자의 사상은 비인문적 인문 사상으로 평가할 수 있을 것이다. 노자는 자신이 직면하고 있는 혼란한 시대상이 인간들(특히 지배 계층)의 사사로운 욕망에서 비롯되었다고 파악하였다. 그는 인간의 사사로움(私)과 탐욕스러움을 비판하고 대자연의 무사(無私)한 운행 법칙에서 대안적인 삶의 길을 발견하였다. 인간은 자사(自私)하기 때문에 자신의 욕망을 충족하기 위하여 아무렇지도 않게 다른 인간을 짓밟고 생명을 훼손한다. 하지만 우주·자연의 운행은 아무런 사사로운 의도나 조작도 없이 지극히 공정하고 무사하다(大公無私). 노자에 의하면 바람직한 인간의 길은 무사·무위(無爲)한 자연의 운행을 본받아 사사로움이 없이 공정한 삶을 사는 것이었다. 노자는 자연 현상 가운데서도 특히 물(水)을 인간이 본받아야 할 최고의 모델로 삼았다. 노자에 따르면 물은 지극히 부드러워서 어떠한 상황에도 잘 적응할 수 있으며 물이 지닌 부드러움의 덕 때문에 부러지거나 상하지 않고 면면히 자신의 생명을 유지해 나갈 수 있다. 그리고 물은 항상 낮은 곳으로 흐르는 겸양의 미덕을 지니고 있기 때문에 세상의 온갖 강물을 다 포용해서 결국은 바다라는 거대한 존재가 된다. 뿐만 아니라 어느 상황에서나 수평을 유지하는 물은 형평성(equity)의 모델로도 비유된다. 물이 지닌 이러한 미덕으로부터 노자는 인간이 걸어야 할 길 즉 인도를 이끌어 낸다. 부드러움(柔), 무사(無私), 겸손(謙), 다투지 않음(不爭), 욕망을 비워 고요함(虛靜), 그리고 형평(平)과 조화(和)가 그것이다. 노자는 인간의 내면에 대한 성찰을 통하여 인간다움의 의의와 가치를 찾아낸 것이 아니라 자연의 운행 법칙으로부터 인간이 걸어야 할 길을 도출하였다. 바로 이러한 이유에서 탕쥔이는 노자의 사상을 비인문적 인문 사상이라고 부르는 것이다. 노자의 사상이 비인문적 대상에 대한 성찰에 기반하고 있다고 해서 그의 사상이 인문 정신을 덜 함축하고 있다고 할 수는 없다. 노자의 자연에 대한 견해는 가치 중립적인 인과론적 설명이 아니라 인간의 기대와 희망을 자연에 투사하여 인간이 걸어야 할 길을 재해석해 낸 것이기 때문에, 그의 자연에 대한 관찰은 시작부터 대단히 인문적이었다고 할 수 있다.

장자의 사상 역시 노자와 비슷하게 비인문적 인문 사상의 특징을 보이며, 나아가서는 초인문적 인문 사상의 색채를 띤다. 장자는 인간 사회의 부조리와 모순이 사물을 주/객(主客), 시/비(是非), 미/추(美醜) 등으로 나누는 이분법적 언어 습관과 사유 습관에서 기인한다고 파악한다. 사물 자체는 시/비나 미/추 등의 구분이 없이 혼연히 존재함에도 불구하고 인간은 시/비, 주/객, 미/추 등의 이분법적 구도를 통해서 대상을 바라본다. 이러한 이분법적 구분을 통해서 사람들은 "내가 옳고 너는 그르다."라며 서로 다투거나, 아름다운 것을 추구하고 추한 것을 혐오한다. 하지만 사물 자체에는 옳고 그름도, 아름다움도 추함도 없다. 이러한 구별은 인간의 자의적인 언어/사유 습관일 따름이며, 이러한 구별은 타 존재에 대한 차별과 억압을 낳는 계기가 된다. 따라서 장자는 시/비나 미/추 등의 이분법적 구별을 넘어서 대상을 '있는 그대로' 바라볼 것을 제안한다. 장자는 심지어 개념적 인지 활동을 멈추고 무사(無思)·무려(無慮)의 상태에서 대상을 말없이 관조할 것을 제안한다.[39] 이처럼 장자는 인간의 고유한 능력인 개념적 인지 활동을 비판하고 무사·무려의 상태에서 대상과 하나가 될 것을 주장한다는 점에서 다분히 비인문적이다. 그러나 이러한 비인문의 사상은 인간의 언어와 인식 능력에 내포된 한계를 깨닫게 해 줄 뿐 아니라, 나아가서는 인간 중심적인 독선과 아집을 깨뜨리게 해 준다는 점에서 또 다른 형태의 인문 정신을 드러냈다고 할 수 있다.

장자의 사상은 초인문적 인문 사상이라고도 할 수 있다. 『장자』

에는 인간의 한계를 넘어선 신인(神人)과 진인(眞人)이 자주 등장한다. 신인과 진인은 이분법적인 개념 틀을 넘어서서 대자연 안에서 모든 존재와 하나가 되어 자유롭게 노니는 초인적 존재들이다. 이들은 세속의 인간들이 지니는 시/비나 호/오의 개념 틀을 벗어던지고 아무런 욕심이나 집착 없이 자유롭게 소요(逍遙)하므로 늙지도 죽지도 않는다. 장자가 그리는 이러한 초월적 존재들은 분명 현실 속의 인간 모습은 아니며, 이들이 노니는 무차별적 화해의 세계(和光同塵)도 인간 사회에서 실현되기에는 너무도 요원한 꿈이다. 이러한 이유에서 순자는 장자의 사상이 "초월적 세계에 가려서 인간 세계를 알지 못했다."라고 비판했다.[40] 하지만 장자는 이러한 가상적 존재들을 통하여 유한한 인간이 꿈꿀 수 있는 무한한 동경과 희망을 제시해 주었다. 이런 이유에서 장자의 초인문 사상은 현실 속의 인간을 한 차원 더 높은 곳으로 지향하게 해 주는 또 다른 인문 정신의 발현이라고 평가할 수 있다.

탕쥔이는 동양의 학문 유파 가운데 법가(法家)를 반인문 사상으로 지목한다. 물론 법가 사상에 부정적인 측면만 있는 것은 아니다. 법가의 대표자로 꼽히는 한비자의 경우, 그의 문제의식은 강대국 사이에 끼어 국세가 쇠미해질 대로 쇠미해진 자기 나라의 국운을 되살리는 일이었다. 나라의 부강을 위해서 그는 군주권의 강화와 공권력의 확립을 꾀했고, 이러한 문제의식은 법치 질서의 확립과 정실주의의 혁파 그리고 권위적 통치와 무거운 형벌로 귀결되었다.

정실주의 혁파와 법치 질서의 확립을 위한 한비자의 노력은 안정된 사회 질서를 확립하기 위해 필수 불가결한 것이었다. 그러나 한비자는 인성(人性)을 철저하게 불신하고, 사람들 사이에서 미덕으로 칭해지는 인애(仁愛)마저도 필요 없는 것으로 보았다. 그에 의하면 "사람들이란 원래 사랑해 주면 기어오르려 하고, 찍어 누르면 복종하는 존재다."[41] 그는 여타의 사회적 관계는 물론이고 심지어 부모-자식의 관계까지도 이익 관계로 간주했다. 부모가 자식을 보살피는 것은 자신의 노후를 걱정해서이고, 자식이 부모의 말을 듣는 것은 보호받기 위해서라는 것이다. 인성을 불신하는 그로서는 인이나 애와 같은 덕목에도 회의적인 시선을 보냈다. 부모가 사랑을 베푼다고 해서 불초한 자식이 고쳐지는 것은 아니며, 군주가 인을 베푼다고 해서 백성들이 질서를 지키게 되는 것도 아니라는 것이다. 그는 부모의 사랑이나 스승의 교화에 회의를 품고, 오직 엄격한 법령과 무거운 형벌만이 질서 유지에 효율적인 수단이라고 보았다. 이처럼 인애나 교화를 불신하고 오직 강력한 법질서와 무거운 형벌로 사회를 통제하려는 그의 사상은 인성에 대한 불신과 '인간다움'의 가능성에 대한 회의에서 비롯된 것이다. 이러한 사회 질서 속에서 인간은 마치 우리 안에 갇힌 가축과 마찬가지로 단지 강압과 속박의 대상이 될 뿐, 스스로 자유와 자율성을 발휘할 수 없게 된다. 사상사가들이 법가를 비인간적 또는 반인문적이라고 평가하는 이유도 바로 여기에 있다.

학문과 문화의 지도 이념으로서의 인문 정신

동양의 지적 전통을 관류하는 한 가지 특징이 있다면 그것은 바로 인간의 존재 의의를 드러내고 인간을 한 차원 높은 존재로 고양시키려는 줄기찬 노력이다. 우리는 이러한 정신사적 지향을 인문 정신이라고 부른다. 한대에는 바로 전 왕조인 진시황의 잔혹한 반인문적 통치에 대한 반성으로 유학이 국가의 지도 이념으로 채택되었고, 후한 시대부터 지속된 전란의 소용돌이 속에서 사람들은 도교나 불교와 같은 초인문적 종교 사상에 심취했다. 그러나 당 말에 들어 도교·불교로 인한 사회적 병폐가 심해지자 지식인들은 유학 부흥 운동을 벌였고, 이러한 노력은 송대의 새로운 인문 정신인 신유학(新儒學)으로 결실을 맺었다. 명 말에 들어 양명 좌파가 말폐를 드러내자 청대의 지식인들은 원시 유학에 담긴 실사구시(實事求是)의 정신을 회복할 것을 주장하며 이를 실학(實學)이라고 불렀다.

이처럼 굵직굵직한 역사의 고비마다 새롭게 태동했던 지성사적 전환은 언제나 인간 자신을 옥죄는 반인문적 상황에 대한 반성에서 비롯되었다. 그리고 이러한 지성사적 전환은 언제나 전통 사회의 주도 이념이었던 유학에 대한 반성적 재구성(reflective reformation)의 형태로 귀결되었다. 비록 도교나 불교가 비인문 또는 초인문의 사유 방식을 통하여 인문 정신의 고양에 기여하기는 했지만, 실제로 현실 사회를 이끌고 간 이념은 유학이었던 것이다. 유학의 인문 정신은 2000여 년의 장구한 세월 동안 동양의 전통 사회에서 수차례에 걸친 자기 혁신을 겪으며 지도 이념으로 기능해 왔다. 그리고 문·사·철 등 인문학뿐 아니라 정치학·경제학·법학·의학·과학·군사학·천문학 등의 영역에서도 학문의 기본 밑그림(foundational blueprint)으로 작용하였다. 인간의 존재 의의를 긍정하고 인간을 한 단계 높은 곳으로 향상시키려는 인문화성(人文化成)의 정신이 동양 문명의 기저에 깔려 있었던 것이다.

유학은 인간이 더 나은 존재로 변화할 수 있다는 가능성을 확신하고, 수기(修己)·함양(涵養)과 같은 자기 변혁(self-transformation)의 노력을 통하여 인간다움의 격조를 최고도로 끌어올리고자 하였다. 공자는 "타고난 성품은 비슷하지만 학습에 의하여 차이가 발생한다 (性相近習相遠)."라고 하여 인간의 자발적 노력에 의한 향상 가능성을 강조했다. 맹자는 짐승과 달리 인간만이 지닌 고유한 특성으로 네 가지 근원적 도덕 감정을 들고, 이러한 도덕 감정의 확충을 통하여 인간이 작은 사람(小人)에서 큰사람(大人)으로 변화할 수 있다고 보았다. 이처럼 유학은 인간다움의 특징을 가치 중립적 이성이 아닌 가치 지향적 도덕감에 두었다는 점에서 지성적 인간형보다는 도덕적 인간형을 더 인간다운 인간으로 선호했던 것 같다. 전통적으로 머리는 좋지만 후덕하지 못한 사람을 재승박덕(才勝薄德)이라고 폄하했던 데서 알 수 있듯이 동양에서 추구한 인간형은 내면에 충만한 덕을 갖추고 타자와 조화롭게 공존할 줄 아는 사람이었다. 『중용』에서는 인간이 자기를 이룸(成己)과 타자를 이루어 줌(成物)의 동시적 실천을 통해 천지의 화육(化育)에 동참할 수 있다고 보았다. 이처럼 지성적 인간형보다 도덕적 인간형을 선호하는 인문주의적 경향은 동양 문명의 주요한 특징으로 남게 되었다.

인간의 자발적 노력에 의한 변화 가능성을 확신하는 동양의 인문 정신은 인정(仁政)과 덕치(德治)라는 사회 운영 원리로 연결되었다. 전통 동양에서 정치·경제·법·도덕을 관통하는 사회 운영 원리는 항상 인(仁)이라는 최고 가치에 의해 입안되고 제정되었다. 따라서 무력에 의한 폭압적 통치(力治)보다는 지도자의 덕과 교화에 의한 통치(德治)가, 무거운 형벌에 의한 강압적 통치(刑治)보다는 관습법적 사회 규범인 예에 의한 통치(禮治)가 선호되었으며, 말 위에 앉아 창을 든 무사에 의한 통치(武治)보다는 학식과 교양을 지닌 문사(文士)에 의한 통치(文治)가 이루어졌다. 그리고 경제 행위에 있어서도 도의에 위배되는 무차별적 이윤의 추구보다는 옳음(義)과 공익(公)을 먼저 생각하도록 요구되었다. "이익을 보면 옳음을 먼저 생각하라(見利思義)." 라는 공자의 권고는 "옳음을 우선시하고 이익을 부차적으로 여기는(義主利從)" 경제 윤리를 제시하였다. 사익의 추구를 공익과 도의에 의해 견제하려는 동양의 경제 윤리는 개인의 영리욕을 성장의 원동력으로 삼는 서양의 자본주의에 패하고 말았지만, 그럼에도 불구하고 사익과 공익의 조화 문제는 시장 경제를 영위하며 살아가는 현대인들에게 미완의 과제로 남게 되었다.

동양의 인문 정신은 근대 이전까지 모든 학문과 사회생활의 지도원리로 작용해 왔다는 점에서 헤게모니적이다. 하지만 이러한 문화적 헤게모니는 근대 이전의 역사 속에서 양날의 칼로 작용했다. 유학은 한편으로는 사대부-독서인 계층의 민(民)에 대한 지배 이념으로, 다른 한편으로는 절대 왕권을 견제하여 정치권력을 도덕적으로 교화하는 수단으로 기능하였다. 유학은 인간의 집단생활을 한층 더 인간답게 만들기 위해 인·의와 더불어 공(公)·정(正) 등의 덕목을 강조했고, 지배 계층인 독서인 자신들부터 이러한 덕목을 함양하고 실천하도록 기대 받았다. 인구의 대다수가 문맹이었던 전근대 사회에서 독서인들은 스스로 인간다움의 모범을 보여 주고 이를 바탕으로 나머지 대중을 인도하도록 기대 받았다. 스스로를 닦아서 나머지 사람을 편안하게 인도해야 한다는 수기안인(修己安人)의 명제 속에는 지배

권력의 합리화라는 성격과 더불어 지배자 자신에게 요구되는 자기 규제(self-restraining)의 성격이 동시에 간직되어 있다. 근대 이전까지 동양 사회에서 지배 계층에게 요구되었던 이러한 자기 규제의 책무는 자유와 자본이 지배하는 현대 자유주의 사회에서 이제는 빛바랜 유물이 되고 말았다. 하지만 근대 문명이 환경 오염과 자원 고갈 그리고 빈부 격차와 가치의 아노미 등과 같은 한계를 드러내면서, 자기 규제와 자기 성찰의 책무는 현대인들이 다시금 되살려야 할 미덕으로 부각되고 있다.

현대의 분과 학문과 인문 정신의 미래

근대 이후의 학문은 전통 동양의 인문 정신과 비교해 볼 때 다분히 비인문적인 특징을 보인다. 근대 학문이 과거에 비하여 비인문적인 특징을 띠는 이유는 첫째로 인간이 자연의 정복자로 군림하면서 인간 이외의 대상인 자연에 대해 탐구를 집중하였기 때문이다.

근대에 들어 세분화된 분과 학문들은 각기 전문성과 독립성을 추구하면서 전체적이고 종합적인 시각을 잃게 되었다. 그 결과로 각 분과 학문은 자신의 연구가 장기적으로 인간에게 미칠 영향에 대해 책임감을 가지고 심각하게 고려하지 않는 경향이 있다. 더욱이 학문이 자본과 동반자의 길을 걷게 되면서 분과 학문들은 이기적으로 개별 학문의 이익만을 추구할 뿐, 개별적 탐구 활동이 인류의 미래에 미칠 후과(後果)에 대해서는 별로 고민하지 않는다. 근대 이후의 학문이 지닌 이러한 비인문적 경향은 자칫하면 인간 자신에게 커다란 해를 가져오는 반인문적 결과를 낳을 우려가 있다. 예를 들어 유전자 조작과 세포 복제 그리고 핵에너지 등은 반인문적 결과를 초래할 수 있는 잠재적 위험성을 내포하고 있다.

　인문 즉 인간의 무늬가 얼마나 격조 있고 깊이 있게 인간의 존재 의의를 드러내고 인간다움을 고양할 것인가는 전적으로 인간 스스로의 책임에 달려 있다. 이러한 책임감을 통찰하기 위하여 분과 학문의 연구자들은 다시금 "인간이란 무엇인가?" 그리고 "바람직한 삶이란 무엇인가?"와 같은 인문학의 기초 문제로 회귀하지 않으면 안 된다.

이승환　고려대학교 철학과를 졸업하고 국립대만대학교 철학연구소에서 석사 학위를, 미국 하와이 주립대에서 박사 학위를 받았다. 동아대학교를 거쳐 현재 고려대학교 철학과 교수로 재직 중이며, 한국동양철학회 회장과 고려대학교 철학연구소 소장을 역임했다. 저서로 『횡설과 수설: 400년을 이어 온 성리 논쟁에 대한 언어분석적 해명』, 『유교 담론의 지형학』, 『유가 사상의 사회철학적 재조명』, 『서양과 동양이 127일간 e-mail을 주고받다』(공저), 『중국 철학』(공저) 등이 있고 주요 논문으로 「주자 수양론에서 미발(未發)의 의미」, 「성리학 기호 배치 방식으로 보는 조선 유학의 분기」 등이 있다.

02

서양의 고전

한 시험적 조망

유종호 (전 연세대학교 석좌교수)

1   고전이란 무엇인가

고전이란 어사(語辭)에는 대충 네 가지의 의미가 있다. 첫째 동양 전통에서의 옛 의식(儀式), 전형, 혹은 법식을 뜻한다. 지금 우리 사이에서는 거의 통용되지 않는 뜻이다. 둘째 옛날에 쓰인 책으로 지금도 읽히고 있는 책이란 뜻이 있다. 우리가 교과서에서 배우는 옛글 중 상당 부분은 이에 해당한다고 생각한다. 우리 고전을 폄하하자는 것이 아니다. 한문 고전이 배제될 수밖에 없는 상황에서 그럴 수밖에 없다는 것이다. 셋째 계속 읽어야 하고 읽을 가치가 있다고 높이 평가되는 책이나 작품을 말한다. 넷째 영어의 the classics가 뜻하는 바와 같은 고대 그리스 로마의 대표적인 책이나 작품을 말한다. 우리 쪽에서 고전이 대체로 책이나 저술만을 가리키는 데 비해서 유럽 쪽에서는 가령 회화나 조각에도 이 말이 쓰인다. '현대의 고전'이란 말에서 엿볼 수 있듯이 고전은 생산 시기와 관련 없이 대단히 가치가 있어 널리 읽히고 있고 또 읽힐 필요가 있는 귀중한 책이나 작품을 뜻한다. 이 글에서는 주로 셋째 넷째의 뜻으로 이 말이 쓰이게 될 것이다.

이 말이 셋째 넷째의 뜻으로 흔히 통용되는 것은 서구어 클래식(classic)의 번역어 성격을 갖게 되었기 때문이라 생각된다. 최고 계급을 뜻하는 라틴 말을 어원으로 하는 클래식이 저쪽에서 숭상으로 말미암아 반열에 오른 옛 저자를 가리켰다가 저작도 의미하게 된 것이다. 로마인들은 일정한 고정 수입을 가진 최고 계급을 클라시시(classici)라 불렀다. 기원전 2세기 로마의 법률가이자 문법학자이며 문인인 아울루스 겔리우스가 클라시시의 형용사 클라시쿠스(classicus)를 여러 저작자에게 비유적으로 적용한 것이 계기가 되어 최고급의 저자와 저작을 가리키게 된 것이다.[1] 그가 최고로 친 저작자가 일급의 저술을 가지고 있으면서 한편으로 넉넉한 재산을 가지고 있는 이였다는 것은 흥미 있는 사실이다. 무항산(無恒産)의 저작가가 일급의 저작을 남긴다는 것은 그에겐 상상할 수 없는 일이었던 것 같은데 당대의 가치관을 엿볼 수 있다.

유럽 근대인에게 참다운 고전은 말할 것도 없이 고대의 저술가요 책이다. 그 이전의 로마인에겐 그리스 고전이 유일한 고전이었음은 말할 것도 없다. 로마인들은 그리스 고전을 모방하고 그것을 굳이 감추려고도 하지 않았다. 그러나 키케로와 베르길리우스를 낳은 뒤에는 로마도 스스로의 고전을 갖게 되고 거기에서 긍지를 느끼게 된다. 중세에는 로마의 고전이 그리스 고전보다 더 숭상되는 풍조도 있었다. 생트뵈브가 말하는 것처럼 중세에는 오비디우스가 호메로스보다 우위를 차지하고 보에티우스가 플라톤과 동등시되었다.[2] 오늘날 우리가 알고 있는 것과 같은 그리스와 로마의 고전이 형성된 것은 르네상스 시대라고 할 수 있다. 르네상스의 인문주의는 고전을 역사적 맥락에서 바라보게 한다. 이탈리아 인문주의의 학문적 기여는 역사성의 발견이고 이에 따라 흩어진 원전의 회복과 원전 확정을 위한 철저한 비평에 있었다. 또 이 시대의 현저한 업적은 그리스어의 부활이었다. 물론 카툴루스, 쿠인틸리아누스, 타키투스와 같은 라틴 작가들의 많은 작품들이 14, 15세기에 발굴된 것은 사실이다.[3] 그러나 그리스어의 부활은 중세가 보여 준 로마 고전의 과대평가나 숭상을 교정하는 데 크게 기여하였다.

18세기 말까지 유럽은 유럽으로 자처하기보다 로마 제국을 이은 기독교 세계라고 자처하였다. 그리고 그 교육 제도는 라틴어 학습에 기초해 있었다. 19세기가 되어서야 사정이 역전되어 그리스 연구가 우위를 차지하게 되었는데 그것은 유럽 제국의 민족주의 감정 고조와 일치한다. 오비디우스가 호메로스보다 우위를 차지했던 중세를 조롱조로 말하는 생트뵈브 자신도 베르길리우스를 칭송하는 『베르길리우스 연구』를 1857년에 발표해서 로마 고전에 대한 숭상을 표명했다. 이에 반해서 동시대의 영국인 매슈 아널드는 "우리는 로마의 과거보다 그리스의 과거가 필요하다. 고전의 이상은 고대 그리스다."라고 유명한 옥스퍼드 시학 교수 취임 강연에서 말하고 있다.[4] 호메로스냐 베르길리우스냐 하는 우위 논쟁은 이념 논쟁은 아니나 마르크스나 니체의 고대 그리스 칭송에도 불구하고 아직도 지속되고 있다.

그러면 계속 읽히고 있으며 읽혀야 할 정도로 가치 있다고 생각되는 고전의 구체적인 성격은 무엇인가? 그것을 알아보는 데 있어 뒤에 살펴볼 『서구 세계의 명저(Great Books of the Western World)』 편자들이 설정한 판단 기준의 참조는 적절하고 편리하다. 이 책의 편자들은 책을 선정하는 기준으로 세 가지를 들고 있다. 첫째 그 역사적 맥락에서의 중요성뿐 아니라 오늘의 문제에 대한 적실한 유관성이 있을 것, 둘째 재독의 가치가 있을 것, 셋째 중요 사상에 관한 대화의 일부가 되어야 할 것, 즉 편자가 분류한 102개의 주요 사상 중 적어도 25개 항목과 유관해야 할 것을 들고 있다. 그리고 인종적 문화적 고려, 역사적 영향, 혹은 저자들이 표명하고 있는 견해에 대한 편자들의 동의는 선정 과정에 완전히 배제했다는 점을 밝히고 있다.

그들이 표명한 첫 번째 기준은 해당 명저가 생산된 특정 역사 지리적 맥락에서 중요성을 가지고 있을 뿐만 아니라 오늘의 문제에 대한 적실한 유관성이 있어야 한다는 것이다. 오늘의 우리의 관점에서 오늘의 문제를 성찰하는 데 단서와 계시를 주고 빛을 던져 주어야 한다는 것이다. 너무나 유포되어서 발설하기가 멋쩍을 지경이지만 현재와 과거의 대화라고 하는 역사 정의는 고전 읽기의 현장에도 그대로 적용된다. 가령 미국의 해킷 출판사에서 낸 『일리아스』의 표지에는 2차 대전 당시 연합군의 노르망디 상륙 작전의 사진이 복제되어 있다고 한다. 전쟁이 인류 역사에서 간헐적이면서도 항상적인 사건이기 때문에 고대의 전쟁과 현대의 전쟁을 대비시킴으로써 독자의 흥미 유발을 도모하는 상업적 발상인 것은 사실이다. 그러나 이것은 고전이 구현하고 있는 '과거 속의 현재'를 함의한다. 『일리아스』가 없었다면 『아이네이스』도 『신곡』도 『실낙원』도 없었다고 흔히 말한다. 『일리아스』가 지속적으로 영감의 원천이 될 수 있었던 것은 그것이 구현한 '과거 속의 현재'의 힘일 것이다. 『일리아스』는 서사시나 장시에만 영향을 끼친 것은 아니다. 톨스토이의 『전쟁과 평화』가 『일리아스』의 모방이라는 말은 단순한 과장 어법이 아니다. 사실에 대한 충실성이나 거대한 스케일의 인간사를 조망하는 작가의 눈이나 유사성은 많다. 『일리아스』가 전쟁의 처참하고 무의미한 헛수고에 대한 논평인 것도 사실이지만 전쟁의 한옆에서 영위되는 삶을 통해서 삶의 긍정을 보여 주고 있으며 『전쟁과 평화』도 그 점에서 동일하다는 지적은 설득력이 있다.[5] 그린블랫의 『진로 전환: 세계는 어떻게 근대가 되었는가(The Swerve: How the World Became Modern)』가 밝히고 있듯이 루크레티우스의 『사물의 본성』은 1417년 독일의 한 수도원에서 발견되어 유수한 근대 지식인의 애독서가 되고 마침내 세계 변화의 지렛대의 하나가 되었다. 그것은 결국 루크레티우스란 과거가 근대를 내장하고 있다는 말이 된다. 우주에는 창조자나 설계자가 없다는 탈(脫)인간 중심적 세계 이해, 인간 사회는 고요와 풍요의 황금시대가 아니라 생존을 위한 원시적 투쟁에서 시작되었다는 역사관, 모든 종교는 미신적 망상이며 항시 잔혹하다는 종교관을 표명하고 있는 루크레티우스에서 근대인은 자기 자신을 발견하고 그 선지자적 비전에 매료된 것이다.

둘째 재독할 가치가 있는 것이 선정되었다. 명저뿐만 아니라 좋은 책이나 작품은 반복적 향수나 수용을 감내할 뿐 아니라 그것을 권면하는 성질을 가지고 있다. 아는 만큼 보인다는 말이 있지만 고전의 경우에 특히 절실한 소리다. 독자의 관심 확대에 따라서 또 감식안의 세련도에 따라서 고전은 새로운 모습으로 다가오게 마련이다. 가령 『논어』의 경우를 들어 보자. "누군가 식초를 얻으러 오자 이웃에 가 얻어다가 그에게 주었다. 그런 미생고(微生高)를 누가 곧다고 할 것인가?"라고 말하는 「공야장」 편의 대목을 접하고 감동받는 청년은 없을 것이다. 감동받는다면 청년이 아니다. "가난하면서 원망함이 없기는 어렵고 풍부하면서도 교만함이 없기는 쉽다."란 「헌문」 편의 대목도 그렇다. 그러나 삶의 신산과 우여곡절을 겪고 난 후 읽어 보면 각별한 소회로 다가온다. 평범 속 지혜의 정수를 접했다는 감개를 갖게 마련이다. 이것은 문학 고전의 경우에 더욱 절실하다. 영화가 처음 나왔을 때 이제 소설의 시대는 끝났다는 소리가 지속적으로 나왔다. 그러나 그 후 영화는 영화대로 발달해 왔고 소설도 끄떡없이 건재하고 있다. 여러 가지 이유가 있지만 반복적 수용을 견디어 낼 수 있는 명작 소설의 힘이 컸다고 생각한다. 아무리 좋은 영화도 두세 번 되풀이해 보기는 어려울 것이다. 마르크스는 아이스킬로스의『묶여 있는 프로메테우스』를 좋아해서 해마다 다시 읽었다고 전한다. 요즘처럼 방대한 양의 서적이 쏟아져 나오는 시대에 특정 고전만의 반복적 독서를 이행한다면 시대착오적인 처사가 될 것이다. 그러나 중요 고전의 재독 삼독은 즐겁고 유익한 경험이 될 게 틀림없다.

왜 동일한 고전을 재독 삼독 하는가? 고전과 독서 당사자의 관계가 변화하기 때문이다. 생물 아닌 고전이 변화하는 것은 아니다. 그러나 독서 주체는 변화하고 발전한다. 변화한 독서 주체가 보는 고전은 이미 옛날의 고전은 아니다. 모든 책은 독서를 통해서 비로소 제 모습을 드러낸다. 책으로 된 문학 작품은 독자가 읽기 행위를 끝내야 비로소 하나의 작품으로 완결된다. 변한 독서 주체의 읽기를 통해서 고전은 새로 태어난다. 한편 유관성을 찾는 독자들의 현재적 관심으로 말미암아 새롭게 드러나는 고전은 동일성을 유지하면서 변화를 보여 주는 셈이다. 영속성 있는 동일성 속의 부분적 변화로 말미암아 고전은 고전이기를 계속한다고 할 수 있다. 허드레가 허드레인 이유는 반복적 향수를 견디지 못하기 때문이다.

셋째 기준인 편자가 분류한 102개의 주요 사상 중 적어도 25개 항목과 유관해야 할 것은 철학, 정치, 자연과학, 경제 등의 명저에 해당 적용시킨 경우이다. 끝으로 편자들은 인종적 사적 편견에 사로잡히지 않고 중립적 객관성을 유지했다는 자부심을 피력한 것으로 생각된다. 이것은 사실일 것이다. 그러나 1960년 이후 유럽에서 활발해진 정전(正典) 비판과 개방 논쟁이 드러내 보인 것처럼 의식되지 않은 이데올로기적 요인이 고전 형성에 작동하고 있음을 간과할 수는 없을 것이다. 또 가다머 같은 이가 설파하듯이 '편견'이 반드시 배격해야 할 악한인가 하는 것은 검토에 값하는 것이라 하겠다.

2 명저 읽기에 비친 고전

서양 고전의 구체를 알기 위해서 가령 미국 대학에서 실시한 '명저 읽기(Great Books Program)'를 검토해 보는 것도 한 방법이 될 것이다. 이 명저 읽기 강좌를 처음 창시한 이는 컬럼비아 대학의 영문학 교수 존 어스킨(John Erskine)이었다. 그는 1915년에 「총명해야 할 도덕적 의무」란 글을 써서 인구에 회자되었는데 그의 생각을 따르면 명저 읽기와 총명해야 할 도덕적 의무는 밀접한 연관이 있다. 한 사람의 시민으로서 또 직업인으로서 제대로 역할을 수행하고 또 총명한 인간이 되는 최선의 방법은 과거의 지적 예술적 걸작과 절친해지는 것이라는 게 어스킨의 소신이었다. 피아니스트이자 작곡가이기도 했던 어스킨은 음악이나 시각 예술의 걸작도 염두에 두었으나 과거의 지적 걸작은 주로 책을 의미했다. 이러한 확고한 소신을 바탕으로 해서 1920년에 시작된 '교양 우등 과정(General Honors)'은 3학년 4학년 학생을 대상으로 해서 열다섯 명을 한 반으로 편성한 2년간의 과정으로 일주일에 두 시간씩 시행되었다. 특기할 사항은 토론 위주였고 토론을 주재하기 위해 두 명의 교사가 배당되었고 이 두 명은 서로 다른 의견을 제시해야 한다는 암묵적 양해가 되어 있었다는 것이다. 이 과정은 초기에 노장 교수들의 이의 제기로 우여곡절을 겪게 되나 1923년 이후 마크 밴 도렌(Mark Van Doren)과 모티머 애들러(Mortimer Adler) 같은 신진 교수들이 담당하면서 활기를 얻게 된다.[6] 그 후 고전 읽기 과정은 시카고 대학이나 세인트존스 대학에서 한결 열의 있게 시행된다.

1929년 애들러가 시카고 대학으로 부임하면서 총장인 로버트 허친스(Robert Hutchins)와 함께 공동 연구로 '명저 읽기' 과정을 구상하고 개설했다. 그리고 여기 사용된 명저들은 1952년에 54권으로 묶여 『서구 세계의 명저』란 이름으로 브리태니커 백과사전에서 간행되었다. 소설, 역사, 시, 자연과학, 수학, 철학, 연극, 정치, 종교, 경제학, 윤리학 등 모든 분야에 걸친 명저들이었다. 허친스가 교양 교육을 논하는 서론을 쓴 책이 제1권이 되고 102개의 쟁점을 102장으로 정리하고 장마다 애들러가 서론을 쓴 책이 2권과 3권이 되었다. 그 후 1990년에 재판이 나왔는데 초판 수록 중 일부를 빼고 20세기에 나온 책들을 첨가해서 모두 60권이 되었다. 모든 분야에 걸친 명저들은 결코 적은 분량이 아니다. 컬럼비아 대학의 당초 기획이 인문학 중심이었던 것과는 다르게 서양의 고전들이 망라되어 있어 서양 고전의 구체라고 말할 수 있을 것이다. 출판 당시 그들이 밝힌 선정 기준과 그 의미는 앞에서 살펴본 바 있다.

명저 읽기 과정의 목표는 "총명해야 할 도덕적 의무"를 이행할 수 있는 시민이자 직업인을 양성하는 것이었다. 과거의 위대한 정신의 계도와 훈도로 교양과 덕성을 갖춘 인간 형성을 도모하기를 지향한 것이고 젊은 영혼의 전인적(全人的) 발전을 위한 기획이었다. 과거의 위대한 정신과의 정신적 교류가 곧 전인적 인간 형성으로 이어진다는 생각은 동시에 자기완성이 사회와의 조화로 귀결될 것이라는 희망을 내포하고 있다. 오늘날 우리가 교양의 중요성을 얘기하는 것도 그것이 덕성과 함께 전인적 조화적 인간 형성의 모태가 되기 때문이다. 그것이 어려운 과정이라고 해서 간과할 수는 없을 것이다.

전인적 발전과 조화적 인간 형성은 사실상 르네상스 인문주의에서 물려받아 독일에서 발전시킨 개념이다. 그러나 그 규모와 수준에 대해 많은 이견이 있을 수 있으며 우리의 현실에선 더욱 그러하다. 이 점에 대해서는 인문주의 형성 이념에 충실했던 입장에서 오히려 의문이 제기되고 있다. 토마스 만은 「괴테와 톨스토이」에서 괴테가 전문화와 이에 따른 협소화나 빈곤화보다도 '보편적 인간'의 이상에 대해 유보감을 가지고 있었으며 언어 교육에 대해 직업 교육을 변호하고 있다는 사실에 주목한다. 인간의 교양은 제한의 방법에 의해서만 건전한 진보를 보인다는 것이 괴테의 생각이었다는 것이다. "이제부터는 하나의 기술이나 직업에 몰두하지 않는 위인은 큰코다치게 될 것이다."란 『빌헬름 마이스터의 편력 시대』 속의 대목을 인용하고 있기도 하다.[7] 다가오는 산업 사회, 기술 사회에 대한 괴테의 선견지명을 보여 주는 사례일 것이다. 『빌헬름 마이스터의 편력 시대』는 '체념한 사람들'이란 부제를 달고 있는데 여기서의 체념은 한 가지 일에의 몰두, 또는 한 가지 활동 목적에의 자기 제한이란 뜻이 강하다. 다방면으로 소실되는 힘을 제한적으로 집중하여 삶이나 사회의 행복에

65

기여해야 한다는 적극적인 의미를 갖는 것이다. 자신이 만능적 '르네상스 인간'이었던 인물의 생각이기 때문에 그 무게는 커진다. 이에 근접한 생각이 막스 베버의 『프로테스탄티즘의 윤리와 자본주의 정신』 끝머리에 보이는 것은 흥미 있다.

근대의 직업 노동이 금욕적 성격을 띠고 있다는 생각은 결코 새로운 것이 아니다. 전문화된 일에의 전념과 거기에 수반되는 파우스트적 인간의 전면성의 포기는 현대 세계에서는 가치 있는 행위의 전제 조건이다. 따라서 오늘날 업적은 불가피하게 체념을 수반한다. 괴테 또한 『빌헬름 마이스터의 편력 시대』에서 그의 실제적 지혜의 최고 순간에 또 파우스트의 생애에 부여한 막판에서 시민적 생활 양식 — 그것이 양식의 부재가 아니라 하나의 양식이 되고자 한다면 — 이 가져야 할 금욕적 특징을 우리에게 가르쳐 주려고 하였다. 괴테에게 있어 이러한 인식은 충실하고 아름다운 인간성의 시대에 대한 체념적인 결별을 의미했지만 그러한 시대가 우리의 문화 발전 과정에서 되풀이되지는 않는다는 것은 고대 아테나이의 전성기가 되풀이될 수 없다는 것과 마찬가지다. 퓨리턴은 직업인이 되기를 원하였다. 그러나 우리는 직업인이 되지 않을 수가 없다.[8]

3 번역으로 읽는 고전

'명저 읽기' 과정은 영어로 번역된 서구 고전 읽기 과정이다. 따라서 번역을 통해서 명저가 가지고 있는 섬세하고 깊은 뜻을 이해할 수 있겠느냐는 회의론이 나오는 것은 자연스러운 일이다. 특히 고전 어에 조예가 깊은 노장층 교수들이 이러한 반론을 강력하게 제기한 것은 상상하기 어렵지 않다. 이에 대해서 영어 번역을 통한 명저 읽기를 구상하고 이에 동조한 소장 학자들은 영어로 된 명저의 경우에도 이해 과정이 그리 자명한 것은 아니라고 주장했다. 또 가령 『일리아스』 시 낭송을 듣는 당대의 일반 청중이 고전학자의 상세한 해석과 주석이 밝혀 놓은 바와 같은 모든 배경과 세목을 이해하는 것은 아니며 그렇다고 그들의 시 낭송 경청이 부질없는 헛수고인 것은 아니라는 반론을 펴기도 했다. 이러한 번역의 문제는 특히 동양 문화권에 속하는 우리가 서구 고전 번역을 읽을 때 마주치는 문제이기도 하다. 번역에는 불가피하게 일실과 손상이 따르게 마련이다. 번역은 또 미묘한 차이를 소거하게 마련이며 원어가 가지고 있는 함의를 엉뚱하게 변용시키기도 한다. 그러한 사례를 구체적으로 살펴보기로 한다. 동양 수일의 고전이라 할 수 있는 『논어』, 혁명 고취의 정치적 문서인 『공산당 선언』, 그리고 그리스 비극 대표작의 하나인 소포클레스의 『안티고네』에서 한 대목씩 읽어 보기로 한다.

『논어』

버트런드 러셀에게 「동서양의 행복관」이란 에세이가 있다. 유교라는 윤리 체계가 숭상되어 온 중국과 기독교 신앙을 가진 유럽을 비교하면서 그 행복의 이상형을 대범하게 말하고 있는 글이다. 유교의 윤리는 기독교의 그것과 달리 보통 사람들도 실천할 수 있는 것이라면서 공자가 가르치는 것은 18세기 영국에 존재했던 구식 '신사'의 이상형과 아주 비슷한 것이라고 말한다. 공자는 의무과 덕성을 얘기하지만 인간 본성이나 인정에 거슬리는 것을 강요하지 않는다면서 그 예증으로 논어 「자로」 편에서 인용하고 있다.[9]

葉公, 語孔子曰, 吳黨, 有直躬者, 其父攘羊, 而子證之. 孔子曰, 吳黨之直者, 異於是, 父爲子隱, 子爲父隱, 直在其中矣.

섭공(葉公)이 공자에게 말하기를 우리 동네에 고지식하게 행하는 자가 있으니 자기 아버지가 양을 훔쳤는데 아들이 증인으로 나섰다 하였다. 공자 말씀하시기를 우리 마을의 정직한 사람은 이것과 다르니 애비는 자식을 위하여 숨기며, 자식은 애비를 위하여 숨기나니 정직한 것이 그 가운데 있다.(김종무 역)

위에서 볼 수 있듯이 "양양(攘羊)"은 "양을 훔쳤다"는 것으로 되어 있고 모든 국역본이 그러하다. 주자 해석을 충실히 따르고 있는 주석서에 의하면 양(攘)은 적극적으로 나서서 훔치는 것이 아니라 저쪽에서 온 것을 그냥 수중에 넣는다는 뜻이라 한다. 그러니까 여기서의 "양양"도 남의 양을 능동적 적극적으로 도둑질한 것이 아니라 수동적으로 제 것으로 만든 것이다.

The Duke of She addressed Confucius, saying: We have an upright man in our country. His father *stole* a sheep, and the son bore witness against him. In our country, Confucius replied, uprightness is something different from this. A father hides the guilt of his son, and a son hides the guilt of his father. It is in such conduct that true uprightness is to be found.(라이어널 자일스 역)

The ‘Duke’ of She addressed Master K’ung saying. In my country there was a man called Upright Kung. His father *appropriated* a sheep, and Kung bore witness against him.(아서 웨일리 역)

러셀이 인용하고 있는 것은 자일스 번역본이다. 우리 대부분의 국역이 그렇듯이 “stole”이라 해 놓고 있다. 그러나 웨일리는 “appropriated”라 해서 미묘한 차이를 살리고 있다. 물론 장물 취득도 범죄라는 관점에서 보면 steal과 appropriate에 큰 차이는 없다. 그러나 섬세하고 미묘한 차이라도 그것을 간파하고 인지하는 것이 중요하다는 입장에 선다면 appropriate를 취택한 웨일리가 보다 엄밀하게 번역한 셈이 된다.(한편 “직궁(直躬)”을 고유 명사로 보는 해석도 있고 『여씨춘추(呂氏春秋)』, 『회남자(淮南子)』가 그러한데 웨일리도 이 해석을 따르고 그것을 역주에 붙이고 있다.)

『공산당 선언』

“오늘에 이르기까지 모든 사회의 역사는 계급 투쟁의 역사다.”라는 첫 문장으로 시작되는 『공산당 선언』이 첫선을 보인 것은 1848년이다. 한나 아렌트가 역설적이게도 가장 강력한 부르주아 예찬이 돼 있다고 지적한 모두 부분에는 다음과 같은 대목이 보인다.

부르주아 계급은 농촌을 도시의 지배에 굴복시켰다. 그들은 거대한 도시를 만들어 내고 농촌 인구에 대비하여 도시 인구의 수를 고도로 증가시켰고 그리하여 인구의 현저한 부분을 농촌 생활의 무지에서 구해 내었다. 그들은 농촌을 도시에 의존시켰던 것처럼 미개 및 반(半)미개국들을 문명국들에, 농경 민족들을 부르주아 민족들에, 동양을 서양에 의존시켰다.

"농촌 생활의 무지"는 영어로는 "rural idiocy"로 되어 있다. 언뜻 도회인의 시골 멸시나 촌뜨기 멸시를 연상시키는 말이요 직역하면 '시골의 천치다움' 정도의 뜻이 될 것이다. 『공산당 선언』 간행 150주년을 기념하여 간행된 새 판에 부친 서론에서 에릭 홉스봄은 마르크스도 시골 환경에 대한 경멸을 가지고 있었으리라는 점을 부정하지 않는다. 그러나 독일어의 "dem Idiotismus des Landlebens entrissen"이 어리석음을 가리키는 것이 아니라 시골 사람이 처해 있는 '좁은 시야나 지평', '보다 넓은 사회로부터의 격리'를 가리키는 것이라 지적하고 있다. 그리고 그것이 천치나 천치다움이라는 현재 유통 중인 의미의 기원이 되는 그리스어 idiotes의 본래의 의미를 환기하는 것이었다고 부연하고 있다. 고전 그리스어에서 천치 혹은 백치는 보다 큰 공동체 문제에는 아랑곳하지 않고 오직 자신의 사적인 문제에만 관심이 있는 사람이란 뜻이었다. 그러나 1840년대 이후에 그리고 마르크스와는 달리 고전 교육을 받지 못한 사람들이 참여한 공산주의 운동 속에서 본래의 의미는 증발되고 오독되었다고 지적하고 있다. 홉스봄도 인정하듯이 마르크스의 의도야 어떻든 "rural idiocy"는 '농촌 생활의 무지'로 이해되고 있다.[10]

『안티고네』

프랑스 혁명 이후 유럽의 지식인 사이에서 압도적인 선호를 받았다는 이 고전 비극은 우리 학생들도 대체로 권위주의적 권력 대 시민의 갈등이라는 맥락으로 접근하는 것이 보통이다. 그래서 크레온에 대해 아주 비판적이고 안티고네에 대해서 동조적이다. 미국 학생들이 크레온에 심정적인 지지를 보내고 있다는 폴 우드러프의 지적과 대조적이다. 작품 속에 자기 문제를 투사하는 것이겠는데 고전의 현재 유관성이란 국면 때문에 19세기 유럽의 지식인에게 각별한 호소력을 발휘한 것이라 할 수 있다. 그 작품 332행에서 352행은 다음과 같이 되어 있다. 코러스의 소리다.

세상에 무서운 것*이 많다 하여도
사람보다 더 무서운 것은 없다네.
사람은 사나운 겨울 남풍 속에서도
잿빛 바다를 건너며 내리 덮치는
파도 아래로 길을 연다네.
그리고 신들 가운데 가장 신성하고
무진장하며 지칠 줄 모르는 대지를
사람은 말(馬)의 후손으로 갈아엎으며
해마다 앞으로 갔다가
뒤로 돌아서는 쟁기로 못살게 군다네.

---

* 그리스어 ta deina를 '놀라운 것'으로 번역하는 이도 있다.

서양의 고전

그리고 마음이 가벼운

새의 부족들과 야수의 종족들과

심해 속의 바다 족속들을

촘촘한 그물코 안으로 유인하여

잡아간다네, 총명한 사람은.

사람은 또 산속을 헤매는 들짐승들을

책략으로 제압하고,

갈기가 텁수룩한 말을 길들여

그 목에 멍에를 얹는가 하면,

지칠 줄 모르는 산(山)소를 길들인다네.(천병희 역)

Wonders are many on earth, and the greatest of these

Is man, who rides the ocean and takes his way

Through the deeps, through wind-swept valleys of perilous seas

that surge and sway.(E. F. 와틀링 역)

지상에 경이는 허다하나 가장 놀라운 경이는

사람이어니, 크게 파도치고 요동치는 위태로운 바다,

바람이 휩쓰는 그 바다의 골짜기를 통해

바다를 타고 길을 가느니.

Many wonders, many terrors,

But none more wonderful than the human race

    or more dangerous.

This creature travels on a winter gale

Across the silver sea,

Shadowed by high-surging waves.(폴 우드러프 역)

놀라운 것이 많고 무서운 것이 많지만

인류보다 더 놀라운 것은 없다.

　혹은 더 위험한 것은 없다.

There is much that is strange, but nothing

that surpasses man in strangeness.

He sets sail in the frothing waters

amid the south winds of winter

tacking through the mountains

and furious chasms of the waves.(마르틴 하이데거/랄프 만하임 역)

이상하고 놀라운 것이 많지만

제일로 그러한 것은 사람이다.

제일 앞에 든 천병희 국역본은 그리스 원전에서 번역한 국내 유일본으로 생각되는데 원문에 충실한 번역으로 생각된다. 사람이 "무섭다"고 번역하고 있고 각주에 "놀라운 것"으로 번역하는 이도 있다고 적어 놓고 있다. 그다음의 와틀링 번역은 펭귄문고로 되어 있어 많은 독자를 얻었는데 놀라운 "경이"라고 하고 있다. 다음 번의 폴 우드러프 번역은 대학 교재로 많이 사용되며 학문적 엄격성을 표방하는 미국 해킷 출판사의 '해킷 고전'판이다. 천병희 번역본과 펭귄문고판의 번역을 합쳐 놓은 듯이 "놀랍고 무서운" 것으로 사람을 말하고 있지만 "인류"라고 하고 있는 것이 눈에 뜨인다. 펭귄판을 읽으면 인간 찬가 혹은 송가로만 들리고 해킷 고전판에서처럼 '놀랍고도 위험하다'는 함의는 별로 감지되지 않는다. 마지막으로 든 번역은 하이데거의 『형이상학 입문』에 번역되어 있는 부분이다. 이 책의 번역자는 하이데거의 그리스 말 번역이 전통적인 번역과 근본적으로 다르다면서 번역에서 원전보다 하이데거 번역을 염두에 두고 영역했다고 적고 있다.

하이데거는 그리스어 deinon이 '무서운 것(the terrible)'과 '강력한 것(the powerful)'을 뜻한다고 하는 것을 길게 설명하고 있다. 그럼에도 '이상하고 놀라운 것(the strange)'으로 번역한 이유를 말한다. 인간이 이상하고 놀라운 것은 관습적이고 친숙한 한계로부터 벗어나며 난폭하고 친숙한 것의 한계를 넘어서려 하기 때문에 고압적이라는 의미에서 '이상하고 놀라운' 것이라고 말한다.[11] 요컨대 그리스의 인간관을 정의하는 맥락에서 the strange라고 하는 것이다.

위에서 보았듯이 고전 번역은 사실상 해석의 문제이기도 하다. 번역은 그대로 해석이다. 통역을 interpreter라 하는 것은 그 점을 말해 준다. 번역을 통해 발생하는 상실이나 사소한 함의의 변화는 불가피하나 그것이 치명적인 것은 아니다. 『안티고네』 코러스 대목에 보이는 deinon이 terrible, wonderful, wonderful and dangerous, strange로 각각 다르게 번역되어 있지만 그게 혼란의 계기가 되는 것도 아니다. 사실 무섭고 경이로운 것은 일상적이고 아주 흔한 것이 아니기 때문에 이상하고 놀라운 것이기도 하다. 도구적 이성의 야심적, 정력적인 구사가 파괴적 결과를 낳을 수 있다는 것을 인정할 때 코러스에 나오는 사람은 경이로운 동시에 무섭고 위험한 존재이기도 할 것이다. 처음 펭귄 판본으로 『안티고네』를 읽은 필자는 위의 코러스 대목을 인간 찬가로만 받아들인 것이 사실이다. 그러나 그렇다고 해서 작품의 핵심적인 갈등을 이해하지 못한 것은 아니며 작품 읽기를 즐기지 못한 것도 아니다.

번역은 사실상 근사치를 향한 진땀 나는 포복이다. 정도의 차이라는 변별성을 지닌 근사치로 만족해야 하는 것이 번역 독자의 불운이다. 그리고 우리는 오해를 과도하게 경계할 필요도 없다. 오해는 대단히 생산적일 수 있다. 코러스가 나오기 때문에 그리스 고전극을 '노래하는 극'으로 오해한 데서 근대 유럽의 오페라가 생겨났다. 오해가 하나의 예술 장르를 마련해 낸 것이다. 프랑스 상징주의 시 운동이 미국 시인 에드거 앨런 포에게 빚지고 있다는 것은 널리 알려진 문학사의 삽화이다. 보들레르는 포를 번역하고 말라르메는 포를 "나의 위대한 스승"이라 적어 놓고 있다. 「갈가마귀」를 번역하고 「에드거 포의 무덤」이란 14행시를 남겨 놓고 있기도 하다. 그러나 예이츠나 올더스 헉슬리 같은 원어민들은 에드거 포를 대단치 않은 시인이라고 보고 있다. 포에 대한 오해가 상징주의 시 운동의 모태가 되었다는 점에서 '창조적 오해'의 한 사례가 되어 있다. 그런 맥락에서 오해는 축복받은 재앙이 될 수도 있으며 번역 읽기에서 과도하게 두려워할 필요는 없을 것이다.

4   고대 그리스와 아테나이

지리적으로 상거해 있고 시간적으로 2500년이나 상거해 있는 외국 고전을 읽을 때 그러한 고전을 산출한 특정 시공간에 대한 약간의 예비지식은 필수적이다. 흔히 그것을 배경이라 한다. 아테나이의 극작가와 플라톤의 시대, 셰익스피어의 시대, 그리고 톨스토이와 도스토옙스키를 배출한 19세기 러시아 소설의 시대를 유럽 문학사에서 3대 승리의 시대라고 어떤 비교문학자가 말하고 있다. 그리스 고전 비극을 읽을 때 우리가 알아야 할 기초적 배경 지식에는 어떤 것이 있을까. 허다하지만 몇 가지 사안을 적어 본다.

고대 그리스의 세계는 우리가 알고 있는 현대 그리스와는 다르다. 많은 학생들이 이 사실에 맹목이어서 놀란 교실 경험이 있다. 그리스인을 뜻하는 그리크(Greeks)란 말은 로마인이 붙인 그라시(Graeci)에서 유래한 것이고 기원전 1400년에서 1200년에 이르는 뮈케나이 시대엔 아카이언(Achaeans)라 불렸고 그 이후엔 헬라스(Hellas)라 불리게 된다. 이 헬라스는 흑해 동부 연안, 소아시아의 연안 지방, 에게해 제도, 그리스 본토, 남부 이탈리아와 시칠리아 섬의 대부분, 그리고 지중해의 연안을 따라 리비아, 마르세이유, 그리고 스페인의 연안 지방 등으로 광범위하게 퍼져 살았다. 이렇게 멀리 상거해 있는 그리스인들은 단일한 문화를 가지고 있다는 의식이 있었다. "같은 종족이며 같은 언어, 공통의 신전과 제식(祭式), 또 비슷한 관습을 가지고 있다."(VIII 144)라고 헤로도토스는 적고 있다.[12] 불모의 산악이 넓지 않은 비옥한 지방을 상호 격리시키고 있다는 지리적 특징이 다양성을 촉발하고 새 식민지로의 이주를 장려하고 사용을 위한 생산보다 교환의 경제를 촉진했다. 정치적으로 민주제의 아테나이, 군국주의적 경찰국가인 스파르타, 봉건적 과두 정치 체제의 보이오티아에서 엿볼 수 있듯이 다양한 체제의 폴리스를 이루고 있었다.(폴리스는 '자치 국가'란 뜻인데 흔히 '도시 국가'라고 번역된다. 그러나 오도적인 이름이다. 폴리스에는 시골 인구가 많은데 마치 도시가 시골을 지배한다는 투의 잘못된 인상을 주기 때문이다. 가장 큰 폴리스인 아테나이의 인구는 최고 시기인 펠로폰네소스 전쟁 발발 무렵 약 25만 명에서 27만 5000명 정도로 추정된다.) 이집트나 바빌로니아와 같은 주요 하천 유역 특유의 중앙 집권적 광역 국가와 반대되는 소규모 국가를 생각하면 된다. 플라톤에서 시작해서 활발히 전개되는 정치론이나 국가론은 그리스인의 이론 지향과 더불어 다양한 정치 체제의 비교와 펠로폰네소스 전쟁 패전 이후 아테나이의 정치적 상황이 야기한 복합적 산물이라고 생각된다.

그리스 문명의 황금기는 아테나이가 주도한 시대이다. 그리스 고전의 큰 별들은 호메로스를 제하고는 모두 아테나이 출신이다. 아테나이 시대는 두 시기로 나누어진다. 솔론이나 클레이스테네스가 기초를 다진 상업적 민주 정치 체제의 아테나이 성립과 페르시아 전쟁을 승리로 이끈 시대 그리고 스파르타와 마케도니아에 의한 패배의 시대가 그것이다. 비극은 전자의 소산이요 철학은 후자의 소산이다.

아테나이의 민주주의는 고대 그리스의 놀라운 발명의 하나임에 틀림없다. 그러나 19세기 자유주의자들의 미화 성향이 여과 없이 전파되어 정치적 이상 체제로 간주되는 경우도 없지 않다. 자유의 이념은 잃어버린 낙원의 비전이고 왕왕 그것은 있어 본 적이 없는 낙원

77

의 비전이기가 쉽다. 펠로폰네소스 전쟁에서 아테나이가 병영(兵營) 국가이자 경찰국가인 스파르타에게 패배했다는 사실은 시사하는 바가 많다. 민주제의 운영 자체에도 그늘과 하자는 많다. 도편 추방 투표 현장에서 자기 이름을 적어 달라는 읽기 쓰기 못하는 시골 노인의 부탁을 받고 노인이 아닌 자신의 이름을 적어 주었다는 아리스티데스의 미담이 『플루타르크 영웅전』에 나온다. 그런 고결한 신사로서의 아테나이 정치가상에 대해 회의론자가 없지 않았다. 2차 대전 이후 아크로폴리스의 서쪽 벼랑에서 '테미스토클레스'란 이름이 쓰인 도편 190개가 들어 있는 한 뭉치가 발굴되었다. 투표자에게 주려고 사전에 준비되었으나 결국 사용되지 않은 것이었다.[13] 민주제라고 해서 부정 투표가 없었다고 믿을 이유는 없다. 또 전쟁과 정복과 제국에 반대한 도시 국가나 사회 계급도 없었다. 아테나이 민주제가 유지된 것은 직업 군인이 없었다는 사실과 연관된다고 생각된다. 육군은 상류 및 중류층에서 징병되었고 스스로 무장해야 했다. 해군 승무원은 보수를 받는 직업 군인이었고 하층 계급에서 충원되었다.

5 비극

아이스킬로스, 소포클레스, 에우리피데스는 모두 기원전 5세기에 비극 작가로 활동했다. 이들은 모두 300편의 비극을 썼으나 현재 남아 있는 작품은 33편이다. 이 중 에우리피데스의 두 편은 순수 비극이 아니고 해학적인 사티로스극에 속한다. 그 밖에 약 150명의 비극 작가의 이름이 전해 오나 남아 있는 작품은 한 편도 없다. 3월 말에 디오니소스 축제가 열린다. 첫날에는 행진, 동물 공양, 신상(神像)의 극장 배치가 있다. 둘째 날에는 다섯 편의 희극을 상연한다. 사흘째부터 비극 경연이 열린다. 하루에 한 비극 작가의 비극 세 편과 사티로스극이 상연되고 그것이 사흘에 걸쳐 계속된다. 2만 명 수용의 야외 극장 입장은 무료, 유료, 수당 지급 등의 변화를 겪는다. 아티카를 구성하는 열 부족(部族)이 각각 약간 명의 심판 후보자를 내어 그 명단을 열 개의 항아리에 밀폐 보관한다. 이 항아리가 상연에 앞서 극장 안으로 옮겨지고 비극 상연의 집정관(archon)이 항아리에서 명단 하나씩을 고른다. 이렇게 선발된 열 명의 심사자가 경연에 참가한 세 명의 작자 중 자기가 생각하는 순위를 투표한다. 이 열 명의 심사자가 항아리에 넣은 열 표 가운데서 집정관이 아무렇게 다섯 표를 빼내고 그 다섯 표로 순위가 결정된다. 즉 반만 개표하고 순위를 결정하는 것이다. 이러한 관행은 많은 해석을 낳기도 하였다. 우연에 맡기는 부분이 있어야 한다는 것에서부터 패자에 대한 고려라는 해석 등 다양하였다. 그러나 부정 방지책이었다는 해석이 유력한 것으로 보인다. 열 표 전부를 개표할 경우 여섯 표를 얻으면 우승하게 된다. 따라서 여섯 명만 매수하면 된다. 그러나 다섯 표만 개표하면 이론상으로 보면 일곱 표를 얻고도 세 표에게 질 수 있다. 그러니까 여덟 명을 매수해야 우승이 확실해진다. 부정으로 우승하기가 그만큼 어려워진다는 해석이다.[14] 한편 네 편의 작품을 상연하는 작자의 선정은 집정관의 몫이었다. 지정된 작가는 공적 신화 해석의 권한을 위임받는 셈이다. 집정관은 세 명을 지정하는 것과 동시에 세 명의 부자를 지정하여 이들이 코러스 단원을 고용하고 연습 기간 수당을 지급하도록 하였다. 군함 건조 때 부자에게 의존하는 바와 같다.

유념할 것은 극장이 아테나이의 발명이란 점이다. 또 수당 지급에서 엿볼 수 있듯이 비극 상연은 아테나이의 공적 행사였다. 펠로폰네소스 전쟁의 와중에도 이 비극 상연은 어김없이 이어졌고 해마다 새 작품을 상연했다. 플루타르코스는 413년에 시라큐스에서 포로로 잡힌 아테나이 병사 가운데 에우리피데스의 대목을 욀 수 있어서 목숨을 건진 사람이 있었다는 얘기를 전하고 있다. 사실이든 아니든 비극의 높은 위상을 보여 준다. 배우는 시간이 지남에 따라 1인에서 3인으로 불어났다. 열두 명이었다가 소포클레스가 열다섯 명으로 불렸다는 코러스는 춤을 추면서 노래하는 역할에서 시작해 대화도 나누고 다양했으나 점차 축소되어 에우리피데스의 몇몇 작품에선 단순한 음악 간주곡이 돼 있다. 배우나 코러스 단원은 남성에게만 열려 있었다.

그리스 비극에 관해서는 많은 연구와 천착이 이루어졌고 현재에도 이루어지고 있다. 다양한 축적적인 연구에도 불구하고 — 아니 바로 그렇기 때문에 — 그 어원의 연유나 기원에 관해서 비평적 합의를 얻어 정설로 굳어진 것은 없어 보인다. 필자가 접할 수 있었던 연구서 가운데서 설득력 있게 느껴져 흥미 있게 읽은 책의 하나는 프랑스의 고전학자 장피에르 베르낭의 『고대 그리스의 신화와 비극』이다. 그리스 비극은 아테나이에서 생겨나서 번창하다가 쇠퇴했는데 그것은 100년 안의 일이었고 예술, 사회 제도, 인간 심리 등 각각의 관점에서 보아 새로운 발명품이었다는 것을 그는 강조한다.[15] 비극의 참 재료는 도시 국가 특유의 사회사상 특히 당시 발전하고 있던 법률 사상이었다는 선행 연구를 수용하면서 베르낭은 비극 시인들의 법률적 전문 용어의 구사는 즐겨 다루어진 비극의 주제와 법정의 권한에 속했던 소송 사건과의 밀접한 관계를 강력히 나타내고 있다고 말한다. 비극 시인들은 그 모호성, 변동성, 불완전성 등을 의도적으로 이용하면서 법률 용어를 활용한다. 그리고 사용된 용어의 불명료성, 의미 변화, 모순 등은 법률 사상 안에서의 의견 상치를 드러내고 또 종교 전통이나 도덕 사상과의 갈등을 나타내고 있다. 법률은 도덕 사상과는 별개였으나 양자의 영역은 아직 분명히 구분이 되지 않았던 것이다. 그리스인들은 원칙에 기초해서 일관성 있는 체계로 구성된 절대적 법이란 생각을 가지고 있지 않았다. 또 정의(Dike)나 법률(nomoi)이란 말도 가변적이고 의미 변화가 심하였다. 그러한 상황에서 비극은 정의와 가변적이고 고정되지 않은 법과의 갈등을 그린다. 물론 비극은 법적 논쟁이 아니다. 그렇기 때문에 비극은 이러한 논쟁을 견디어 내거나 결정적인 선택을 하지 않을 수 없거나 모든 것이 불안정하고 모호한 가치의 세계에서 행동 방향을 찾아야 할 인간을 주제로 삼는다. 요컨대 비극은 법정이고 도시 국가 및 법률 제도와 동시에 생겨난 것이라는 것이다.

베르낭은 또 비극이 추상적인 차원의 형식 논리상으로는 신화적 사고와 철학적 사고 즉 헤시오도스와 아리스토텔레스 사이의 통로라고도 말한다. 신화적 사고는 모든 개념이 가변적인 모호성의 논리를 갖는다. 철학적인 사고는 동일성의 논리를 갖는다. 이에 반해 비극의 논리는 반대물 사이, 상반되는 힘 사이의 긴장의 논리이며 대립의 논리이다. 그것은 소피스트의 논리이기도 하다. 어떤 문제에 대해서도 두 개의 상반되는 논의가 가능하며 모든 인간 문제에는 양극단이 있다는 논리이다. 그러나 뒷날 고전 철학 운동과 함께 진실과 오류가 구분되고 이에 따라 철학이 승리를 거두고 비극이 종말을 고하게 되었다는 것이다. 베르낭이 그리스 비극을 특정 시기의 시대적 산물임을 강조하는 것은 신화적 사고와 철학적 사고 사이의 통로라는 사실을 강조하기 위해서이다.

세 사람의 비극 시인 가운데 우승 기록이 가장 많은 이는 단연 소포클레스다. 가장 적은 것으로 알려진 에우리피데스는 시대에 앞선 진보적 사상 때문이라는 관점이 있다. 심사자들이 대체로 연만해서 보수적 성향을 띠어 그를 거부했다는 것이다. 여권주의자들이 문학적 여권 선언으로 선호하는 『메데이아』에 보이는 다음과 같은 강렬한 발언으로 보아 충분히 있을 수 있는 일이라 생각된다.

이 세상에 태어나 마음을 가지고 있는 만물 가운데서
우리 여자들이 가장 비참합니다.
터무니없이 비싼 값으로 남편을 사야 하고
이어 몸을 바쳐 임자로 모셔야 하지요. 이것이 더 큰 재앙입니다.
그러니까 만사가 좋은 남자를 만나느냐, 몹쓸 남자를 만나느냐에 달려 있
　　지요. 여자에겐 이혼이 점잖지 못하고
남편을 물리칠 수도 없으니까요.
미지의 생활 습관 속으로 뛰어 들어와 여자는 남편을 어떻게 다루어야 하
　　는지
정말 아득합니다.

(……)

남자의 경우엔 집사람에 싫증이 나면

밖에 나가서 위안거리를 찾을 수도 있지요.

우리 지어미들은 그저 한 사람만을 쳐다보고 있어야 합니다.

우리들은 집 안에서 위험 부담 없이 살고 있으나

남자들은 일선에 가야 한다고 사람들은 말합니다.

무슨 씨도 안 먹는 소리! 아기 하나 낳기보다는

삼세번 싸움터에 나가는 걸 난 택하겠어요.(230~251)

그리스 비극 작가 중 아직도 가장 숭상되는 이는 소포클레스다. 다른 어떤 작품도『오이디푸스 왕』,『안티고네』의 성가와 작품성을 능가하지 못한다. 그 완벽한 플롯으로 아리스토텔레스의『시학』에도 언급되어 있는『오이디푸스 왕』은 소재가 된 신화의 충격성 때문에 독자나 관객에게 영속적인 감동을 주게 마련이다. 프로이트의 오이디푸스 콤플렉스는 다시 작품의 성가에 기여하게 된다. 상호 배제적인 두 부분적인 선 사이의 갈등을 다룬 비극적 갈등의 사례로서 압도적인 호소력을 발휘한『안티고네』는 19세기 내내 유럽 지식인 사이에서 가장 숭상되는 고전 비극이었다. 20세기에 들어와서도 연극이나 오페라에서 열두 작품의「안티고네」가 생산되었다는 것은 그 막강한 위력을 말해 준다. 그리스 비극은 신화를 소재로 하고 있고 그만큼 고대 그리스인의 세계 이해나 인간관을 반영하고 있다. 그러니만큼 그들 특유의 사고를 이해하는 것이 필요하다.

가령『오이디푸스 왕』의 비극적 결함을 얘기할 때 휴브리스(Hubris)

란 말을 쓴다. 오만이란 뜻을 가진 그리스 말이다. 그러나 그것은 오만한 성격이나 태도를 가리키는 것이 아니라 삶에 대한 태도를 가리킨다. 인간의 한계를 무시하거나 넘어서려고 하는 것은 휴브리스에 빠지는 것이다. 너무 운이 좋다든가 성공을 누린다든가 하는 것도 휴브리스에 빠지는 것이다. 요즘 로또 당첨으로 거액을 횡재한 사람들이 불행하게 되는 사례가 더러 보도된다. 그리스인의 관점에서 보면 로또 당첨과 이에 따른 거액 횡재도 휴브리스의 죄과를 범하는 것이다. 헤로도토스가 『역사』의 2권과 3권에서 다루는 삽화는 시사하는 바가 많다. 휴브리스와 함께 그리스인의 운명관을 엿보게 한다.

사모스의 참주 폴리크라테스는 억세게 재수 좋은 성공과 행운을 연거푸 갖게 된다. 그의 생애는 과도한 휴브리스의 전형이 되고 그 결과 무서운 응보가 뒤따르게 된다. 그의 계속적인 작전 성공에 불길한 예감을 갖게 된 친구이자 이집트의 왕 아마시스는 다음과 같은 취지의 편지를 폴리크라테스에게 보낸다.

동맹 관계에 있는 친구의 행운을 듣는 것은 즐거운 일입니다. 그러나 신들이 성공을 시샘한다는 것을 알기 때문에 나는 귀하의 과도한 행운을 기뻐하기만 할 수 없습니다. 나 자신과 내가 사랑하는 사람들을 위한 저 자신의 소망으로 말하면 만사형통하기보다는 성공하기도 하고 실패하기도 하면서 행운과 불운을 번갈아 겪으며 한평생 지내고 싶습니다. 매사에 행운만을 만났다가 결국엔 비참한 종말을 겪지 않은 사례를 들어 본 바 없기 때문입니다. 그래서 귀하의 계속적인 성공의 위험에 대처하기 위해 다음과 같이 결행하기를 충고 드립니다. 귀하가 가장 소중히 여기는 것, 그것을 잃으면 아주 애통해할 것이 무엇인가를 잘 생각해 내어 그것을 버리십시오. 아무도 그것을 다시 볼 수 없도록 내버리십시오. 그 뒤에도 계속 행운과 불운이 교차하는 일이 없으면 제가 마련한 방법을 되풀이하십시오.(『역사』제3권 40절)

이 충고를 그럴싸하다고 생각한 폴리크라테스는 손에 낀 인장 달린 반지를 생각해 내고 부하들과 함께 바다로 나가 모두가 보는 가운데서 반지를 바닷속으로 던졌다. 그리고 애통해하였다. 그러나 대엿새 후 한 어부가 큰 고기를 잡아 너무나 큰 대어를 그냥 팔아넘길 수 없다고 생각해서 폴리크라테스에게 바쳤고 그의 하인들은 고기의 배 속에서 인장 달린 반지를 발견하였다. 그들은 크게 기뻐하며 반지를 폴리크라테스에게 갖다 바쳤고 이를 신의 뜻이라고 생각한 그는 자초지종을 적어서 아마시스에게 보냈다. 편지를 본 아마시스는 한 사람이 다른 사람을 운명으로부터 구해 주는 것이 불가능하다는 것, 일부러 바다에 버린 것을 다시 찾게 될 정도로 행운인 사람이 언젠가는 비참한 최후를 맞으리라는 것을 깨달았다. 그는 즉각 사신을 사모스로 파견하여 동맹 관계의 파기를 알렸다. 그 후 폴리크라테스는 사르디스의 총독이었던 페르시아인 오로이테스에게 죽음을 당하는데 헤로도토스는 그것이 "너무 끔찍하여 언급하지 못한다."라고 3권 125절에 적고 있다.[16]

그리스 비극은 아테나이 민주제와 불가분의 관계를 가진 만큼 아테나이 민주주의의 붕괴와 함께 소진한다. 더 이상 새 비극 작품은 쓰이지 않았다. 그러나 폭력적인 것과 양식화된 대화가 융합된 기존 비극은 기원전 4세기에 벌써 고전이 되어서 연극으로 순회 공연단에 의해서 그리스, 시칠리아, 남부 이탈리아, 지중해 동부 지역에서 상연되었다. 그리고 로마 극작가에게 영감을 주어 로마 비극을 낳게 된다.

6　서사시

호메로스의 영웅 서사시 『일리아스』는 대략 1만 6000행에 이르고 『오디세이아』는 1만 2000행에 이른다. 『일리아스』는 '일리움(Ilium, 트로이)에 관한 시'란 뜻이고 『오디세이아』는 '오디세우스의 노래'란 뜻이다. 모지스 핀리에 따르면 이들 서사시가 마련된 곳은 그리스 본토가 아니라 에게해의 섬이나 아니면 훨씬 동쪽인 소아시아 즉 지금의 터키이며 시기는 대체로 기원전 750년에서 700년 사이라고 추정된다. 이 시기에 그리스 말의 알파벳이 발전하여 급속히 퍼졌다. 서사시의 배경이 되는 트로이 전쟁 시점은 대체로 기원전 1200년경이라고 추정된다. 그리스인들은 예로부터 호메로스의 소작으로 믿었다. 그러나 당연히 이견이 많았다. 20세기에 와서 호메로스의 서사시가 정교하게 구성되어 있고 성격 묘사에 일관성이 있으며 전체적으로 탁월한 예술이기 때문에 한 시인의 작품임에 틀림없다는 단독론이 우세하게 되었다. 미국의 고전학자 밀먼 패리는 단독론이 우세하던 상황에서 새로운 발견을 추가하게 된다. 그는 호메로스가 규격화된 상투 어구를 되풀이해서 사용했다는 것을 찾아냈다. 대부분은 예측 가능한 관용구로 점철되어 있는데 이는 운율상의 필요 때문이었다. 모든 것을 기억에 의존하는 구비(口碑) 문화에서 상투 어구의 반복적 사용은 불가결한 것이다. 『일리아스』가 그리는 것은 전투에 참가한 병사들의 참혹한 삶이다. 살육과 부상과 고통이 전경화되어 있는 전쟁의 진실은 독자를 숨 막히게 한다. 시체로 모여드는 들개와 네발짐승과 파리와 구더기의 모습은 처참함의 극치다. "지상을 걸으며 숨 쉬는 모든 종족 가운데 인간처럼 비참한 것은 없다."(제17권 446행)라는 시행이 괜한 소리가 아니다. 전쟁이 사라지지 않는 한 『일리아스』는 인간 지옥의 리얼리즘으로 인류의 악몽이기를 계속할 것이다.

트로이 전쟁이 끝난 후 오디세우스의 귀향을 다루고 있는 『오디세이아』는 해피엔드로 끝나는 모험담이다. 제임스 조이스의 『율리시스』 때문에 더더욱 필독서가 된 이 서사시를 띄엄띄엄 읽음으로써 당대의 상황이나 작품이 드러내는 지혜를 주마간산 격으로 살펴본다.

우리가 항시 낙으로 삼는 것은 먹기 잔치, 라이어, 춤,
깨끗한 옷으로 갈아입기, 온수욕, 그리고 잠자리다.(제8권 282~283행)

오디세우스의 말을 받아 알키노오스가 하는 말이다. 영웅 서사시에 나오는 전사들의 항상적 희망 사항을 간결하게 요약해 주고 있다. 요즘 말로 하면 그들의 행복관이라고 말할 수 있겠다. 그러니까 대충 3000년이나 2500년 전의 전사들의 소망은 가장 기본적인 생존 조건의 충족이었다고 할 수 있다. 그것을 예증하는 사례는 서사시 곳곳에서 발견된다.

사람이 숨길 수 없는 것은 걸귀 들린 창자,

그것은 저주요 인류 재앙의 화근이어니.

크나큰 배를 차려

거친 바다 건너 적을 무찌르는 것도 그 때문이어니.(제17권 313~316행)

우리들 가엾은 인간 종자에게는

어떠한 죽음도 참혹하지만

굶어 죽는 것이 제일로 처참한 법.(제12권 367~369행)

고대 그리스의 황금시대는 대개 기원전 4세기 전후로 잡는 것 같다. 오늘날 우리가 헬레니즘이라 부르는 것은 조금 뒤 알렉산드리아 시대의 세계화된 그리스 문화를 가리키는 것이다. 그러니까 호메로스가 다루고 있는 시기는 그보다 훨씬 이전이다. 그렇긴 하지만 서사시에 나오는 전사들의 삶의 황폐함에 우리는 놀라지 않을 수 없다. 전사들의 목숨은 극히 짧고 살육과 비인간적인 제신(諸神)의 변덕에 속절없이 노출되어 있다. 뿐만 아니라 그들이 전투에 전념하는 것도 "걸귀 들린 창자" 때문이다. 그들은 또 가장 처참한 죽음인 굶어 죽음의 공포에서도 헤어나지 못하고 있다. 한편 우리는 그들이 희구하는 행복 세목의 왜소함과 초라함에 다시 한 번 숙연해진다. 그들이 전사이기 때문만은 아니다. 전사 아닌 일반 평민들의 삶은 더욱 처참하고 가혹했다고 보아야 할 것이다. 누이 한 사람을 빼고 전 가족이 강제 수용소에서 희생되었으나 그나마 정신과 의사라는 직업 때문에 살아남은 빅토르 프랑클이 수용소의 절박한 상황에서 가장 생각나는 것이 빵,

과자, 담배, 목욕이라 적고 있는 것은 이러한 맥락에서 흥미 있다.

오늘의 관점에서 볼 때 그들 전사들에게는 내면세계란 것도 없다. 일부 급진주의자들은 내면성에 대한 경멸을 혁명적 의식의 징후라고 칭송하지만 내면성은 때로 생존의 물질적 궁핍에서 도피해 위로와 구원을 구상하는 망명처가 될 수도 있다. 일거에 지상 낙원이 실현되지 않는 한 그러한 내면의 망명처는 황폐한 삶에 필요하기도 하고 유용하기도 하다. 그런 내적 망명지는 옛 서사시의 삶에서 범주적으로 배제되어 있다. 어떤 프랑스의 비평가는 고대 그리스인들은 현대 유럽인들이 즐기는 흡연의 즐거움을 알지 못했다는 작가의 말을 보충해서 소설 읽기의 즐거움도 몰랐다고 부연하고 있다. 전성기의 그리스를 두고 한 말이긴 하지만 사치스러운 얘기다. 호메로스의 세계에도 소박한 수준의 노래와 춤은 있다. 그리고 약탈을 통해 취득한 입성이 있기는 하다. 그러나 문자를 모르고 책이 없다는 것은 얼마나 허전하고 적막한 일일 것인가?

아비만 한 아들은 거의 없다,
대개 아비만 못하고 극소수가 아비를 능가할 뿐.(제2권 309~310행)

오디세우스의 아들 텔레마코스를 두고 하는 말 중에 보이는 대목이다. 우리 속담에는 형만 한 아우가 없다는 말이 있는데 어투가 쏙 빼닮았다. 아무래도 나이가 위인 형이 책임감도 더 있고 마음 씀이 후하다 해서 나온 말일 것이다. 호메로스에서는 아비만 한 아들이 없다고 돼 있다. 대개 국왕이 된 자나 창업주의 2세들은 아비만 못하고 그것이 세상 이치다. 부자가 3대를 누리기 어렵다는 말도 같은 맥락에서 나온 것이다. 또 경험이 많은 아비보다 세계 경험이 얕은 자식은 모든 면에서 아비에 비해 사려 깊지 못하며 미거하게 마련이다. 그래서 우리는 세상의 진실을 만났다는 느낌을 갖게 된다.

> 사자(死者)를 다스리는 왕 되기보다
> 차라리 째지게 가난한 농투성이
> 남의 집 종살이를 땅 위에서 하리다.
> 그건 그렇고, 내 아들 소식이 있으면 알려 주시오,
> 내 뒤를 따라 싸움터로 나가 빼어난 전사가 됐는지를.
> 그리고 고귀한 펠레우스에 대해서도.(제11권 556~562행)

오디세우스가 지하의 사자의 나라로 내려갔을 때 듣게 되는 말이다. 이 사자의 나라에서 왕 노릇 하느니보다는 지상에서 째지게 가난한 집 종살이를 하고 싶다고 아킬레우스는 말한다. 지상의 삶에 대한 집념을 나타내는데 '쇠똥에 뒹굴어도 이승이 좋다'는 우리네 속담과 너무나 흡사하다. 이어서 아킬레우스는 자기 아들의 안부와 소식을 묻는다. 자기의 명예를 이어 갈 용사가 되었는지를 묻고 그다음에 아비인 펠레우스의 안부를 묻는 것이다. 내리사랑이라고 자식 소식부터 먼저 묻고 이어 아비 안부를 묻는 것이다. 그 우선순위가 무엇보다도 재미있다. 사람은 어디서나 엇비슷한 모양이다.

> 사람들이 가장 칭송하는 노래는

듣는 귀에 가장 오래 메아리치는 최신의 노래입니다.(제1권 405~406행)

어머니 페넬로페가 너무 슬픈 노래여서 자기 가슴이 멘다며 음유시인에게 노래를 말리려 하자 아들 텔레마코스가 하는 말이다. 이 세상에 일어나는 일에 책임이 있는 것은 시인이 아니라 제우스 신이라며 덧붙이는 말이다. 오래된 노래보다 새 노래에 끌리는 것이 인지상정이라고 말하는 셈이다. 해 아래 새로운 것이 없음에도 불구하고 또 세월이 더디게 가던 그 옛날에도 모더니즘의 매혹과 필연성은 엄존했던 것이다. 비록 당분간일지라도 낡은 것은 새것에 밀리게 마련이다.

스킬라는 죽지 않는다, 영원히 살 마녀다.
끔찍하고 흉폭하고 사나워 방비책이 없다.
그저 그녀에게서 도망쳐야 하느니, 그게 유일한 방책이다.(제12권 128~130행)

마지막 행은 펭귄문고 산문 번역에서는 훨씬 원뜻에 가깝게 번역되어 있다.

안 돼! 그녀에겐 대책이 없으니
도망치는 것이 바로 용기다.

승패가 뻔한 싸움에서는 삼십육계 도망치는 것이 최고의 방책이요 그것은 비겁이나 못난이 짓이 아니라 진정한 용기라는 것이다. 2차 대전 당시 일본 군인은 태평양 소재 도서 곳곳에서 이 단순 명쾌한 이치를 어기고 사실상의 집단 자살이란 만행을 저질렀다. 위에서 명령한 자는 대개 멀쩡히 살아남았고 시퍼런 청년들만 희생을 당한 것이다. 위의 대목은 로렐라이 모티프의 원형이라 할 수 있는 스킬라와 카리브디스의 난항 코스를 다룬 제12권에 나온다. 『계몽의 변증법』의 저자들이 「오디세우스 혹은 신화와 계몽」이란 장에서 심도 있게 해석한 세이렌의 노래 장면에 이어서 나온다. 오디세우스는 세이렌의 노랫소리에 저항할 수 없다는 것을 알고 있지만 꼭 들어 보겠다고 작심한 뒤 부하들의 귀를 밀랍으로 틀어막고 제 몸은 돛대에 단단히 묶어 놓게 한다. 귀를 틀어막힌 그의 부하들이 맹렬히 노를 저어 위험한 고비를 넘기게 된다. 여기서 오디세우스의 부하들은 저자들에게 피지배층으로 해석된다. 인류의 대다수에게 아름다움과 사랑은 근접할 수 없는 미지의 것이 되고 오직 특혜 받은 소수만이 그것을 알게 되고 수중에 넣게 된다. 저자들에게 이 삽화는 문명의 역사가 곧 인간의 자기 지배의 역사임을 보여 주는 축도가 된다.

이 고초 또한 언젠가는 우리가 기억하리니
내 그것을 믿어 의심치 않는다.(제12권 241~242행)

앞의 장면에 이어 스킬라와 연관된 위험에 대해 오디세우스가 부하들을 격려하기 위해서 하는 말이다. "여태껏 우리는 많은 고초를 겪었다. 그러나 지금의 곤경이 키클롭스가 우리를 동굴 속에 가두어 놓은 때보다 더 고약한 것은 아니다. 그때도 나의 용기와 침착이 위기를 벗어나게 했다." 이와 같은 말 끝에 하는 말이다. 우리 쪽에서도 곤경이나 어려움을 당했을 때 이 모든 것이 지나가고 옛날 얘기할 날이 올 것이라고 서로 위로하고 혹은 자기 위로를 꾀하는 경우가 많다. 아주 흡사하다.

되는대로 뽑아 읽어 본 몇 줄로 그 의미와 재미가 소진될 수는 없다. 다만 이런 사례를 통해서도 고전이 보여 주는 삶의 진실과 지혜를 엿볼 수 있음은 사실이다. 그 세계와 우리의 오늘이 얼마나 다른가? 그럼에도 불구하고 인간을 규제하고 있는 조건들은 또 얼마나 비슷한 것인가? 번역이라는 매개를 통해서도 우리는 인간 문제의 보편성이라는 것을 실감하게 된다. 오디세우스는 전쟁과 귀향길에서 살아남는 영웅이지만 그를 살아남는 영웅으로 만든 것은 무엇인가? 행운이 그의 편에 서 준 것도 사실이지만 그가 빼어난 기운과 꾀를 가지고 있는 위인임을 간과해서는 안 될 것이다. 그의 이야기는 꾀와 힘이 세상을 살아가는 데 긴요한 덕목임을 깨우쳐 준다. 호메로스 이후 오디세우스는 율리시스란 로마식 이름을 첨가받아 서구의 문학적 상상력 속에서 항상적인 존재가 되어 있다. 앞에서 진실이란 말을 썼지만 그것은 가령 속담이 구현하고 있는 진실이요 진정성이지 획일적으로 적용되는 공식은 아니다. '형만 한 아우가 없다'는 속담을 놀부와 흥부에게 적용시킬 수는 없을 것이다.

7 플라톤

화이트헤드가 "서양철학은 플라톤 철학에 붙인 각주에 지나지 않는다."라고 말했다는 얘기가 있다. 여러 책에서 그런 취지의 인용문을 보게 되는데 화이트헤드의 『과정과 실재』에 나오는 말이다. 월터 페이터의 『플라톤과 플라톤 철학』에는 다음과 같은 대목이 보인다.

그의 놀라운 문학적 참신성에도 불구하고 플라톤에게 절대적으로 새로운 것이 없다고 말하는 것은 결코 과장이 아니다. 천재가 낳은 많은 독창적 작품은 언뜻 보아 새로운 것처럼 보이는 경우에도 가령 양피지 사본, 한 번 썼던 실로 짠 주단, 또 벌써 여러 번 살았다 죽었다 했던 미분자로 구성된 동물의 골격처럼 아주 오래된 것인데 플라톤의 경우도 그렇다.17

해 아래 새로운 것이 없다는 구약 대목의 철학적 문학적 적용이다. 그러면서 페이터는 수와 음악의 철학자 피타고라스, 파르메니데스, 그리고 만물 유동을 얘기한 헤라클레이토스가 단편적인 글만을 남겼지만 플라톤이 많은 것을 흡수했다고 말하면서 그것을 분석해 보여 주고 있다. 역설적으로 들릴지 모르지만 월터 페이터의 이 말은 그대로 화이트헤드의 말을 뒷받침해 준다고 생각한다. 단편적인 글이 아니라 정치, 법률, 교육, 현실, 어떻게 살 것인가 등에 대한 본격적인 수다한 저작을 남겨 놓은 최초의 서양철학자가 플라톤이기 때문이다. 실제로 플라톤을 읽어 보면 화이트헤드의 말이 진실이라는 사실을 확인하게 된다. 필자가 그것을 실감한 사례로 『고르기아스』를 살펴보기로 한다. 플라톤의 『국가』는 유명한 시인 추방 언설 때문에 문학도에겐 필독서가 되어 있지만 너무 규모가 큰 책이어서 얼마쯤 버겁게 느껴지는 게 사실이다. 플라톤의 초기 작품에 속한다는 이 대화체의 책은 분량이나 소재나 논리 전개가 누구나 친근하게 다가갈 수 있다는 덕목을 가지고 있다.

『고르기아스』는 칼리클레스, 소크라테스, 카이레폰, 고르기아스, 폴로스의 5인이 나누는 대화로 되어 있다. 고르기아스는 연만한 변론술의 대가이고 폴로스는 고르기아스를 존경하는 제자이고 얼마쯤 경박한 젊은이다. 이 두 사람은 모두 외국에서 온 변론술의 교사이고 당대의 실존 인물이라 생각된다. 칼리클레스는 현실 정치가이고 세상 물정에 밝은 위인이며 아테나이의 시민으로 변론술의 공부를 한 인물이다. 카이레폰은 드물게 몇 마디 해서 그저 그림자 같은 인물이다. 소크라테스가 이들과 나누는 대화는 도전적인 질문과 이에 대한 답변으로 되어 있어 시종 긴장감을 자아낸다. 고르기아스의 직업이 변론술의 교사임을 확인한 후 변론술이 무슨 기술인가를 추궁해서 결국은 법정이나 민회(民會) 등에서 사람들을 설득하는 것임을 드러내게 한다. 소크라테스는 폴로스에게 변론술에 대한 견해를 서슴없이 토로해서 "정치술의 한 부분의 그림자" 같은 것이라고 말한다. 그러한 생각은 마침내는 변론술이 의술과 같은 어엿한 기술이 아니고 경험이나 숙달에 지나지 않고 보비위(flattery)란 점잖지 못한 짓을 할 뿐이라는 결론에 이른다. 이에 대해 폴로스는 현실에서 변론술이 갖는 효용과 그 습득에서 오는 이점을 강조하고 있다.『고르기아스』는 당시 아테나이의 정치 풍조에 대한 플라톤의 비판적 시각을 보여 준다고 생각되는데 소크라테스의 입을 빌려 그는 누누이 보비위 거래를 성토하고 있다. 이 책에서 가장 흥미 있는 인물은 칼리클레스라 생각된다. 그는 서슴없이 말한다.

보다 뛰어나고 똑똑한 자가 열등한 자를 지배하고 보다 많이 갖는 것이 자연의 정의라고 나는 생각하오.[18]

국가 행정에 있어 현명하고 용감한 자는 국가의 지배자가 되어야 하고 이들이 지배받는 자보다 더 많이 갖는 것이 정의라고 벌써 나는 말한 바 있소.[19]

자연의 정의란 이름으로 그는 지배와 부를 옹호하고 강자를 두둔하며 약자와 빈자를 하대한다. 열등한 자가 응분의 보답을 받는 것은 당연하다는 투다. 사회 다위니즘의 선구자라고 해도 지나친 말은 아니다. 그는 "힘이 정의"라고 강변하면서 소크라테스가 표방하는 정의나 절제의 덕성이 "노예의 도덕"이라며 업신여긴다. 기독교 비판에서 노예 도덕을 적용한 19세기 니체에게 영감의 원천이 되었으리라는 추측이 가능하다. 문학에서 천사를 그리기는 어렵고 악마의 성격 묘사는 쉽다는 말이 있다. 대개 부정적 인물이 생생하게 살아 있다고도 한다. 소크라테스가 치밀하고 정연한 논리로 타인을 압도하지만 칼리클레스도 생생한 인물로 살아 있다. 젊은 날의 플라톤은 비극 시인을 지망했다는 얘기가 있는데 특히 『고르기아스』를 읽어 보면 그럴 법하게 들린다. 아테나이 민주 정치를 꽃피웠다고 역사에서 배운 페리클레스의 이름을 모르는 사람은 없다. 이 책에서 소크라테스가 페리클레스를 언급하는 대목이 보이는 것도 흥미 있다.

그가 처음으로 수당을 지급해서 아테나이인을 게으르고 비겁하게 만들고 수다와 돈을 좋아하게 만들었다는 얘기가 있소.[20]

페리클레스가 처음 아테나이에서 크게 성가가 있었지만 나중엔 공금 유용으로 유죄 선고를 받았다는 것을 거론하며 그것은 아테나이인들을 보다 좋은 사람으로 만들지 못한 탓이니 유능한 정치가라 할 수 없다는 말을 하고 있다. 기타 당대 정치인에 대한 언급이 나오는데 이것은 당대 정치에 대해 플라톤이 가지고 있던 생각이 반영된 것으로 보인다. 또 장중한 비극의 시가 궁극적으로는 청중을 즐겁게 하기를 지향하기 때문에 변론술의 기술로 다듬은 대중 연설에 불과하다는 생각을 피력함으로써 뒷날의 시인 추방 언설을 예감케 한다. 이 책은 평생을 바르게 또 경건하게 산 사람은 사후에 "행복자의 섬"에서 행복한 삶을 보내게 되고 바르지 않게 또 제신(諸神)을 업신여기면서 산 사람은 지하의 타르타로스로 떨어져 벌을 받는다는 소크라테스의 말로 끝난다. 뮈토스라 생각할지 모르지만 로고스로 얘기하는 것이라고 그는 말한다. 『고르기아스』에서 강조하는 것은 바르게 살기이며 부정의 대상이 되는 것은 보비위와 영합이다. 재미있게 읽힌다는 것이 이 책의 미덕이고 그것은 모든 고전의 미덕이기도 하다.

유종호　서울대학교 영문학과를 졸업하고 뉴욕 주립대 대학원에서 수학했다. 공주사범대학교, 이화여자대학교를 거쳐 2006년 연세대학교 특임교수직에서 퇴임함으로써 교직 생활을 마감했다. 저서로 『유종호 전집』(전 5권) 외에 『시란 무엇인가』, 『서정적 진실을 찾아서』, 『한국근대시사』, 『나의 해방 전후』, 『과거라는 이름의 외국』 등이 있고 역서로 『파리대왕』, 『제인 에어』, 『그물을 헤치고』, 『미메시스』(공역) 등이 있다. 현재 대한민국예술원 회원이며, 현대문학상, 대산문학상, 인촌상, 대한민국예술원상, 만해학술대상 등을 수상했다.

03

한국의 고전

그 역사적 특성과 새로운 생성

심경호 (고려대학교 한문학과 교수)

1   고전의 범위

2015년 2월 2일부터 4일까지 사흘간 고려대학교 해외한국학센터의 일로 교토 대학 가와이 문고(河合文庫)의 한국 자료를 디지털화하기 위한 예비 조사를 했다. 귀중서 열람실에서 한문학, 국문학, 고문서에 정통한 학자들과 함께 여러 자료들에 대해 서지 정보를 보완하고 문헌으로서의 가치를 토론했다. 그러면서 과연 한국학 고전의 범위와 성격, 현재적 의의는 무엇인가 생각해 보았다.

학부에서 국문학을 전공할 때는『춘향전』,『홍길동전』,『구운몽』,『금오신화』,『관동별곡』, 시조, 향가, 고려 가요,『용비어천가』,『석보상절』, 장편 국문 소설, 한문 수필 등을 대체로 고전으로 배웠다. 그 후 한문학을 국문학의 한 부분으로 간주하여 공부하면서 많은 작품과 문헌이 추가되었다. 최근에는 문체 면에서 이두를 섞은 한국식 한문을, 자료 형태 면에서 금석문과 고문서를 연구 대상으로 하면서 고전의 범위를 더욱 넓게 잡고 있다.

가와이 문고에 유일하게 보관되어 있는 암행어사 일기, 근세의 유배 일기, 상업 문서 들을 보면서, 그 가운데 일부는 역사 자료가 아니라 고전으로 취급하여도 무방하다는 생각이 들었다. 정약용의『아언각비』필사본을 열람하다가, 수년 전『여유당전서』시문집 정본을 편찬하면서 어째서 이 이본을 참고하지 못했나 자책했다. 가와이 문고의『아언각비』에는 정약용의 원문만이 아니라, 미음(渼陰)과 석천(石泉)의 보완 조항이 덧붙어 있었기 때문이다. 석천은 정약용이 유배지 해남에서 돌아와 경기도 광주의 사마루(사촌)로 방문하여 학문적 의견을 교환했던 강화학파 학자 신작(申綽)이다.

평소 고전에 대해 생각했던 하나의 테제가 다시 떠올랐다. 그렇다, "고전은 생성이다."

2 한국 고전에 대한 자각적 인식의 간략한 역사

고대 중국에서 고전이라고 하면 예(禮)의 규범성을 강조한 말이었다. 전근대 일본에서는 중국의 고전을 '고전'이라 했고, 에도 시대 국학파는 『고사기(古事記)』 등의 일본 서적을 중국의 '고전'과 구분하여 '옛 문헌(ふるきふみ/ふることぶみ)'이라고 불렀다. 한국에서는 정도전이 경복궁의 이름을 정하고 정문의 의미를 정하여 "천자와 제후가 비록 그 형세는 다르지만 남면(南面)하고 정치를 하는 것은, 모두가 정(正)으로써 근본을 하니 대개 그 이치는 하나이다. '고전'을 상고하면 천자의 문을 단문(端門)이라 하는데, 단(端)이 바로 정(正)이다."라고 한 예에서 알 수 있듯이, 중국의 고전 예(禮)를 뜻했다. 그리고 유학자-지식인들은 중국의 경전을 오늘날 말하는 고전의 범주로 간주했고, 불교의 승려-지식인들은 내전(內典, 불경)을 고전으로 간주했다.

근세 이후 고전이란 개념은 서구의 영향을 받아, 옛 서적이나 형식을 통틀어 가리키기도 하고, 시대를 초월하여 규범이 될 만한 것을 가리키기도 한다. 규범과 가치의 의미를 희석하여 고전적(古典籍)과 같은 뜻으로 사용하기도 한다. 이것은 근세에 고전 자료를 정리할 때 성책본(成冊本)을 대상으로 삼은 때문이다. 성책되지 않고 낱장이나 금석문의 형태로 전하는 것은 흔히 '고전 자료'라고 말한다. 근대 이전의 문학 작품에 대해서는 자료의 형태와 관계없이 '고전 문학 작품'이라고 말한다.

여기서는 우리나라에서 근대에 이르기까지 자각적으로 고전의 범위를 확인하고 고전을 정리해 온 역사를 간략히 살펴보고, 근대 이전에 이루어진 한국 문학의 명저와 지식 정보 집성물의 주요한 저작물을 대상으로 그것이 지닌 고전으로서의 특성을 알아본 후, 향후 한국의 고전에 대해 어떠한 시각과 방법으로 접근해야 할 것인지 소견을 밝히기로 한다.

문집과 금석문

고전 자료의 성책본으로는 문집류와 필기 잡록류, 금석첩, 필사본 소설 등이 대표적인 예라고 할 수 있다. 이 자료들은 그대로 독립적인 가치를 지니지만 경우에 따라서는 보족(補足)과 집일(輯佚)이 필요하다.

신라와 발해에서도 칙찬(勅撰) 한시집이나 개인 한시집이 많이 나왔을 터이지만 현전하는 것은 『계원필경』이 유일하다. 또한 풍토기(風土記)도 지역별로 편찬되고 중앙에서 종합하는 작업이 있었을 것이지만 확실한 사정은 알 수가 없다. 고려 때는 자작 시문을 자신이 엮어 내는 관습이 형성되었다. 이규보와 최해(崔瀣)가 자편고(自編稿)를 간행한 것은 그 일례이다. 단 자편고를 간행한 사례는 아직 많지 않았다. 조선 주자학의 이념에 따라 도맥(道脈)의 위상을 차지한 인물들의 문집은 조선 시대에 들어와서 재간·속간되었다. 곧 이제현의『역옹패설(櫟翁稗說)』·『익재난고(益齋亂藁)』, 이곡의『가정집(稼亭集)』, 이숭인의『도은집(陶隱集)』, 한수의『유항집(柳巷集)』, 정몽주의『포은집(圃隱集)』, 이색의『목은집(牧隱集)』등이 그것이다. 조선 시대에 들어와서는 시문을 망라하고 관련 문헌을 초록하여 완비하려는 경향이 형성되었다. 또한 국가에서 은전(恩典)을 내려 문집을 완비하여 간행하도록 명하기도 했다. 정도전의 경우, 자편고에 기초한 저자 자신의 간행, 아들과 후손에 의한 유문(遺文)의 수집 간행, 국가의 은전에 의한 간행 등 세 단계의 출판물이 모두 있다.

그런데 옛사람의 문집은 반드시 한 인물의 전체 저술을 망라한 것이라고는 할 수 없다. 문집 편찬 때 원래의 저술이 수록되지 못한 예도 있고 다른 사람의 글로 알려져서 문집에 수록되지 못한 예도 있다. 이를테면 정조의『홍재전서』는 조선 국왕의 문집 중 가장 방대한 저술이자 18세기 후반의 문학사, 문화사, 정치사, 사회사를 이해할 수 있는 보고이지만, 현재의『홍재전서』는 1·2차 정리 과정을 통해 정조의 각종 시문이나 책문, 조문(條問) 및 신하의 응제(應製)와 조대(條對) 등 원 자료를 산절(刪節)한 예가 많다.[1] 게다가 옛사람들은 정격의 한문만이 아니라 이두 섞인 한문도 함께 사용했지만, 그러한 한문은 문집에 수록될 때 정격 한문으로 개작되는 일이 있었다. 뿐만 아니라 정격 한문도 의도적으로 산절을 겪었다.

또한 아직 정리되지 않은 금석문 가운데는 민족사의 흐름에서 매우 중요한 의미를 지니는 자료가 많다. 이를테면 1642년(인조 20) 2월 18일(무오), 일본은 일광산(日光山) 도쿠가와 이에야스의 권현당 곁에 새로 사당을 건립하고는 왜차(倭差) 평행성(平幸成)을 보내와서 편액

과 시문을 청하고 종(鍾)과 서명(序銘)을 구했으며, 관백이 아들을 얻
은 사실을 알리면서 통신사 파견을 청했다. 인조는 동종을 주조하게
하고, 명문은 이명한(李明漢)이 서(序)를 짓고 이식(李植)이 명(銘)을
지으며 오준(吳竣)이 글씨를 쓰게 했다. 현재 일본 일광산 동조궁(東
照宮) 동남쪽에 있는 동종을 보면 서문과 명을 모두 이식이 작성한 것
으로 되어 있다. 「일광산종명병서(日光山鍾銘幷序)」는 다음과 같다.[2]

日光山鍾銘幷序
日光道場爲
東照大權現設也
大權現有無量功德合有無量崇奉
結構之雄世未曾有繼述之孝益彰
先烈我
王聞而歎嘉爲鑄法鍾以補靈山三
寶之供仍
命臣植叙而銘之銘曰
丕顯英烈肇闡靈眞玄都式遹寶
鍾斯陳參修勝緣資薦冥福鯨音
獅吼昏覺魔伏非器之重唯孝之
贈龍天是護鴻祚偕拯

　　　　　　　　崇禎壬吾十月日朝鮮國禮曺參判李植撰
　　　　　　　　　　　　　　行司直吳竣書

　　　　　　　　　　　　　　　한국의 고전

「일광산종명병서」

일광 도량은 동조 대권현을 위해 설치했다. 대권현은 무량 공덕을 지니므로 무량 숭봉을 해야 한다. 구조의 웅대함은 세상에 일찍이 없던 것이므로 조상의 업적과 뜻을 조술하는 효가 선열(선조)을 더욱 드러낸다. 우리 왕께서 듣고 감탄하고 가상히 여겨 법종(범종)을 주조해 영산에 삼보를 공궤하는 데 보태었다. 그리고 신 식(植)에게 명하여 종에 명문을 쓰게 했다. 명은 이러하다.

"크게 빛나신 영렬(英烈)께서

영진(靈眞)을 처음으로 열어서

현도관(玄都觀, 도량)을 힘써 경영하매

보배로운 종을 이에 진설하도다

이 일에 참여하여 승연(勝緣)을 닦고

이것을 바탕 삼아 명복(冥福)을 비나니

고래의 소리요 사자의 울부짖음이라

혼미한 자가 깨어나고 마귀는 엎디누나

기물이 중해서가 아니라

오로지 효자에게 드리는 것이니

용천(龍天, 천룡팔부(天龍八部)를 가리킴)이 보호하여

크나큰 복조를 함께 취하리로다"

숭정(崇禎) 임오 시월 모일, 조선국 예조 참판 이식 지음

행 사직 오준 씀

최근 일본에서는 기원후 650년 전후의 것으로 추정되는 목간이 나니와노미야(難波宮) 유적에서 출토되었는데, 그 목간에서 만요가나(万葉仮名)로 표기된 와카(和歌) 열한 문자가 해독되었다고 한다. 만요가나란 우리나라의 향찰식 표기에 해당하는 것으로, 한자의 음과 뜻을 빌려 자국어를 적는 방식이다. 만요가나는 한국의 이두나 향찰 표기에서 영향을 받은 것으로 추정된다. 하지만 우리나라의 경우 이두나 향찰로 표기된 이 시기 자료는 그리 많지 않다. 다만 6세기 무렵부터 완전한 한문 문장을 기록 문체로 사용했는데, 고구려의 광개토대왕비와 백제 무령왕릉 지석·매지권이 대표적인 예이다.

『왕오천축국전』

우리나라의 고전 문학 가운데 완전한 저술의 형태로 남은 가장 오래된 것은 혜초(704~787)의 『왕오천축국전(往五天竺國傳)』이다. 권

자(卷子) 한 권이 프랑스 파리국립도서관에 소장되어 있다. 최치원 (857~?)이 당나라에서 활동한 시기보다 무려 110년 전에 작성된 이 여행기는 기행 문학의 효시로, 노정기 속에 서정시를 넣어 두는 방식을 사용했다. 다섯 수의 한시는 젊은 구도자의 심리 상태와 지향을 생생하게 전해 준다.

혜초는 20세 되던 723년(당나라 개원 11년) 당나라 광주(廣州)에 도착해서 남천축 출신 승려 금강지(金剛智)의 제자가 되고, 금강지의 권유로 배를 타고 인도로 향했다. 그는 수마트라 섬과 그 서북부의 파로국(波路國, 브루어(Breueh) 섬)을 거쳐 동천축(지금의 콜카타 지방)에 상륙했다. 그 뒤 4년 동안 인도와 서역의 여러 지방을 여행하고, 727년 11월 상순에 당시 안서 도호부가 있던 구자(龜玆, 현 신장 웨이우얼 자치구의 쿠처)에 이르렀다. 이후 장안에 이른 혜초는 중국 밀교의 발전에 크게 기여했다. 733년 당나라 장안 천복사(薦福寺)의 도량에서 금강지와 함께 『대승유가금강성해만주실리천비천발대교왕경(大乘瑜伽金剛性海曼珠室利千臂千鉢大敎王經)』을 연구했다. 741년 금강지가 죽은 이후에는 금강지의 법통을 이은 불공(不空) 6대 제자의 한 사람으로서 활약했다.

최근 『왕오천축국전』의 한국어 번역본이 나왔다. 하지만 우리는 이 고전에 대해 소유권을 명확하게 인정받지 못해 왔다. 이 여행기는 프랑스의 동양학자 펠리오(Paul Pelliot)가 1905년에 중국 간쑤성(甘肅省) 둔황(敦煌)에서 발견했다. 이후 그는 당나라 승려 혜림(慧琳)이 작성한 『일체경음의(一切經音義)』 100권의 뒤에 부기된 『왕오천축국전』 3권의 음의의해(音義義解) 84조를 근거로 삼아 이것을 승려 혜초의

『왕오천축국전』이라고 판정한 논문을 1908년에 발표했다. 1915년에 이르러 일본의 다카구스 준지로(高楠順次郎)는 당대 밀교 최성기의 문헌인 원조(圓照)의 『대종조증사공대판정광지삼장화상표제집(代宗朝贈司空大辨正廣智三藏和尚表制集)』속의 사료를 이용하여 혜초가 신라 출신이라는 사실을 밝혔다.

『삼국유사』

『삼국유사(三國遺事)』는 일연(1206~1289)이 70대 후반부터 84세로 죽기까지 운문사(雲門寺)와 인각사(麟角寺)에 석장(錫杖)을 머무르고 있을 때 엮은 것으로 추정된다. 이보다 훨씬 앞서 1145년(인종 23)에 김부식 등 11명의 편사관이 50권 10책으로 공간한『삼국사기』는 정통 역사서 체제인 기전체로 되어 있으나,『삼국유사』는「왕력(王曆)」,「기이(紀異)」,「흥법(興法)」,「탑상(塔像)」,「의해(義解)」,「신주(神呪)」,「감통(感通)」,「피은(避隱)」,「효선(孝善)」등의 아홉 항목으로 구성되어 있다.「왕력」은 대사기표(大事記表)에 해당한다.「의해」나「감통」은 중국의 고승전으로부터 영향을 받은 듯하나,「기이」,「피은」,「효선」등은 중국 고승전에 없는 편명이다. 일연은 고기(古記), 사지(寺誌), 금석문, 사서, 승전(僧傳), 문집 등을 수집함은 물론이고 설화와 전설도 주요 자료로 이용했다. 문헌 자료 50조목에 대해서는 근거를 밝혔다. 아마도 고문서와 고서는 물론, 각 지방의 풍물과 역사를 적은 풍토기 등도 이용했을 것이다.

『삼국유사』에는 일연의 제자 무극(無極)이 1310년 무렵 첨가한 기록이 있다. 가장 오래된 판본은 고려 말로 소급한다고 알려져 있다.

조선 초 간본으로 곽영대 씨 구장 잔본과 송석하 씨 구장 잔본이 있다. 그 뒤 1512년(중종 7)에 경주 부윤 이계복(李繼福)이 중간했다.(중종 임신본 또는 정덕본이라 부른다.) 그중 안정복의 수택본이 이마니시 류우(今西龍)의 손에 들어가서, 1926년 경성제대 문학부에서 영인되었다. 이 책은 일본 텐리(天理) 도서관에 소장되어 있다. 또 같은 판본이 고려대학교 만송문고(晚松文庫)에 있다.

이렇게 『삼국유사』는 1512년에 중간되었지만 조선 시대의 지식인들은 이 고전을 냉대했다. 안정복은 『삼국유사』의 기록이 허황하다고 비판했으나, 그나마 그는 이를 참조했다. 하지만 20세기 초에 이르기까지 이 서적은 고전으로 인정받지 못했다.

중간본을 간행한 이계복은 정말 고마운 분이다. 그가 아니었으면 우리 민족 최고의 이 고전이 오늘까지 전하지 않았을 것이다. 이계복은 경주 부윤으로 있으면서 이 책을 중간했다. 당시 추성 정난공신으로서 가선대부의 품계를 지니고 경주진 병마절제사의 직을 겸하고 있었다. 경상도 관찰사 겸 병마수군절도사 안당(安瑭), 경상도 도사 박전(朴佺), 경주 판관 경주진 병마절제도위 이류(李瑠) 등도 조력했다. 이계복은 이전에 안당과 함께 승지의 직에 있기도 했고, 강원 감사로 있을 때는 족보의 발간에 주력했다. 그 사실을 이제신(李濟臣)의 『청강선생후청쇄어(淸江先生鯸鯖瑣語)』를 통해 가까스로 알 수가 있다.

『삼국유사』는 민족적 사유의 원형과 일연 선사의 사상적 지향이 융합하여 이루어졌다. 그 속에 담긴 사유와 상상은 자수정같이 신비롭다. 일본에서 미시나 아키히데(三品彰英)가 1958년부터 '삼국유사 연구회'를 만들어 『삼국유사』를 고증하기 시작해서 1975년에 첫 권을 간행했고, 미시나의 제자 무라카미 요시오(村上四男) 등이 1995년에 『삼국유사고증』 5권을 완간했다. 2014년에는 고려대학교출판부에서 새로운 완역본이 나왔다.[3] 하지만 이 고전의 구조와 주제, 표현에 대해서는 앞으로도 많은 연구가 필요하다.

중국 고전의 해석

우리 역사에서 중국의 고전에 대해 적극적인 해석을 시도한 첫 단계는 불경의 의미를 자세히 풀이한 의소학(義疏學)이다. 대각국사 의천(義天)은 1090년(선종 7) 불교 장소(章疏)의 목록을 수록한 『신편제종교장총록(新編諸宗教藏總錄)』을 편찬했으나 여기에는 신라 학문승들의 장소가 일부 누락되어 있다. 누락된 장소는 고 민영규 선생이 지승(智昇)의 『개원석교록(開元釋教錄)』을 본떠 엮은 『신라장소록장편(新羅章疏錄長編)』에 수록되어 있다.

한편 우리 역사에서 중국의 고전과 시문, 역사 고전에 대해 전면적인 교정, 주해(집주)를 시행하여 '고전'의 범주를 국가적으로 확립한 것은 조선 세종 때의 일이다. 이미 고려 시대부터 상세한 주석을 붙인 책을 편집하고 간행하는 전통이 형성되어 있었다. 두목(杜牧)의 시집에 상세한 주를 붙인 『번천문집협주(樊川文集夾注)』나 고려 말 승려 자산(子山)이 엮은 『협주명현십초시(夾注名賢十抄詩)』는 우리나라 사람의 손으로 이루어진 주해본이다. 조선 조정도 주해본을 복각하는 것으로 만족하지 않고 여러 주해본을 새로 편찬했다. 대표적인 것이 세종이 주도한 『자치통감사정전훈의(資治通鑑思政殿訓義)』와 세종의 명령으로 집현전 학사들이 엮은 『주문공교창려선생집(朱文公校昌

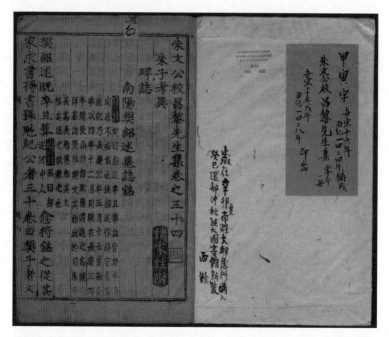

갑인자본 『주문공교창려선생집』 영본 1책(하버드 대학 하버드-옌칭 도서관 소장). 민영규 선생이 신묘년(1951) 대구 피난지에서 구입했다는 기록을 남겼다. 1419년(세종 원년) 진주에서 『오백가 주음변창려집(五百家註音辯昌黎集)』을 간행한 후 1438년(세종 20) 최만리, 김빈, 이영서, 조수 등 이 편찬했고 그해 갑인자로 간행했다. 주희의 『한문고이(漢文考異)』와 『오백가주음변창려집』, 『신 간훈고당창려선생문집(新刊訓詁唐昌黎先生文集)』 등을 참조하여 기왕의 주석을 선별한 것이다. 명 종·선조 때 갑인자혼보자(甲寅字混補字)와 경진자(庚辰字)로 간행되고 또 목판으로 간행되었으며 광해군 때 훈련도감자(경오자)로 복간되었다.

黎先生集)』, 역시 세종의 명령으로 안평대군이 주도한 『찬주분류두시 (纂註分類杜詩)』이다.

『용비어천가』

세종은 역사학을 새롭게 정립하려는 과정에서 편년사와 강목을 연찬한 결과를 토대로 집현전 학사들에게 명하여『자치통감사정전훈의』와『자치통감강목사정전훈의(資治通鑑綱目思政殿訓義)』를 이룬 후, 그 연찬을 토대로 다시 집현전 학사들에게 명하여『용비어천가(龍飛御天歌)』와『역대세년가(歷代世年歌)』를 이루게 했다.『용비어천가』는 정인지(鄭麟趾) 등이 찬술했는데, 악장(樂章) 형식을 이용하여 조선 혁명의 정당성과 태조-태종으로 이어지는 왕위 계승의 정당성을 선포한 것이다.『역대세년가』는 윤회(尹淮)와 권제(權踶)가 찬술했는데, 원나라 이래 통사 서술의 방식을 계승하면서 상세한 주를 통해 독자적 역사관을 천명한 것이다.

『용비어천가』는 이성계가 그 선조들의 업적을 이어 조선을 건국하게 되기까지의 사실을 노래한 일종의 서사시다. 모두 125장이며, 각 장은 시가와 주해로 나누었고 시가는 다시 국문 가사와 한시를 병기했다. 제1장의 "해동(海東) 육룡(六龍)이 ᄂᆞᄅᆞ샤"에 대한 주해에 나와 있듯이, 제목은『주역』건괘(乾卦) 단전(彖傳)과 문언전(文言傳)에 있는 "시승육룡이어천(時乘六龍以御天)"이란 말에서 따왔다. 목조·익조·도조·환조에서부터 태조와 태종에 이르기까지 여섯 사람이 건괘에 나오는 여섯 마리 용의 처지에 맞추어 차례로 그 덕을 실행해서 하늘의 도를 행했다는 뜻이다. 제2장은 태조 이성계의 선조들이 쌓은 왕업이 깊고 멂을 비유했다.("불휘 기픈 남ᄀᆞᆫ ᄇᆞᄅᆞ매 아니 뮐씨 곶 됴코 여름 하ᄂᆞ니/ ᄉᆡ미 기픈 므른 ᄀᆞ므래 아니 그츨씨 내히 이러 바ᄅᆞ래 가ᄂᆞ니.")

일제 강점기 극단적 좌파 지식인들은『용비어천가』를 아첨 문학으로 폄하했지만『용비어천가』는 국가 기반이 튼튼해져 안락한 삶을 살아가기를 원했던 민중의 바람을 담아내었다.『용비어천가』는 조선

『용비어천가』(서울역사박물관 소장)는 구두와 권발을 일일이 표시했다. 趣 자의 오른쪽 아래 작은
동그라미는 입성 표시로, '취'로 읽지 않고 '촉'으로 읽으라는 뜻이다.

건국의 사실을 중국 역사와 비교하여 우리 역사의 가치를 격상했으며,
과거사를 정리하고 현재를 직시하며 미래의 비전을 제시하는 세 층위
의 가치 정향을 종합했다. 특히 정치권력의 발동 근거를 민본주의에
두어 그 사실을 곳곳에서 강조했다. 「여민락(與民樂)」 장을 설정한 것
이 대표적인 예이다. 또한 『용비어천가』는 규간(規諫)을 적극 채용했
다. 윗대의 군주들이 성덕과 천명에 의해 창업했다는 사실을 예찬함으
로써 현실 정치의 귀감을 제시했다. '옛것을 들어서 현재를 비판한다.'
라는 고전 시가의 미학을 정, 부의 두 방향에서 구현한 것이다. 최항
(崔恒)의 발문에 나와 있듯이 『용비어천가』의 각 장은 조선이 개국하

게 된 경사가 왕가의 조상들이 대대로 덕을 쌓은 데서 연유하고, 태조가 큰 덕을 지녀 천명을 얻고 민심을 얻어 나라를 세웠으므로, 자손만대에 이르도록 하늘을 공경하고 백성을 위하여 근로하여 소홀히 하는 일이 없게 하라는 뜻을 그 주지로 한다. 제110장 이하에서는 아예, 뒷날의 군주들에게 왕권 유지가 얼마나 어려운 일인지 환기하고, 천명을 따르면서 백성들을 위해 부지런히 일할 것을 권계했다.

서적으로서의 『용비어천가』는 주해와 음주(音注), 통사적 구두 표시인 소권(小圈)이나 한자의 성조 표시인 권발(圈發)까지 부기하여, 당시 학문의 높은 수준을 잘 반영하고 있다. 역사 기록과 시가 문학의 보고이자 동시에 정치 이념의 집적인 이 고전은 그 함의가 대단히 풍부하다. 중세 국어나 변방 민족어를 복원하는 데 귀중한 자료가 된다는 것은 말할 필요도 없다. 시가, 음악, 전례(典禮)의 결합은 전근대 왕조의 장엄하고도 우아한 전례 미학을 복원하는 데 단서를 제공한다.

근대 이전의 한국에서 자국의 고전에 대해 관심을 두고 문헌을 정리하거나 간행에 힘쓰게 되는 것은 정조·순조 때의 일이다. 최치원의 『계원필경』이나 권문해의 『대동운부군옥(大東韻府群玉)』도 바로 이 시기에 간행되었다.

3   한국 고전 소설의 양식 중층성과 의미 개방성

『춘향전』

『춘향전』은 열여섯 살 관기 춘향과 동갑내기 양반 자제 이 도령

이 만나 사랑을 불태우고 결혼에 성공한다는 이야기다. 『춘향전』의 주제에 대하여는 저항이나 사랑, 혹은 그 둘의 종합이란 견해와, 열(烈)과 인간 해방이란 두 주제가 표리를 이룬다는 견해가 있다. 실제 작품은 판소리 광대의 창본인 『춘향가』와 소설책으로 정착된 『춘향전』(사본·간본)의 두 형태로 전한다. 현재까지 90여 종 이상의 이본이 확인되었다. 이 작품군 전부를 『춘향전』이라고 부른다.[4]

『춘향전』에서 주제 사상을 구현하는 갈등 구조는 기생 춘향, 책방 도령(士人) 이 도령, 수령 변학도의 삼각관계이다. 중국 소설이나 희곡의 기녀·사인 연애담과는 갈등 구조가 전혀 다르다. 본래 중국 문학의 기녀·사인 연애담은 기녀가 신분 갈등을 극복하여 애정을 성취하는 이야기와 신분 갈등을 극복하지 못하여 비극적 결말을 맺는 이야기의 두 계보를 이룬다. 전자는 「이왜전(李娃傳)」, 후자는 「곽소옥전(霍小玉傳)」의 계보이다. 『춘향전』의 구조와 주제는 많은 면에서 「이왜전」과 유사하다. 장안 기녀 이왜는 애정과 행복을 쟁취하는 여성으로, 자신을 '요전수(搖錢樹)'로 간주하여 애정을 가로막는 기생 어미(포주)에게 저항한다. 그런데 「이왜전」 계열의 중국 작품들은 기녀가 지배 계급의 가치관을 수용하여 '열녀'가 됨으로써만 행복할 수 있다고 보는 소극적인 의식을 담아냈다. 이에 비해 『춘향전』은 춘향과 이 도령의 결합에서 신분 문제를 애매하게 처리했다. 『춘향전』의 초기 형태를 보여 주는 만화본(晚華本) 『춘향가』(1754)에서는 춘향이 기적(妓籍)에서 이름이 빠지고 정렬부인의 칭호를 받아 조상의 사당에 배알하는 식으로 처리했다. 신분 해방의 문제는 애매하게 처리되어 있지만, 춘향은 애정 실현을 통하여 인간 주체성을 온전히 획득하려는 인물로 형상화되어 있다. 그녀를 방해하는 인물 변학도는 관기인 춘향의 신체적 주인이므로 변학도와 춘향의 신분 대립은 매우 심각하다.

조선 후기의 향촌 사회는 기층민이 변혁의 주체로 나서기 시작했지만 중앙 권력을 상징하는 수령은 새 질서 수립의 요구에 부응하지 못했다. 『춘향전』의 작가 또는 작가군은 무능한 수령의 형상을 제시하고 향촌 공동체의 구성원들이 지닌 비판 의식을 집결시켰다. 『춘향전』은 노비와 주인의 신분 대립을 문제시하고 기생과 기생 어미 사이의 갈등은 문제 삼지 않았다. 춘향의 어미 월매는 천민이면서 모성애를 지닌 평범한 어머니로, 춘향의 성격은 월매의 생활 체험을 전제로 하여 발전한다. 이 점은 중국의 소설이나 희곡에서 기생 어미가 포주로서 여주인공의 애정 성취를 방해하는 악역으로 설정된 것과 전혀 다르다.

그런데 춘향이 현실의 조건과 갈등을 겪는 과정은 춘향의 '말'과 무명 인물들의 막간극 및 삽입된 민요와 시가 등을 통해서 구조화되어 있다. 『춘향전』은 춘향의 '말'을 통해 지방 수령의 횡포에 노출되어 있던 민중의 비판 의식을 드러낸다. 변학도는 춘향에게, 군주의 대리인인 사또의 명령을 어긴 것은 대역죄에 해당하며 천민 기생으로 양반에게 항거하는 것은 질서를 어기는 죄라고 한다. 이에 대해 춘향은 자신이 '남편 있는 여자'이며 변학도의 행위는 혼인 질서 파괴라고 논박한다. 또한 춘향은 농민과 왈짜 등 민중과 연대하고 있는데 그 연대감이 말의 잔치로 나타난다. 따라서 『춘향전』은 '치레·사설·타령'이라고 지칭되는 상투적 표현, 동일한 통사 구조, 운율의 반복 체

117

계를 사용하여 무척 수다스럽다. 춘향, 이 도령, 방자, 신관, 신연하인 등의 복색 사설과 신관, 어사의 노정기는 독자나 청자로 하여금 극적 장면 속에 동참해 있다는 느낌을 들게 한다. 춘향이 매를 맞고 옥에 갇힌다는 소문을 듣고 남원 48면(面)의 왈짜들이 구름같이 모여드는 장면은 정말 흥겹다. 왈짜들은 청심환을 구해다가 아이 변과 생강즙에 타서 춘향에게 먹이고, 춘향이 뒤집어쓴 칼의 머리를 함께 들고 옥으로 내려간다. 그리고 그들은 옥 밖에서 온갖 노래를 부르고 언문책을 외우며 노름도 한다. 왈짜가 「상여노래」를 부르는 대목에서 민중과 춘향의 연대는 절정에 도달한다.

『춘향전』의 '말'은 울림 없는 독백이 아니다. 사상과 정서의 연대에서 배어 나왔기에 그 말은 마력을 지닌다. 그래서 『춘향전』은 텍스트를 소리 내서 읽거나 판소리로 들어야 맛이 난다. 주제 사상을 논증하는 방식으로는 도저히 감지할 수 없는 민중 예술의 세계가 저변에 깔려 있다. 조상현 명창의 「갈까부다」 창에 그 미학이 집약되어 있다.

갈까부다, 갈까부다. 임 따라서 갈까부다.
천리라도 따라가고 만리라도 갈까부다.
바람도 쉬여 넘고, 구름도 쉬여 넘는,
수지니, 날지니, 해동청, 보라매 다 쉬여 넘는
동설령 고개라도 임 따라 갈까부다.
하날으 직녀성은 은하수가 막혔어도
일년 일도 보련마는, 우리 님 계신 곳은
무슨 물이 막혔길래 이다지도 못 보는고.

이제라도 어서 죽어 삼월 동풍 연자 되여

임 계신 처마 끝에 집을 짓고 노니다가

밤중이면 임을 만나 만단정회를 허고지고.

뉘 년으로 꼬염 듣고 영영 이별이 되려는가.

　『춘향전』은 우리의 민요와 가락만이 아니라 널리 읽히고 있던 중국 서적에 나오는 시가까지 삽입 시가로 활용하는 개방적인 구조를 보인다. 고 민영규 선생이 논했듯이, 『춘향전』 어사 출도 대목에서 "금준미주는 천인혈이요, 옥반가효는 만성고라. 촉루낙시에 민루낙하고 가성고처에 원공고라.(金樽美酒千人血, 玉盤佳肴萬姓膏. 燭淚落時民淚落, 歌聲高處怨聲高.)"의 7언 4행은 『오륜전비기』 제16단의 정장시(定場詩)의 일부를 따온 것이다. 한국의 국문 소설은 다른 고전 갈래와 마찬가지로, 양식, 주제, 표현 기법의 면에서 중국의 고전과 연관성을 지니면서 스스로의 특질을 형성했다.

『홍길동전』

　한편 고전 소설의 이야기 구조는 여러 층위를 지닌다. 순량한 독자의 시선으로 이야기를 따라가며 읽을 수도 있지만, 비판적 독자의 위치에서 구조를 비틀어 볼 수도 있다. 인간사가 다양한 국면을 지니고 있듯이 소설도 다양한 국면을 지니고, 그 국면들은 서로 우위에 나서려고 뒤엉켜 싸우는 것이다. 그러나 고전 소설은 여러 시점에서 재담론될 때에 그 구조가 생동적일 수가 있다. 우리의 고전 소설도 새로운 '생성'의 과정에 들어가도록 놓아두어야 한다.

『홍길동전』 하면 누구나 "아버지를 아버지라 부르지 못하고 형을 형이라 부르지 못하고" 운운하는 길동의 대사를 떠올릴 것이다. 그만큼 이 소설은 서얼 차별의 불합리에 항거한 특이한 주제를 담고 있다. 게다가 이 소설은 흥미 요소도 많이 지니고 있다. 길동이 둔갑술, 축지법, 분신법을 사용하는 대목을 보라. 여덟 길동이 팔도에 출몰하다가 모두 자수하여 임금 앞에 나아가 한꺼번에 넘어지매 모두 다 풀로 만든 허수아비였다는 대목은 너무도 통쾌하다. 조선 후기에 필사본들이 많이 나오다가 19세기에 목판본까지 나온 것은 그런 주제 의식과 통속적 요소 때문이다.

이 소설은 길지 않다. 경판본이 24장, 완판본이 조금 길어 36장에 불과하다. 이야기 구조도 복잡하다고 할 수 없다.[5] 하지만 이 소설을 처음부터 끝까지 차근차근 읽어 본 독자가 얼마나 될까? 결말에 이르러 쓸쓸함을 느껴 본 독자가 과연 있을까?

길동의 이복형 인형은 경상 감사로 부임해서 길동의 자수를 권하는 공고문을 내걸며, "만일 너를 잡지 못하면 우리 홍씨 집안의 여러 대에 걸친 깨끗한 덕이 하루아침에 없어지게 된다."라고 애걸한다. 길동도 가문의 보존이 제일 중요하다고 여겨 순순히 자수한다. 길동의 부친, 그 부인 유씨, 길동의 형 인형은 초란이 길동을 제거하려는 계책을 꾸몄을 때 사실상 그 계책을 묵인한다. 그런데도 길동은 그들을 모두 '용서'한다. 『홍길동전』의 작가는 근본적인 갈등을 길동의 용서와 관련 인물들의 공동 목표 확인만으로 서둘러 봉합한다.

길동은 여덟 분신을 만들어 내어 팔도에서 신이한 도술로 탐관오리들을 징계하지만, 임금의 회유에 따라 병조 판서를 제수받고는 작란을 그만둔다. 그리고 고국을 떠나 율도국을 정벌하여 그곳의 왕이 된다. 길동은 고국을 떠나기 전에 임금을 알현하고 이렇게 말했다.

신이 전하를 받들어 만세를 모실까 했으나, 제가 천한 종의 몸에서 태어났기 때문에 문(文)으로는 홍문관이나 예문관 벼슬길이 막혀 있고, 무(武)로는 선전관 벼슬길이 막혀 있습니다. 이런 까닭으로 사방을 멋대로 떠돌아 다니면서 관청에 폐를 끼치고 조정에 죄를 지었던 것이온데, 이는 전하로 하여금 아시게 하려 함이었습니다. 이제 신의 소원을 풀어 주시니, 전하를 하직하고 조선을 떠나가옵니다.

길동이 활빈(活貧)의 의거를 행한 것은 문무 관직에 나아갈 수 없는 울분을 풀기 위해서였고, "전하로 하여금 아시게 하려던 것"에 불과했다. 그는 서얼 차별의 부당함을 고발하는 데는 성공했지만, 신분 제도를 개혁해 줄 것을 임금에게 청하지 않았다. 건백(建白)조차 하지 않은 것은 이 소설이 나올 당시에 사회 변혁의 기운이 성숙되어 있지 않았기 때문이리라. 소설의 작가는 조선에서 신분 제도의 개혁이 일어나리라고는 생각지도 못했기에 길동으로 하여금 조선을 떠나게 했던 것이리라.

활빈당의 근거지인 제도로 돌아와 있던 길동은 아버지의 죽음을 예견하고 월봉산에 거대한 묘역을 조성한다. 그리고 서울 집으로 돌아가 이미 타계한 부친의 시신을 월봉산으로 운구하여 삼년상을 마친다. 길동은 적장자 인형보다도 더욱 적통을 이은 사람처럼 상장(喪葬)을 집행한다. 소설의 마지막 부분은 이렇게 길동이 홍씨 집안의 제사권을 지닌 것처럼 묘사했다. 길동이 율도국 왕에 오른 뒤, 임금이 길동의 이복형 인형을 사절로 파견하자 인형은 어머니 유씨와 함께 율도국으로 간다. 그곳에서 유씨가 병을 얻어 죽자 길동은 유씨를 부친의 능에 쌍장한다. 그리고 뒷날 모친 춘섬이 죽자 역시 부친의 묘역에 안장하고 삼년상을 지냈다. 길동은 율도국에서 72세로 죽고 그 아들이 왕위를 계승한다. 제사권을 획득함으로써 길동은 신분의 굴레를 완전히 벗어난다.

『홍길동전』의 작가는 의적을 등장시켜 사회 제도의 모순을 개혁하려는 혁명성을 드러냈다. 하지만 소설 속 길동의 변혁 의지는 매우 미숙했다. 길동은 '아버지를 아버지라 부르고 형을 형이라 부르게 됨'을 성취하는 것으로 만족하고, 조선 바깥의 이상향에서 '오래오래 잘살다가 죽으면서 그 행복의 조건을 자손에게 물려주었다.' 길동의 변혁 의지는 사회적 보편성을 확보하지 못하고 말았다. 바람과 비를 부르고 둔갑장신하는 초인간적인 도술도 사회 구조를 뒤바꾸지 못하고, 한 개인의 원한을 해소하고 오랜 바람을 충족시키는 도구로 제한되었다. 조선 후기의 가문 의식이 덧씌워지면서 『홍길동전』은 사실상 비극으로 끝난 것인지 모른다.

『금오신화』

『금오신화』는 김시습(1435~1493)이 풍류기어(風流奇語) 다섯 편을 창작하여 모은 단편 소설집이다.[6] 『금오신화』의 산문 문체나 삽입 시가, 소재 등은 명백히 중국 명나라 구우(瞿佑)의 『전등신화』로부터 영향을 받았다. 하지만 『금오신화』의 다섯 이야기는 모두 우리나라를 배경으로 하고 우리나라 사람이 등장한다. 「만복사저포기」는 고려 말왜적의 침략을 배경으로 했고, 「이생규장전」은 고려 말 홍건적의 난을 배경으로 삼았다. 「취유부벽정기」는 옛 도읍 평양을 무대로 하여풍경 속에 민족사의 흐름이 스며 있다는 사실을 환기시켰다. 「남염부주지」는 조선 초에 유행한 지옥의 관념을 소재로 삼으면서 현실의악(惡)의 상태를 고발했다. 「용궁부연록」은 개성의 박연 폭포에 연관된 용 전설을 소재로 삼았다. 또한 다섯 이야기는 민간의 전승을 충분히 이용했다. 「남염부주지」에서는 박생이 염마왕의 자리에 오르는데,이것은 속세의 인간이 염라왕이 된다고 믿는 신앙을 빌려 온 것이다.「용궁부연록」에 등장하는 조강의 신, 낙하의 신, 벽란의 신은 조선 민중에게 친근했던 수신(水神)들이다.

『금오신화』의 다섯 이야기는 각각 소재와 주제가 다르지만 모두인간 김시습의 삶과 매우 밀접한 관계가 있다. 김시습은 결함 세계에 대한 시선을 거두고 마음만 고요하게 유지하면 된다는 식의 적정주의(寂靜主義)에 빠지지 않았다. 『논어』에 나오는 은둔자 하소장인(荷篠丈人)처럼 세상일을 과감하게 잊어버릴 수가 없었다. 그는 개인의 본래성을 구현할 수 없을 만큼 훼손된 사회 현실의 문제를 직시하여, 그 자각에서 느끼는 고통과 슬픔을 소설 속에 담아냈다. 즉『금오신화』는 이승이든 저승이든, 속세든 용궁이든, 실재하는 현실 공간이든 상상 속에서 그려 낼 수 있는 상징의 공간이든, 그 어떤 것도 독립적으로 원만구족하지 못한다는 사실을 거듭 확인한다. 더구나 다섯이야기에 등장하는 주인공들은 결함 세계 속에서 생활하는 불완전한인간들이다. 그들은 모두 완전한 가치를 실현하지 못하고 있다는 사

한국의 고전

실을 자각함으로써 슬픔을 느끼는 존재들이며, 독자들은 소설을 통하여 그 슬픔을 공감하게 된다. 그렇지만 등장인물들의 자각은 결코 현실로부터의 도피를 부추기지 않으며, 초월적 세계를 동경하여 그 쪽으로 나아가도록 추동하지 않는다. 현실에 살면서 현실을 부정하는 자기 혁신을 개개인에게 요구한다.

물론 『금오신화』는 정치적 알레고리로 읽을 수도 있다. 김시습은 다른 많은 시와 문에서 『춘추』에 대한 관심을 표명했는데, 그것은 정치 의리의 수립을 염원했기 때문이었다. 「남염부주지」에서도 김시습은 정도(正道)가 존재한다고 믿고 나라를 다스리는 임금은 덕망이 있어야 하며, 천명(天命)이 떠나 버리고 민심이 이반하면 임금도 자리를 지킬 수 없음을 강조했다. 당시 대부분의 지식인들은 주자학을 지도 이념으로 채택하여 지배 질서의 확립에 공헌했지만, 의(義)와 이(利)를 엄격히 구별하여야 한다는 근본 가르침에는 어두웠다. 김시습은 그러한 행태를 비판하고 유교의 이념을 순정하게 지킬 것을 주장했다. 매우 급진적인 사고다.

4   한국 시가 문학의 존재 방식

나는 길재(吉再, 1353~1419)와 원천석(元天錫, 1330~?)의 회고가를 자주 읊조린다.

오백년 도읍지(都邑地)를 필마(匹馬)로 도라드니

산천은 의구(依舊)하되 인걸(人傑)은 간 듸 업다.

어즈버 태평연월(太平烟月)이 꿈이런가 하노라.(길재)

흥망이 유수하니 만월대도 추초로다.

오백년 왕업이 목적(牧笛)에 부쳐시니

석양에 지나는 객 눈물겨워 하노라.(원천석)

고려 왕조의 도읍이었던 개성을 둘러보며 고려의 망함을 슬퍼하여 읊었다는 이 두 시조는, 한시의 회고시 양식과 시상이 같고 기자(箕子)가 지었다는 「맥수가(麥秀歌)」의 전통을 잇는다. 그러면서도 시적 정서는 매우 다르다.

모든 문학 형태 및 종류가 그러하듯 한시도 역사적 산물이다. 개인적이고 순간적인 시적 감흥을 표출한 서정시 작품이라 하더라도, 역사적 사실을 이야기 구조 속에서 가치 정향적으로 재구성하여 서술한 역사 소설만큼이나, 사회적 삶을 살아가는 개인에 의해 역사 사회적 관련 속에서 창작된 것이라서 집단 및 시대 의식을 어느 정도 반영한다. 한시 작품도 예외일 수 없다. 한시 가운데 상당한 부분을 차지하는 자연시도 현실의 모순을 비판한 사회시만큼이나 역사적 산물이다. 한시는 다른 문학 형태보다도 역사를 소재로 삼는 일이 많다.

한시는 전고(典故)를 통하여 시적 정서를 증폭시키는 방법을 자주 사용하기 때문에 역사 사실을 적극 인용하거나 환기시킨다. 그런데 한시 작가가 역사와 직접 관련을 맺는 것은 소극적으로 전고를 이용할 때가 아니라 작가가 역사 속에서 시적 계기를 발견하여 형상화해 낼 때이다. 이때 역사 사실은 과거 사실일 수도 있고 작가가 사는 당대의 사건일 수도 있다. 역사 사실의 선택 방식과 형상화 방법은 네 가지 양태가 있다. 첫째, 작가가 과거 사실이나 그것에 관련된 유적과 유물에서 시적 계기를 발견하고 형상화하면서 과거 사실에 대한 사·정서적 평가를 담는 경우이다. 전통적으로 영사시(詠史詩)나 회고시로 분류한다. 둘째, 작가가 당대 현실 혹은 주요 사건을 시화해 내는 경우이다. 이때는 시 작품의 인식적 기능이 중시되어, 당대 현실은 현재적 시각에서 의의 있는 역사 사실로 재구성되어 작품 속에 반영된다. 이른바 시사(詩史)를 표방하거나 시사라고 평가받는 작품들이 이 부류에 속한다. 셋째, 작가가 이미 전설이나 신화로 된 역사 사건을 내용으로 하여 이야기 구조를 만들어 내는 경우이다. 사시(史詩) 곧 서사시가 이에 속한다. 넷째, 과거의 역사 사실을 논증을 통하여 재분석하는 예로, 역사 사실에 대한 역사학적 고찰이 관심의 주 대상인 경우다. 논사시(論史詩)가 이에 속한다. 조선 후기 실증학이 태동하면서 소수 학자들이 이러한 시풍을 채용했다. 우리 한시 가운데는 미학성이 높은 영사시 및 회고시, 시사(서사시) 작품들이 많다.

위의 시조들은 한시의 회고시와 유사한 시상을 보이지만 전고와는 다른 방식의 수사법을 취한다. 한시의 어구를 그대로 따오더라도 전고라고는 할 수 없다. 더구나 시조는 역사와 적극적으로 관계를 맺지 않는다. 즉 영사시, 시사, 논사시의 양식을 찾아보기 어렵다. 오히려 개인의 회포를 짙게 드러내는 경향이 강하다.

한시는 전고를 다용하는 것을 오히려 존중하는 경향이 있다. 특히 근대 이전 한국의 지성들은 독자적인 사유와 정서를 표현하기 위해 중국 한시의 미학적 성과를 참조하면서 새로운 해석을 시도했다. 따라서 중국의 특정한 한시나 한시 어구를 지시하는 경우가 많았다. 중국에서 완성된 시가 형식을 이용하여 저마다의 꽃을 피운 시인들은 미의 세계에서 성좌를 이루어, 한자 문화권에서 미의 역정(歷程)이 나아가야 할 길들을 비추어 왔다. 그렇기에 우리의 선인들도 한시 작가들의 기라성을 바라보면서 스스로의 미적 정서와 사유를 열어 나가는 데 주저하지 않았다. 더구나 전고의 활용은 감성의 표백과 연결될 때 의미를 지닌다.

한시 가운데는 시창(詩唱)을 통해 감성의 표백이 더욱 효과적으로 이루어진 예가 있다. 신광수(申光洙, 1712~1775)의 「관산융마」는 본래 제목이 「등악양루탄관산융마(登岳陽樓歎關山戎馬)」로, 당나라 두보(杜甫)가 전란으로 유랑하다가 악주(岳州)의 악양루(岳陽樓)에 올라 북방에 전란이 계속되는 것을 탄식하는 상황을 가상하고 있다. 「관산융마」는 본래 신광수가 35세에 한성시(漢城試)에서 2등으로 급제했을 때 제출한 과시(科詩)인데, 서도 지방의 영시(詠詩) 또는 율창(律唱)이라고도 하는 시창을 통해 널리 알려져 있다. 그 일부만 보면 다음과 같다.

秋江寂寞魚龍冷	가을 강이 적막하고 용과 물고기도 찬데
人在西風仲宣樓	사람은 서풍 맞으며 중선루에 올랐도다.
梅花萬國聽暮笛	매화가 온 나라에 피었을 때 저녁 젓대 소리를 듣고
桃竹殘年隨白鷗	도죽장 짚고서 늘그막에 백구를 따라 걷노라.

烏蠻落照倚檻恨   오만 땅에 석양이 비낀 무렵 난간에 기대어 한탄
                하나니

直北兵塵何日休」 직북 땅의 전란 티끌은 어느 날에나 그칠 건가.

(이하 생략)

「관산융마」는 두보의 「추흥(秋興)」 8수 가운데 이별의 정한을 담은 시구들을 대량으로 선별해서, 평측을 고려해 구법을 변환한다든가 복수의 시구를 조합하는 방식을 택했다.[7] 두보의 「추흥」 8수는 한국 한시에 지대한 영향을 끼쳤다. 특히 그 애상의 정조가 정치적 이유에서나 사회적·신분적 이유에서 소외감을 느끼기 쉬웠던 시인 묵객들의 심경과 통하는 면이 있었기에 많은 차운시(次韻詩)를 낳기도 했다. 신광수가 「관산융마」에서 「추흥」의 제2수와 제4수로부터 시적 발상을 차용한 것은 결코 우연히 아니다. 애상적 정조의 이면 짜기와 점층적 고조의 방식은 이별의 정한, 소외의 감정을 증폭시켜 전달한다.

시창 「관산융마」는 가성(假聲)과 세청(細淸)을 섞어 가며 부른다.[8] 「등악양루탄관산융마」는 모두 44구이지만, 시창은 38구 19절을 창하는 것과 첫 2구나 4절까지만 노래하는 것의 두 종류가 있는 듯하다. 후자의 시창에서는 1절은 시의 바깥짝과 안짝에 현토를 해서 "추강이 적막 어룡냉하니 인재 서풍 중선루를"이라고 부르며, 제2절 이하의 선율은 제1절의 가락에 따라 반복한다.[9] 단소가 노래의 선율을 따라간다. 시창을 통해 원래의 시가 지닌 애상적 정조는 더욱 짙어진다.

한국 한시는 독자적인 발전을 하면서도 늘 중국 한시를 참조해 왔다. 참조는 비판적 수용을 의미했다. 한국 한시만이 아니라 한문 산

문, 한문 소설도 그러했다. 선택적 수용의 예는 명대 문학과 조선 후기 문학과의 관계에서 두드러지게 나타난다.[10]

5 한문 산문의 고전 양식 — 기행문과 만필

한국 고전은 '기록'에 장점이 있다. 주지하듯이 『조선왕조실록』은 곧 우리 조선 시대 역사의 가장 가치 있는 기록물이다. 중국의 경우 조정에서 편년체의 실록을 엮은 것으로 『황명실록(皇明實錄)』(2964권)과 『대청역조실록(大淸歷朝實錄)』(296년간의 기록)이 있지만 『조선왕조실록』은 규모나 내용 면에서 그것들보다 앞선다. 실은 조선 이전에 고려 시대에도 실록을 편찬했고, 그것이 조선 초까지는 전했던 듯하지만 현재는 남아 있지 않다.

실록은 왕실 중심의 역사 기록이어서 사회 전체나 지방의 실정에는 소홀한 것이 사실이다. 그러나 당대의 역사적 사실과 기록을 가능한 한 망라하려고 노력했다는 점에서 기록물로서의 가치가 높다. 또한 각 대의 실록은 편년체로 기록을 집성하되, 각 왕마다 총서를 두었다. 총서 가운데는 왕위 계승의 정당성을 선전하기 위한 일화를 모아 둔 것도 있다. 실록의 각 조(朝)별로 문체를 비교하고, 『승정원일기』가 남아 있는 경우 그것과 내용을 대조한다면, 이 고전의 가치를 더욱 이끌어 낼 수 있을 것이다. 여기서는 실록에 대해서는 더 자세히 다루지 않기로 한다.

정약용과 박지원

한국 고전 가운데는 개인의 기록물이 상당히 많다. 그 가운데 문학의 범주에서 가장 많이 다루어지는 것이 기행문이다. 기행문 가운데 유산록(遊山錄)은 독특한 하나의 양식을 이루기까지 했다.[11] 그 외에도 유배 일기, 유람 일기가 많다.

정약용은 1820년과 1823년에 춘천을 여행했다. 한 번은 조카의 혼사에, 한 번은 손자의 혼례에 동행하면서 이루어졌다. 북한강 유역과 곡운 구곡을 돌아보며 정약용은 산수의 아름다움을 즐기면서 소요할 수 있었다. 그런데 실은 정약용은 그 여행을 통해서 우리나라 상고사에서 춘천 지역이 갖는 위상을 고증하고 그곳이 국가의 위기 상황에서 행도(行都)로서 기능할 수 있는지 확인하려고 했다.(곡운 구곡의 중심이라고 할 곡운 영당과 화음정사, 사창 등은 지금은 화천에 속해 있지만 조선 시대에는 춘천 도호부에 속해 있었다.)[12] 첫 번째 춘천 여행의 시집은 『천우기행권(穿牛紀行卷)』이라고 했다. 두 번째 춘천 여행의 산문집은 『산수기행(汕水紀行)』이라 했다.

여행의 족적은 삶의 일회성을 또렷이 각인한다. 일회성을 지니기에 그것은 비로소 보편적 의미를 지닐 수가 있다. 정약용은 누구보다도 삶의 일회성을 잘 알고 있었고, 여행을 상심낙사(賞心樂事)로서 파악했다. 그렇기에 큰형과 같이하는 유람을 즐거워했고, 그렇기에 더욱 유배지에서 쓸쓸히 죽음을 맞았던 작은형 정약전에 대한 그리움이 사무쳤다. 첫 번째 춘천 여행의 시집 『천우기행권』은 시 「협곡을 나오며(出峽)」로 마친다.

出峽乾坤大	협곡을 나오자 하늘땅 웅대하고
維舟草木停	배를 매는 곳에 초목이 정지해 있다.
遠峯松點黑	먼 봉우리에는 솔방울이 검고
晴渚鷺絲靑	맑은 물가에는 인동초 잎 푸르구나.
水上來還去	물 위로 왔다가 다시 돌아가다니
人間醉不醒	인간 세상에 취해 깨지를 못하다니.
傷時竟何補	시절을 슬퍼한다고 무슨 보탬 되랴
頭白且窮經	머리 희도록 경전이나 파련다.

'나른함'이나 '어정거림'의 뜻이 아니다. 상심낙사의 여행을 한 사람만이 느낄 수 있는 생명의 의지를 담고 있으며, 경세의 뜻을 더욱 가다듬겠다는 결심이 드러난다.

『산수기행』에서 정약용은 소양정 아래를 떠나 마재 앞까지의 여울물 이름을 하나하나 기록으로 남겼다. 병벽탄·노고탄(고로탄)·곡장탄·번대탄·휴류탄·아올탄(병탄)·신연도·아자탄·우수탄·교탄·호로탄(쇠오항)·학암탄·현등협·차석탄·정족탄·마당포·작탄·곡갈탄·안반탄·염창탄·술원탄·금허촌(강촌)·율현탄·광탄·호로탄·정족탄·배류탄(두두래)·송의항·흑영탄(엽피탄)·병벽탄(빨래탄)·고제탄·황공탄·장탄·곡갈탄·마석뢰·공곡천·어시탄·괘탄·유정탄·십개탄·목탄·대천탄. 정약용이 마현의 소내 앞에서 배를 타고 북한강을 거슬러 춘천의 소양정 아래에 이르기까지 240리 36탄의 여울을 하나하나 헤아렸던 그 여행의 깊이를 지금은 추체험하기 쉽지 않다.

한국 고전에는 사실 기록과 내면 토로를 직조한 여행 시문이 많다. 허구의 요소가 없더라도 훌륭한 문학으로 평가될 만하다. 김인겸 (1707~1772)은 1763년 음력 8월부터 1764년 음력 7월까지 약 11개월에 걸쳐 서울에서 에도로 갔다가 다시 서울로 돌아온 이른바 계미 사행(癸未使行) 때 삼방서기(三房書記)로 참여하여 한글 가사 『일동장유가(日東壯遊歌)』를 남겼다. 김인겸은 인조 때 척화론자였던 김상헌(金尙憲)의 현손이다. 47세 때에야 사마시에 합격해서 진사가 되었고, 1763년에 통신사행에 참여하게 되었다. 당시 57세였다. 김인겸은 1763~1764년 당시의 일본 사정을 국문으로 기록하여 국내에 알렸다는 점에서 높이 평가할 만하다. 하지만 그 가치는 한문으로 기록된 같은 계미 통신사 일행의 문헌들과 대조할 때 더 온전하게 드러난다. 1763년(영조 39)의 계미 통신사행은 양반 지식인뿐만 아니라 서얼, 역관, 중인 출신의 뛰어난 문인들이 모두 참여한 행사였다. 일행은 모두 477명에 달했는데, 정사 조엄(趙曮), 삼사 서명응(徐命膺), 제술관 원중거(元仲擧)·남옥(南玉), 종사관서기(삼방서기) 김인겸, 한어(漢語) 역관 이언진(李彦瑱) 등이 모두 탁월한 문인이자 지식인이었다.[13]

박지원(1737~1805)의 『열하일기(熱河日記)』는 서정 산문, 만필, 유서의 방식을 결합한 기이한 고전이다. 나는 박지원 일행이 큰물 때문에 의주에 머물다가 압록강을 건너 중국 땅으로 들어가게 되었을 때 『사기』 「자객열전」에 나오는 형가(荊軻)의 이야기를 떠올리고 쓴 글을 가장 사랑한다.

전국 시대 연나라의 태자 단(丹)은 진(秦)나라에 볼모로 잡혀가 고초를 겪다가 간신히 연나라로 돌아온 뒤에 그 원한을 갚으려고 했다. 당시 검객 형가는 연나라 시장에서 개백정들과 어울려 지내고 있었다. 태자는 형가를 국사(國士)로 대우해 주었다. 그 은혜를 갚기 위해 형가는 "바람은 스산하고 역수는 차가워라, 장사 한번 떠나면 다시 돌아오지 않으리."라는 노래를 부르고 태자의 전송을 받으며 역수(易水)를 건넜다.

그런데 『사기』에 보면 형가가 머뭇거리는 것을 보고 태자가 그의 마음이 변하지 않았는지 의심해서 열세 살의 협객 진무양을 먼저 보내려 했다는 대목이 있다. 형가는 불끈 화를 내면서, "내가 아직 머물러 있는 이유는 나의 손님을 기다렸다가 함께 가려 해서라오."라고 한다. 그가 기다리던 손님이란 대체 누구인가? 『사기』는 그 사람이 먼 곳에 있기 때문에 기약에 맞춰 오지 못했다고 적었다. 고전 연구자들 가운데 이 대목을 주의 깊게 살펴본 사람은 거의 없다. 박지원은 형가와 사마천의 속을 들락날락하듯이 그 마음을 추론했다.

이것은 형가가 부질없이 무료한 말을 한 듯싶다. 태자가 형가를 의심한 것은 그를 깊이 알지 못했다고 할 수 있다. 그런데 형가가 기다린 손님이란 또한 성명을 가진 인물은 아닐 것이다. (……) 정말 천하에 그 사람이 있다고 하면 나는 그를 볼 수 있을 것이니, 그 사람은 신장이 일곱 자 두 치, 눈썹은 짙고 수염은 푸르며, 턱이 둥글고 이마가 갸름할 것이다.

박지원은 형가가 기다린 손님이 이름을 지닌 실재하는 인물은 아니라고 했다. 그 손님이란 의지를 발동하는 형가 자신이었다고 지적하고 싶었던 것이다. 이렇게 박지원은 인간 행동에서 의지의 중요성을 읽었고, 의지를 지닌 인간 주체의 모습을 발견했다.

133

박지원은 전통 학문의 방법과 논리학을 문학의 수사법으로 전용하는 데서 탁월한 재능을 발휘했다. 일례를 들면 다음과 같은 것이다. 「호질」에서 박지원은 성훈(聲訓)을 이용하여 풍자의 기능을 극대화했다. 성훈이란 한자의 한 글자(개념)를 발음이 비슷한 다른 글자(개념)로 정의하는 방식이다. 창귀(悵鬼, 호랑이에게 물려 죽은 사람이 창귀가 된다고 여겼다.)가 호랑이에게 의원과 무당을 먹잇감으로 추천하자, 호랑이는 "의(醫)란 의(疑)이다. 의심나는 처방으로 수만 명을 죽게 만든다. 무(巫)란 것은 무(誣)이다. 신을 속이고 백성을 현혹해 수만 명을 죽게 만든다."라고 비판했다. 인체의 병을 치료하는 의사와 정신의 병을 치유하는 무당이 자신의 직분을 다하지 못한다고 신랄하게 비판하면서, 각각 발음이 비슷한 글자를 이용한 것이다. 또한 호랑이는 자신에게 목숨을 구걸하는 북곽 선생에게, "너희 유학자는 아첨꾼이다."라고 꾸짖었다. 원래 유학자 유(儒)는 부드럽다는 뜻의 유(柔)로 풀이해 왔다. 하지만 박지원은 발음이 같은 다른 글자를 들어 유(儒)는 부드러울 유(柔)가 아니라 아첨할 유(諛)라고 풍자한 것이다.

박지원이 활동한 18세기 후반의 한국은 봉건 사회가 해체되는 전환의 시기였다. 이 시기에 박지원은 현실의 모순을 고발하고 휴머니즘에 입각한 인간관계를 그려 보였다. 그의 사상은 현실을 바꾸는 추동력을 얻지는 못했지만, 그의 문체 실험은 근대적 작가 정신의 그것과 통한다고 평가할 수 있다.

『서포만필』에 드러난 탐구 정신과 현실 비판

생각을 논리적으로 서술하려면 일정한 길이의 글이 필요하다. 치밀하게 논증하려면 긴 글을 써야 할 것이다. 하지만 짧더라도 상당히 논리적인 서술과 치밀한 논증을 겸할 수 있다. 전근대 시기에는 만필 (漫筆, random essays)의 문체가 바로 그렇다. 만필은 글 여러 편이 한데 묶이므로, 그것은 그대로 단편 논문의 모음집이 된다. 한국의 고전에서 가장 많이 발달한 양식은 바로 이 만필의 양식이다.

김만중(1637~1692)의 『서포만필(西浦漫筆)』은 상하 2권으로 이루어진 단편 논문의 모음집이다.[14] 김만중은 『자치통감』에 근거해 『상서(서경)』의 사실을 고증하는 것으로 『서포만필』을 시작하고 있다. 유학의 경전들은 이상적인 정치를 한 성인과 성군들을 상정해 놓고 그들의 업적을 과장해서 칭송하지만, 김만중은 중국이 먼 지역의 이민족을 정벌해서 그 위세를 떨칠 수 있었던 것은 명나라 만력 연간에나 가능했다고 했다. 또한 은나라와 주나라의 정치를 삼대의 정치라고 하여 미화하지만 역사적 사실로 볼 때 당시의 정치는 『대학』에서 말한 수신제가의 도를 결코 실천하지 못했다고 지적했다. 김만중은 만필의 글쓰기를 통해 회의의 방법과 탐구의 정신을 드러냈으며 인간 이해의 새로운 방식을 모색했다.

스스로 생각하고 체득하라 ── 안맥의 방법

김만중은 『서포만필』 상권 92칙에서 안맥(按脈)을 중시하는 탐구 방법을 제시했다.

계곡 장유가 인심도심설(人心道心說)을 지어서 나정암(나흠순)을 정주(程朱)와 같은 반열에 둔 것은 아마 지나친 듯하다. 그렇지만 우리나라 사람들은 독서를 할 때 마치 의술을 배우듯이 단지 맥결(脉訣)만 읽고 자기의 삼부(三部)는 짚어 보지 않고서, 정주의 말을 고찰해 낼 수 있으면 곧 격물(格物)하여 치지(致知)가 되었다고 여긴다. 선배들 가운데 거유들도 종종 이와 같을 따름이다. 계곡의 견식은 비록 착오가 있었다고 하더라도, 바로 자신이 스스로 맥을 짚어 본 자이므로, 얼추 뇌동(雷同)하는 부류에 비할 바가 아니다.

진리의 상대성에 주목하라 ── 양존의 방법

『서포만필』 상권 49칙에서 김만중은 진리의 절대성보다도 효용성에 주목해야 한다고 주장했다.

사람이 말단을 따르더라도 나는 근본을 찾고, 사람들이 편벽된 설에 만족하더라도 나는 완전함을 거두고자 한다면, 또한 두 가지 설을 보존(兩存)한다고 해서 무어 해가 되겠는가? 불교 서적에 이르길, "오백 나한들이 각자 자기들의 뜻으로 부처님의 말씀을 해석하고 부처님께 묻기를 '누가 부처님의 뜻을 잘 터득했습니까?' 하니, 부처님은 '모두가 내 뜻은 아니다.' 하셨다. '그렇다면 부처님께 잘못을 저지른 것이 아닙니까?' 하니, 부처님은 '비록 내 뜻은 아니지만, 논한 바가 모두 착하여 세상의 교훈으로 삼을 만하니 공은 있고 죄는 없다.' 하셨다." 이 말이 오히려 통한다.

편견을 버려라

『서포만필』 상권 42칙에서 김만중은 제갈공명이 마속(馬謖)을 기용한 것은 '유생의 습성이나 기질 때문에 그르친 것'이라고 규정했다. 상권 43칙에서는 주자(주희)도 교분 때문에 인물을 공정하게 평가하지 못한 사례가 있다고 지적했다. 장준(張浚)은 북송 말기에 오만하고 괴팍하여 충실한 신하와 어진 선비들을 축출하고 군사를 잃고 나라를 위축시켰거늘, 주자는 장준의 아들 장식과 친분이 있었기에 장준을 옹호했다고 비판한 것이다.

나아가서 김만중은 속류 유학자들이 순결주의를 주장하는 것을 신랄하게 비판했다. 이를테면 김만중은 상권 65칙에서, 사람은 한 몸 안에 마치 두 가지 마음이 있는 것 같을 때가 있기에 마음으로 마음을 살핀다는 불교의 주장이 타당하다고 했다. 그는 그것이 곧 주자가 「중용장구서(中庸章句序)」에서 말한 "인심이 도심에게서 명을 듣는 것(人心聽命於道心)"과 마찬가지로 마음으로 마음을 점검하는 일이라고 했다. 하권 제4칙에서는 동진 말 아도가 우리나라에 온 이후 비로소 문자 교육이 있게 되었다고까지 말했다. 불교의 문화적 가치를 중시한 언설이다.

인물의 심리를 추론하라

『서포만필』 하권 92칙에서 김만중은 병자호란 때의 굴욕 사실을 논했는데, 중국의 여러 사례를 열거하여 군신 간의 정분을 논하고 당시 청의(淸議)의 비판을 받았던 인물들의 내면을 탐색했다. 김만중은 명나라를 위해 절개를 다해야 한다는 논리의 부당함을 지적하기 위해, 조선과 명나라는 예속의 관계가 아니었다고 주장했다. 그리고 "사람마다 그 마음이 편안한 바에 따라서 스스로 신하의 직분을 다할 따름이었다."라는 관점에서 최명길, 이식, 장유의 심리를 탐색했다.

한국의 고전

최명길은 끝내 주화론을 펴서 정녕 시비가 많았지만, 역시 어찌 스스로 그 직분을 다하여 마음에 부끄러움이 없는 자가 아니겠는가? 이식은 마음속으로 척화의 잘못을 알고 있었으나, 부형의 견제를 받아 이의를 내세울 수가 없었고, 남한산성의 치욕을 보게 되자 평생토록 애통해하면서 거적을 깔고 자기 집에서 지내다가, 죽으면 박장(薄葬)하도록 유언하고 죄인으로 자처했으니, 역시 공거심(孔璩心) 같은 사람이 아니겠는가?[15] 장유는 조정 의론이 척화론으로 되자 술을 마시며 쯧쯧 탄식하면서 사람들을 대하여는 나라가 망한다는 탄식을 했다. 그러나 최명길처럼 힘써 화의론에 가담할 수 없었던 것은 아마도 말해야 그다지 소용이 없을 것임을 알았기 때문이다. 이것은 군자가 말할 때 말하고 침묵할 때 침묵하는 절도에 맞는 것도 같지만, 종신(宗臣)으로서 국가의 흥망에 대한 의리로 생각한다면 부족함이 없다고 할 수는 없는 것이다. 이것이 장유가 삼전도 비문을 지은 까닭이다.

여성의 처지에 눈을 돌려라

『서포만필』 하권 59칙에서 김만중은 병자호란 뒤 환향녀의 현실을 고려하지 않는 사족의 잘못된 처사를 비판했는데, 우선 허두에서 다음과 같이 부부의 윤리를 말했다. "옛사람들은 처가 죄가 있으면 버렸지만 같이 3년상을 지냈거나 돌아갈 곳이 없는 사람은 비록 죄가 있어도 버리지 않았다. 버리는 것도 의(義)요 버리지 않는 것도 의였다. 그렇지만 옛사람이라도 음란하거나 악질이 있는 사람과 어찌 같은 방에서 지냈겠는가? 생각건대, 이 또한 그에게 의복이나 음식을 주어 은의로써 위로했을 따름이다." 김만중은 환향녀의 처지를 생각하지 않고 저 자신의 계책만 추구했던 사대부들을 비판했다.

민족 문화의 독자성에 주목하라

김만중은 화이론적 사고에서 벗어나 문화 주체의 사상과 맥락에 따라 문화를 이해해야 한다고 보았다. 『서포만필』하권 160칙에서 김만중은 "송강 정철의 「관동별곡」과 전후 「사미인가」는 곧 우리나라의 『이소』이다."라고 평가하고, "비록 사방의 말이 다르다 하더라도 정말로 말을 잘하는 사람(시문에 능한 사람)이 각각 자기 나라 말에 따라서 가락을 맞춘다면, 그것들은 족히 모두 천지를 감동시키고 귀신을 통할 수 있는 것이니, 비단 중국만 그런 것은 아닐 것이다. 지금 우리나라의 시문은 자기 말을 버려두고 다른 나라의 말을 배워서 표현하므로, 설령 아주 비슷하다 하더라도 이는 단지 앵무새가 사람의 말을 하는 것에 불과하다."라면서 우리의 시가를 존재하게 하는 우리말의 아름다움에 대해 이야기하고, 학사 대부들이 시부의 형식주의를 높이 치는 것을 비판했다.

6 전문 중시와 초록 편집의 고전 양식 ── 인물록과 유서

한국의 고전에는 한 인물의 일생을 서술하는 전(傳)의 작품이 많다. 허구의 한글 소설도 전이라는 제목을 취할 정도이다. 그런데 인물의 일화를 집성한 인물록은 한국 고전의 특이한 분야를 형성했다. 이 인물록은 전문(傳聞)을 수록한 것이므로, 그 내용은 사실과 허구의 사이에서 유동했다. 하지만 완전히 허구를 지향한 것은 결코 아니다.

고려 시대의 인물록으로는『해동고승전』이 있으나, 그 외의 편찬 사정은 잘 알 수 없다. 조선 중기에 들어와 광해군 때의 인물로서 인조반정 후 원지에 유배된 조정(趙挺, 1551~?)은 편년체『동사보유(東史補遺)』4권 4책을 엮으면서, 그 권4「부(附) 고려명신록(高麗名臣錄)」에 고려 개국 공신 네 명과 고려 말 충신 삼은(三隱)에 이르기까지 스물여덟 명의 '명신전'을 수록한 바 있다. 그 후 19세기 초까지 많은 종류의 인물록이 쓰였다.

인물록은 역사서의 열전이나 편년체 역사서의 인물전 부록 등이 독립하여 이루어지기도 하고, 주희의『송명신언행록(宋名臣言行錄)』에서 영향을 받아 도맥을 확인하려는 의도에서 이루어지기도 했다. 주희는『오조명신언행록(五朝名臣言行錄)』(10권)과『삼조명신언행록(三朝名臣言行錄)』(14권)을 편찬하여 모두 97명의 명신을 다루었다. 후일 외손 이유무(李幼武)가 추보한『황조명신언행록(皇朝名臣言行錄)』(8권),『사조명신언행록(四朝名臣言行錄)』(26권),『황조도학명신언행록(皇朝道學名臣言行錄)』(17권)을 합하여 명나라 때 합각하면서 주희의 편집본을『송명신언행록』이라 했다.[16]『송명신언행록』은 인물에 대한 다양한 기록들을 수집하여 원문을 수록하는 형식을 취했다. 한편 명나라 선덕(宣德) 연간 칙찬본『역대신감(歷代臣鑑)』37권은 춘추시대부터 원나라까지 역대 신료들의 행적을 정리한 어찬(御撰)의 인물록으로, 각 왕조별 신하를 '선위가법(善可爲法, 착한 것을 법으로 삼는다)'과 '악위가계(惡可爲戒, 악한 것을 징계로 삼는다)'의 두 기준으로 분류한 다음 각 신하의 행적을 정리했다. 조선 복각본이 여럿 있다.

조선 중기 이후 인물록은 김육의『해동명신록(海東名臣錄)』9책, 정도응의『소대명신행적(昭代名臣行蹟)』, 송징은·송성명의『국조명신 언행록(國朝名臣言行錄)』, 숙종조 이존중의『국조명신록(國朝名臣錄)』 36책, 정조가 명찬(命撰)한 심진현·김조순·이익진의『인물고(人物 考)』26책, 역시 정조가 명찬한 채홍원의『영남인물고(嶺南人物考)』등 으로 이어진다.[17] 이 책들은 대부분 야사에서 자료를 취합하여 원 자 료를 거의 그대로 전재하는 방식을 취했다. 그러나 이후 정조는『해 동신감(海東臣鑑)』을 엮으면서『역대신감』의 방식을 택하여, 원 자료 를 그대로 싣지 않고 가공했다. 또한 한치윤은『해동역사(海東繹史)』 에『인물고』를 두었다. 정조 연간에 이루어졌으리라 추정되는 또 다 른『국조인물고(國朝人物考)』는 자료의 취택이 엄정하기로 유명하 다.[18] 인물록의 발달은 17세기 말부터 당론의 향배를 추적한 당론서 와 사찬사서(私撰史書)가 발달하는 현상과 병행하는 면도 있다.

한편 근대 이전의 학자들은 공부할 때 우선 초록(抄錄)을 중시했 기 때문에 유서(類書)를 만드는 일이 많았다. 우리나라에서는 고려 시 대에 이미『고금상정예문(古今詳定禮文)』과 같은 유서를 만들었다. 다 만 현재 남아 있는 독자적인 유서들은 모두 조선 시대에 편찬된 것들 이다. 가장 이른 시기의 것으로는 1554년(명종 9) 어숙권이 엮은『고 사촬요(故事撮要)』와 선조 때 권문해가 엮은『대동운부군옥』(간행은 1789년)을 들 수 있다. 권문해의『대동운부군옥』은 우리나라 고사와 물명을 대상으로 충실히 전거를 밝힌 사전이다. 한편 조선 후기에는 『옥통(玉通)』,『휘어(彙語)』,『유원총보(類苑叢寶)』처럼 시 문학에 필요 한 어구를 뽑아 엮은 유서가 나오다가, 이후 역사 철학, 문화의 다방

면에 걸쳐 일상생활에 필요한 지식 정보들을 체계적으로 분류한 유
서들이 다량으로 나왔다.

조선 후기의 지식인들은 초록한 정보들을 체계화하고 사실을 확
인하여 논증하는 일을 더욱 중시하게 되었다. 유형원(1622~1673) 이
후로 지식인들은 인간과 역사(현실)를 종합적으로 이해하기 위해, 개
별 사물들을 관찰하고 경험적 사실을 분석하는 '탐구의 학'을 발전시
켰다.[19] 이수광의『지봉유설(芝峯類說)』, 이익의『성호사설(星湖僿說)』,
이규경의『오주연문장전산고(五洲衍文長箋散稿)』, 이유원의『임하필기
(林下筆記)』등은 한국 고금의 정치, 사회, 경제, 지리, 풍속, 언어, 역
사 등에 관해 많은 정보들을 체계적으로 정리한 소중한 유서이다. 뿐
만 아니라 조선 후기에는 국가 주도로 유서를 편찬하기도 했다. 영조
때 처음 편찬되기 시작한『문헌비고(文獻備考)』가 대표적인 예이다.
이것은 여러 차례 수정을 거쳐 1908년(순종 2)에 홍문관에서『증보문
헌비고(增補文獻備考)』250권 40책으로 간행되었다.

서유구(1764~1845)는 1806년(순조 26) 이후 홍만선의『산림경제』
를 토대로 한국과 중국의 저서 900여 종을 참고하고 향촌에서 목격한
자료와 수집한 문헌 자료를 정리하기 시작해서 1827년(순조 27)에『임
원경제지(林園經濟志)』(『임원십육지』또는『임원경제십육지』) 113권 52책
을 엮었다.「예언(例言)」에서 서유구는, 자신이 이 책을 엮은 것은 국
정에 도움을 주려는 데 있지 않고 '향촌에서 생활하면서 뜻 기르는
일'에 도움을 주려는 데 있다고 밝혔다. 곧 '농촌에 거처하는 사대부
의 이상적인 삶'을 제시하고자 했다. 그런데 사대부의 농촌 환경을 개
선하려면 향촌 전체의 삶의 조건을 개선할 필요가 있었으므로, 서유

구는『임원경제지』를 엮으면서 사대부의 삶만이 아니라 향촌의 구성원 대다수에게 공통된 생활 조건의 문제를 탐색하기에 이르렀다.

『임원경제지』는 많은 문헌에서 관련 자료를 초출해서, 부(部)를 나누고 목(目)을 세워 자료를 수집해서 채웠다. 즉 본리지(本利志) 13권, 관휴지(灌畦志) 4권, 예원지(藝畹志) 5권, 만학지(晩學志) 5권, 전공지(展功志) 5권, 위선지(魏鮮志) 4권, 전어지(佃漁志) 4권, 정조지(鼎俎志) 7권, 섬용지(贍用志) 4권, 보양지(葆養志) 8권, 인제지(仁濟志) 28권, 향례지(鄕禮志) 5권, 유예지(游藝志) 6권, 이운지(怡雲志) 8권, 상택지(相宅志) 2권, 예규지(倪圭志) 5권 등 열여섯 부분으로 분류했다. 이때 중국과 일본의 관련 서적은 물론, 조부 서명응의 저작, 박제가·홍만선·이익·박지원 등의 저술, 자신의『금화경독기(金華耕讀記)』등도 인용했는데, 기존 자료를 초록하는 데 그치지 않고 토질과 농법, 농구에 대해 구체적으로 검토하고 실증적으로 연구한 정보들을 수록했다. 그리고 안어(按語)와 도판을 첨부하여 독자들이 서술 내용을 이해하기 쉽도록 꾸몄다. 또한 조선의 문화·문물에 관해 변증하면서 중국의 사실에 대조하여 논하는 '비교'의 방법을 활용했다. 이를테면 중국의 건축에는 각 부분별로 표준화가 이루어져 있지만 조선의 건축에는 표준화가 이루어져 있지 않아 비효율적이라고 지적했다. 온돌에 대해서도,『열하일기』의 주장을 계승해서 중국 북방의 항(炕, 캉)보다 열효율이 떨어진다고 지적했다. 그리고 당시의 온돌 구조가 가옥의 주거 환경, 생활 양식을 부정적으로 제약하는 면이 있다는 사실을 밝히고 온돌을 개선할 방도를 제안했다.

근대 이전의 백과사전인 유서들은 기존의 문헌에서 논평 없이 자료를 발췌하여 집성하는 데 주력하는 경우가 많았다. 하지만 서유구는 자신이 기왕에 엮은『금화경독기』를 대폭 활용하는 동시에 서유구 자신의 논증을 첨부했다. 이 점에서는 단순한 유서가 아니라 잡고(雜考)의 형식에 가깝다.

7 한국 고전 연구를 위한 제언

한국의 고전은 허구보다는 전문(傳聞) 기술, 사실 논증, 감정 채색이 두드러진다. 국문 소설, 한문 소설, 장편 국문 소설이 없는 것은 아니다. 하지만 문인들은 대개 전문의 집적과 사실의 논증에 주력하고, 감정을 정제하여 그 일단을 드러내었다. 허구가 적다고 하여 한국 고전 문학의 세계가 협소했다고 보아서는 안 된다. 한국의 고전은 기존 문체의 활용과 변형, 순수 국어와 한문 및 한국식 한문의 구사, 중국 고전의 수용과 논리의 개발 등에서 놀랄 만한 성과를 이루어 왔으며, 그로써 시대적 문제의식과 개인적 지향을 충실하게 반영해 왔다.

일제 강점기에 민족주의 및 진보주의 진영은 한국의 일부 고전을 정리한 바 있다. 그 뒤 1960~1970년대 비판적 지성들은 한국 고전 속에서 내재적 발전의 힘을 확인하고 관련 자료들을 역주하면서 우리 나름의 고전학을 수립하기 시작했다. 특히 민족문화추진회(현 한국고전번역원)와 한국정신문화연구원(현 한국학중앙연구원), 여러 공사립 연구 기관, 그리고 몇몇 출판사들은 한문 고전의 번역에서 괄목할 만한 결과물을 속속 간행해 왔다. 이러한 일차적인 자료 정리는 앞으로도 지속되어야 한다.

　고전의 정리는 정본(整本), 일반 정본(定本/正本), 집일(輯佚) 정본 (定本/正本), 연관 자료 집성 정본(定本) 등 네 가지 상이한 층위가 있다. 정본(整本)이라고 하면 이본(異本)들을 비교·대조하여 초간본의 내용을 재구(再構)한 것을 말한다. 이에 비해 정본(定本/正本)이라고 하면 이본들을 비교·대조하여 제3의 권위 있는 텍스트를 재구하는 것을 말한다. 게다가 자료들이 다른 문헌들 속에 흩어져 있을 때는 집일을 하여 정본을 만들 수도 있다. 앤솔러지 형태의 문헌이나 역사 기록물은 연관 자료를 집성하거나 연계시켜 정본을 만들어 낼 수 있다. 따라서 고전의 자료는 그 형태와 내용에 따라 정본화의 방식을 달리해야 할 뿐 아니라, 어느 한 방식을 취하더라도 다른 층위의 정본화 방식을 늘 참조해야 한다. 고전의 정리는 '개방형 사업 구상'에 의해 이루어져야 하는 것이다.[20]

(1) 정본(整本): 초간본의 재구

실전 문헌의 재구 혹은 실전 초간본의 재구. 이를테면 정도전 등 조선 초 편찬 『고려사』의 재구, 일연 선사 초편 『삼국유사』의 재구 등이 필요하다.

(2) 일반 정본(定本/正本): 이본들의 비교·대조를 통한 권위 있는 텍스트의 구성

다산학술재단 『정본 여유당전서』, 심경호 역 『서포만필』 외, 심경호 등 주관 문학동네 한국고전문학대계본의 구상이 이에 속한다.

(3) 집일 정본(定本/正本): 기본의 저본만이 아니라 다른 문헌 혹은 금석문에 산재하는 일차 자료를 수집하여 권위 있는 텍스트의 구성

심경호, 『삼봉집』(한국고전번역원, 2013)의 경우, 『삼봉집』에 미수록된 자료를 『조선왕조실록』, 금석문 자료, 『해동문헌총록』 발췌 자료 등을 통해 보완한 사례가 있다.

(4) 연관 자료 연계 혹은 집성 정본(定本): 앤솔러지 형식의 문헌이나 역사 기록물에 연관 자료를 집성하거나 연계시킨 구성

시문 앤솔러지인 『동문선』에 수록된 각 시문을 문집의 현전 여부를 조사하여 연계하는 일, 혹은 역사 기록물인 『조선왕조실록』의 사료를 문집이나 기타 사료와 연계하는 일 등이 절실하다.

고전 해석자들은 고전이 지닌 중층적 의미를 재해석함으로써 고전의 탄력성과 견고성을 확인해 나가야 한다. 뿐만 아니라 고전의 언표 사실에만 주목하지 말고, 언표되지 않은 것, 언표하지 않으려 한 것에 대한 성찰이 필요하다. 이 사실은 하곡 정제두, 저촌 심육, 이계 홍양호와 조선적 양명학의 계승 문제에서 잘 드러난다. 또한 고전 해석자들은 고전의 범위를 한정하지 말고, 표기 체계의 다양성을 고려하여 한국식 한문의 일부 자료들에서도 '고전'을 찾아내야 한다.

고전의 '목록'은 이미 확정되어 있는 것이 아니라 매 시대마다 새로 작성되어야 한다. 고전의 '의미'는 특정한 이념이나 시각에 의해 확정되어 있는 것이 아니라 매 시대마다 발굴되어야 한다. 곧 고전의 세계는 무한히 생성되어야 한다.

나는 『춘향전』, 『홍길동전』, 『구운몽』 등의 온전한 원문이 인터넷에서 검색되지 않는 것에 놀랐다. 췌언할 필요도 없이, 우리 민족의 사상과 감정을 표현하는 데 가장 중요한 표기 체계는 한글이다. 그런

데도 한글 표기의 고전 자료를 데이터베이스로 집성하는 작업을 수행하는 국립 연구 기관이 없다는 것은 기이한 일이다. 속히 '국어국문학자료관' 같은 연구 기관이 설립되어야 하리라고 본다.

심경호　일본 교토 대학에서 문학 박사 학위를 받았다. 현재 고려대학교 한문학과 교수로 한국 한문학사와 한시 및 한문 산문을 강의하고 있으며, 주요 관심 분야는 한문 기초학, 한국 한문학사, 한문 논리·수사학사 관련 문제들이다. 저서로 『조선 시대 한문학과 시경론』, 『국문학 연구와 문헌학』, 『김시습 평전』, 『다산과 춘천』, 『한문 산문 미학』, 『한시의 세계』, 『국왕의 선물』, 『한국 한문기초학사』(전3권) 등이 있고 역서로 『금오신화』, 『서포만필』, 『삼봉집』, 『논어』 등이 있다. 성산학술상, 우호인문학 학술상, 일본 시라카와 시즈카(白川靜) 기념 제1회 동양문자문화상, 연민학술상, 고려대 교우회 학술상 등을 수상했다.

04

근대 한국의 고전

20세기 전반기 문학의 비평적 재검토

이남호 (고려대학교 국어교육과 교수)

1 고전의 탐색

근대와 고전

고전이란 근대에 이르러 만들어진 개념이다. 그것은 오늘날 배우고 본받아야 할 것이 옛것 가운데 있다는 생각에서 나온다. 물론 오랜 세월의 하중과 침식을 견디고 오늘날까지 생명력을 유지하고 있다는 사실 자체가 고전의 의의를 증명하는 것이기도 하다. 책뿐만이 아니라 오랜 세월 동안 사람들이 곁에 두고자 한 것은 그것이 사람들의 삶에 유익하고 필요하기 때문일 것이다. 그러나 정말 삶에 유익하고 필요한 것들은 사람들의 능동적 노력에 의해서 시공을 넘어서 존재하게 되는 측면도 있다. 책을 뜻하는 고전은 특히 그런 면이 있다.

사람들의 능동적 노력이 있더라도 한 권의 책이 고전이 되려면 꽤 오랜 시간이 필요하다. 한 시대는 자기 시대의 작품을 고전으로 만들기 어렵다. 많은 시간의 흐름을 견뎌야 비로소 고전으로서의 무게를 지니게 된다. 시간의 흐름은 새로운 고전을 만들기도 한다. 그리고 일단 고전의 반열에 오른 작품도 더 오랜 세월이 지나면 사람들의 관심에서 멀어지고 고전의 반열에서 밀려날 수도 있다. 고전의 목록은 시대에 따라 조금씩 변하는 것이다.

근대의 지적, 문화적 성취는 대단히 풍성하지만 그 가운데에서 무엇을 고전으로 삼을 것인가를 판단하기에는 시간의 축적이 부족한 편이다. 근대의 작품들도 오늘날 고전의 목록에 자리를 얻고 있지만 아직 충분한 시간의 검증을 거친 것이 아니어서 그 목록이 다소 불안정하고 유동적이고 그에 대한 비평적 합의도 부족한 편이다. 이런 문제는 특히 '근대 한국의 고전'을 생각할 때 심각하게 제기될 수 있다.

고전의 반열에 오를 작품을 선별하는 기준은, 오랜 시간의 흐름 속에서라면 저절로 작동하게 된다. 기준을 따로 궁리하고 적용하지 않아도 오랜 시간은 자연스럽게 고전을 선별해 주는 면이 있다. 그러나 근대의 작품 가운데에서 고전을 능동적 노력으로 선별해야 하는 경우에는 사정이 좀 다르다. 이 경우에는 다시 한 번 고전이란 무엇인가를 물어야 하며 또 그 선별 기준이 무엇인가를 생각해 봐야 한다. 그리고 '근대 한국의 고전'과 관련해서는 기왕에 언급되고 있는 작품들의 고전으로서의 정합성도 재검토해 보아야 한다.

권장 도서와 고전

오늘날 우리 사회가 생각하는 고전의 목록이 무엇인지를 짐작하기 위해서는 소위 '필독 도서 목록'이 하나의 참조가 된다. 꼭 일치하는 것은 아닐지라도 대체로 대학생을 위한 필독 도서 혹은 권장 도서 목록은 주로 고전으로 구성된다. 그래서 우리는 우리 시대의 고전의 목록을 권장 도서의 목록을 통해서 짐작할 수 있다. 18세기 말 독일의 인문주의는 '형성'의 이념을 크게 강조하였고, 이후 형성은 고전 교육의 중요한 근거가 되고 있다. 훌륭한 지성과 감성을 지닌 전인적 인간의 형성을 위해서는 무엇보다 고전을 통한 교육이 바람직하다는 생각은 지금도 고전의 중요성을 떠받치는 가장 중요한 이념이라고 할 수 있다. 이에 대한 상투적 실천의 사례가 가끔 발표되는 대학생 권장 도서 목록일 것이다.

비교적 최근에 발표된 대학생 권장 도서 목록들을 한국 작품을 중심으로 간략히 살펴보자. 먼저 2005년에 발표된 '서울대 학생을 위한 권장 도서 100선' 가운데 한국 작품은 22편이 선정되었고 그 가운데에서 근대에 해당하는 작품은 열한 작품이다. 이광수『무정』, 염상섭『삼대』, 박태원『천변 풍경』, 이기영『고향』, 채만식『탁류』, 강경애『인간 문제』, 정지용『정지용 전집』, 백석『백석 시 전집』, 황순원『카인의 후예』, 박경리『토지』, 최인훈『광장』이 그것이다. 모두 문학 작품이고, 정지용과 백석을 제외한 아홉 편이 소설이다.

2007년에 발표된 연세대학교 필독 도서는 문학 분야 100선과 비문학 분야 100선을 합하여 모두 200선으로 되어 있다. 문학 분야 100선 가운데에서 한국 문학은 23종이 선정되었고 그 가운데 근대 이후의 작품이라 할 수 있는 것이 13종이다. 유길준『서유견문』, 이광수『무정』, 염상섭『삼대』, 홍명희『임꺽정』, 이기영『고향』, 박태원『천변 풍경』, 채만식『태평천하』, 정지용『정지용 전집』, 윤동주『하늘과 바람과 별과 시』, 김수영『김수영 전집』, 박경리『토지』, 조세희『난장이가 쏘아 올린 작은 공』, 최인훈『광장』이 그것이다. 유길준의 『서유견문』을 문학 작품 목록에 포함시킨 것이 눈에 띄며, 정지용, 윤동주, 김수영을 제외한 아홉 편이 소설이다.

고려대학교 세종캠퍼스에서도 2010년에 권장 도서 100선을 발표하였는데, 이 목록은 성격이 조금 다르다. 교수 열 명에게 대학생이 읽을 만한 책들을 추천받아서 모은 것으로 보이는데, 그래서인지 최근 출판 시장과 독서계에서 주목을 끈 책들이 여럿 선정되어 있다. 목록 전체의 성격을 조감하는 관점이 별로 느껴지지 않는, 전체적으로 고전으로서의 일관성이 떨어져 다소 산만한 느낌을 주는 도서 목록이라 하겠다. 한국 책의 비중이 높아 30여 종에 이르는데, 그 가운데에서 근대 한국의 고전에 참조가 될 만한 문학 작품은 홍명희『임꺽정』, 박완서『그 많던 싱아는 누가 다 먹었을까』, 최인훈『광장』, 조정래『태백산맥』, 박경리『토지』, 조세희『난장이가 쏘아 올린 작은 공』정도이다.[1]

세 권장 도서 목록에 모두 선정된 작품은 박경리『토지』와 최인훈『광장』이다. 이광수『무정』, 염상섭『삼대』, 이기영『고향』, 박태원『천변 풍경』, 홍명희『임꺽정』과 정지용의 시가 두 번 선정되었으며, 채만식은 작품을 달리하여 두 번 선정되었다. 이러한 작품들은 일단 현재 우리 사회에서 근대 한국의 고전으로 어느 정도 인정되고 있는 것으로 판단된다. 여기서 우리는 근대 한국 문학의 고전의 범주를 어느 정도 짐작할 수 있다. 그러면서 이 범주의 주변에서 상당한 혼란이 함께 감지되는 것이 현실이다.

이에 우리는 이 작품들이 다른 작가의 작품들에 비해서 고전으로서의 확실한 중요성의 우위를 지니는지 다시 생각해 볼 필요가 있다. 즉 이러한 범주에 대한 비평적 재검토 및 보완이 필요하다고 보인다. 이 작품들 가운데 고전으로서의 의의가 다소 의심스러운 작품이 있을 수도 있으며, 고전으로서의 중요한 의의를 지니는 다른 작품들이 있을 수도 있다. 이 글이 근대 한국 문학의 고전의 범주에 대한 비평적 재검토 및 보완에 조금이나마 실질적인 도움이 되기를 희망한다.

문학사와 고전

문학사의 작품 목록과 고전의 작품 목록은 상당 부분 겹친다. 고전이란 문학사에 길이 남을 만한 중요한 작품이 되기 때문이다. 그러나 두 목록이 꼭 일치하는 것은 아니다. 때로는 문학사적으로 중요한 의의를 지니지만 고전으로서는 그만큼의 의의를 지니지 못하는 작품이 있을 수 있다. 그럼에도 문학사의 가치가 고전으로서의 가치와 혼동을 일으키는 경우도 있다. 대표적인 사례가 이광수의 『무정』이 아닌가 한다.

주지하다시피 이광수의 『무정』은 한국 최초의 근대 소설로서 부동의 문학사적 지위를 지닌다. 연재 당시의 대중적 호응도 면에서도 특별한 작품이라 하겠다. 『무정』이 발표된 지 40년이 지난 1958년에 김팔봉은 이광수와 『무정』에 대해서 다음과 같이 언급하고 있다.

> 춘원은 우리가 귀중히 받드는 최초요, 최대의 작가입니다. 여기서 최초라 말하는 것은 우리의 신문학이 춘원으로부터 시작된 까닭이요, 최대라 말하는 것은 신문학 발전 50년 동안 지금까지 춘원만큼 커다란 존재가 나타나지 못하고 있는 까닭입니다. (……) 『무정』은 1917년 처음으로 우리나라에서 나온 순전한 국어로써 이루어진 장편으로서, 새로운 사상과 감정을 가득히 담은 것입니다. 여기서 춘원이 높이 부르짖고자 한 것은 새로운 연애관이요, 새로운 도덕률이요, 대한민족의 자주독립 정신을 앙양시키는 것이요, 선진 자본 국가를 속히 따라가야겠다는 그러한 사상입니다.[2]

『무정』은 한 세기 전의 작품이고 위 평가는 반세기 전의 것이지만, 여기서 우리는 춘원과 『무정』에 대한 후광을 짐작할 수 있다. 이에 『무정』은 근대 한국 문학사에서 가장 중요한 작품이 되었고, 그렇

게 유명하고 중요한 작품은 모든 젊은이가 읽어야 마땅할 필독 도서
가 되었다. 앞서 서울대학교와 연세대학교의 대학생 필독 도서 목록
에서도 보았지만, 이와 유사한 필독 도서 목록에서『무정』이 빠지는
경우는 드물다 하겠다.

『무정』은 발표될 당시 즉 지금으로부터 한 세기 전의 관점에서
보면 정말 놀라운 작품이라고 생각된다.『무정』에서 보여 주는 춘원
의 유려하고 자연스러운 순 한글 문장은 당시로서는 놀라운 것이며
감각적이고 현실적인 문체 그리고 새로운 시대정신을 열어 가는 그
의 사유와 관념은 기념비적인 것이었다. 실로『무정』은 근대 한국 문
학의 첫 장을 연, 문학사적 사건이라고 하겠다.

그러나 아쉽게도 오늘의 관점에서 보면『무정』은 억지스럽고 공
감하기 어려운 작품이다. 인물들의 성격이나 삶이 부자연스럽고 사
건의 개연성도 떨어진다. 형식의 이중성과 우유부단함은 형식의 성
격이라기보다는 성격 창조의 실패로 보이며, 영채의 파란만장한 삶
에는 현실이 심하게 왜곡되어 있다. 작가가 내세우는 새로운 사상이
라는 것도 그 깊이 없음으로 하여 지금의 관점에서는 생명력과 설득
력을 갖지 못하는 것으로 보인다. 이 작품을 읽고 오늘의 독자들이 무
엇에 공감하며 무엇을 사유하고 무엇과 실존적 대화를 나누게 될지
의문이다. 필자로서는 오늘의 젊은이들이『무정』을 꼭 읽어야 할 이
유를 찾기 어렵다. 만약 한국 문학사에서 소중한 작품이기 때문에 읽
고 알아야 한다면 그것은 한국 문학을 전공하는 일부 학생들의 문제
가 아닐까 한다.『무정』과 같은 작품을 일반 대학생이나 심지어는 일
반 중·고등학생에게까지 고전으로서 읽기를 강요하는 것은 고전 교

육의 역효과를 초래하는 것이 아닐까 우려되기도 한다. 아마도 근대
한국의 고전과 관련하여 이와 같은 문제는『무정』이외에도 여럿 있
을 것이다.

고전의 조건

『무정』이 그 문학사적 의의나 유명도에도 불구하고 반드시 읽어
야 하는 작품인지에 대해 의문이 생기는 것은 오늘의 독자에게『무
정』의 독서가 지적, 내면적 성숙에 기여하는 바가 크지 않기 때문일
것이다. 사실 어떤 책이 독자의 지적, 내면적 성숙에 기여하는 바가
무엇이고 또 얼마만큼인지를 간단히 판단할 수는 없는 일이다. 개인
적 독서 경험의 편차가 클 뿐만 아니라 일반적 독서 경험의 내용도
객관화하기 쉽지 않기 때문이다. 그렇지만 고전이 좋은 책으로서 지
니고 있는 좋은 자질을 거칠게 요약해 볼 수는 있다. 필자는 그것을
세 가지로 나누어 생각해 본다.

첫째, 고전이 되는 좋은 책은 인간과 삶에 대한 깊고 정직한 이해
를 보여 준다. 좋은 책, 특히 좋은 문학 작품들은 인간의 모순됨과 허
약함 그리고 욕망의 파국적 힘에 대해서 깊은 이해를 드러낸다. 삶의
우여곡절에 작용하는 힘에서 도덕이나 가치 또는 합리성에 의해 제
어되는 부분이 의외로 작다는 것도 잘 보여 준다. 또한 그럼에도 불구
하고 인간과 삶이 지향해야 할 가치와 태도에 대해서 그리고 그 속에
서 꽃피는 아름다움에 대해서 알게 해 준다. 이러한 인간과 삶에 대한
이해는 연역적 지식이나 이해의 그릇에는 잘 담기지 않는다. 그것들
은 풍부한 구체적 세부들에 대한 체험을 통해 귀납적으로 습득될 수

있다. 고전의 목록 가운데에서 문학의 비중이 큰 까닭은 바로 이러한 이유 때문일 것이다. 이러한 좋은 자질을 고전이 지닌 형성의 힘이라고 말해도 좋을 듯하다.

둘째, 고전이 되는 좋은 책은 삶과 세계에 대한 근원적인 물음을 던지고 그에 대한 사유의 힘을 보여 준다. 대개의 경우 삶과 세계에 대한 근원적인 물음은 되풀이해서 물어야 하고 또 되풀이해서 새롭게 사유되어야 한다. 고전은 이런 물음과 사유를 자극하고 도와주고 발판이 되어 준다. 가령 근원적인 물음을 높은 산에 오르는 등정에 비유한다면, 고전은 과거에 그 산을 등정했던 자의 등정기와 같다고 할 수 있다. 우리는 그 등정기에 의존해서 거기에 큰 산이 있음을 알고 또 보다 적은 위험과 수고로 산에 오를 수 있다. 이는 고전이 지닌 탐구의 힘이라고 말할 수 있다.

셋째, 고전이 되는 좋은 책은 존재와 세계에 대한 새로운 관점을 지니고 그에 따라 새로운 통찰을 보여 준다. 새로운 관점과 새로운 통찰은 존재와 세계에 대한 우리의 이해 지평을 넓혀 준다. 지금까지 존재하고 있었지만 인식의 그물에 잡히지 않았던 존재와 세계의 모습, 혹은 시대의 변화에 따라 새롭게 나타난 존재와 세계의 모습을 드러내 보일 수 있는 책이 그러한 책이다. 소설가 밀란 쿤데라는 아예 이러한 자질을 소설의 유일한 존재 이유라고 주장한다. 그는 "이제껏 알려지지 않은 존재의 부분을 찾아내려 하지 않는 소설은 부도덕한 소설이다."라고, "유럽 소설의 역사를 이루는 것은 발견의 계승"이라고 말한다.[3] 쿤데라의 말을 빌려서 이러한 고전의 자질을 발견의 힘이라고 할 수 있겠다.

이와 같은 형성과 탐구와 발견의 힘이 따로따로 또는 서로 섞여서 고전의 고전다움을 담보한다. 물론 여러 고전이 지닌 또 다른 좋은 자질이 있을 것이나, 형성과 탐구와 발견을 다소 무디고 불충분한 대로 고전의 기준으로 삼아도 좋지 않을까 한다. 이러한 자질을 결여한 책이라면 독서의 보람과 효용을 얻기 어려울 것이며 나아가 독서를 권장할 이유를 찾기도 어렵다.

근대 한국과 고전

우리는 흔히 5000년의 찬란한 문화유산을 자랑한다. 국수적 편애로부터 완전히 자유롭기가 어렵기 때문에 그 찬란함이 어느 정도인지 객관적으로 가늠하기는 아주 어렵다. 개인적으로는 어느 정도 민족적 자부심을 느껴도 될 정도로 꽤 수준 높은 문화유산을 지닌 민족이라고 생각한다. 그런데 저술과 관련하여서는 훌륭한 유산이 얼마나 있을까? 우리뿐만 아니라 세계인에게 독서를 권장할 만한 고전으로는 어떤 책이 있을까? 조심스럽지만 근대 이후만 간단히 생각해 보겠다.

주지하다시피 우리의 근대화는 매우 어려운 과정이었다. 생존에 급급했지 존재와 세계를 탐구할 여력이 거의 없었다. 전근대는 파괴되었고 근대는 불완전하고 불행하게 다가왔다. 한글이란 매체도 거의 처음 사용하듯 새로 다듬어 써야 했다. 이런 악조건 속에서도 선각자들은 생각의 갈피를 잡고 적지 않은 저술을 남겼다. 그러나 아무래도 지금의 독자들이 일반적인 교양 독서의 대상으로 삼을 만한 저술은 그리 많지 않은 듯하다. 그나마 문학 작품을 제외한 기타 저술의 경우는 어쩔 수 없이 빈한한 모습을 보여 준다. 이러한 사정은 20세기 끝 무렵에 이르러서야 달라진다.

문학 작품을 제외하고 고전으로 불릴 만한 저술로 어떤 것이 있는지 답하기는 쉽지 않다. 청소년이나 대학생 권장 도서 목록에 가끔 언급되는 저술로 김구의 『백범일지』와 유길준의 『서유견문』이 있지만, 이 두 권의 책도 앞서 언급한 고전의 기준을 염두에 둔다면 약간의 유보가 있을 수밖에 없다. 『백범일지』와 『서유견문』은 책 자체의 내용보다도 저자의 애국심과 관련하여 더 큰 의미를 지니는 책이 아닌가 한다.

이런 사정과 더불어 필자의 좁은 학식을 핑계 삼아 근대 한국의 고전을 좁게 한정해서 논의하고자 한다. 한정의 조건은 두 가지다. 하나는 문학 작품에 국한해서 고전을 생각해 본다는 것이고, 다른 하나는 20세기 전반기에 발표된 작품을 대상으로 한다는 것이다.

2 근대 한국의 고전 작품

김소월의 『진달래꽃』

김소월(1902~1934)은 삶의 슬픔과 고달픔을 노래한 시인이다. 김소월은, 시조나 가사와 같은 한국의 전근대적 시 형식과 시정신이 쇠퇴한 이후 처음으로 그 빈자리를 당당하게 채우며 한국적 시 형식과 시정신의 근대적 면모를 보여 주는 시를 많이 발표했다. 그의 시가 보여 주는 시 형식과 시정신은 너무나 친숙하고 자연스러운 것이어서 마치 오래전부터 우리에게 있던 것처럼 느껴진다. 그래서 김소월을 민요 시인이라고 부르기도 한다. 그의 시는 오래된 것의 친숙함과 안정감을 지니고 세월이 흘러도 신선한 생명력을 유지하고 있다. 그중 『진달래꽃』(1925)은 그의 생전에 발간된 유일한 시집이며, 시인의 대표작을 거의 망라한다.

김소월의 시들은 시라는 언어 형식으로서만 존재할 수 있는 아름다움과 시라는 언어 형식으로서만 표현될 수 있는 존재의 내면에 대해 눈뜨게 해 준다. 「산유화」, 「초혼」, 「엄마야 누나야」, 「접동새」, 「금잔디」 등과 같은 작품을 읽다 보면 묘한 정서에 휩싸이게 된다. 그것은 의미를 통해서 전달되는 것이 아니라 소리가 앞장서서 전달하는 정서이기 때문이며, 언어 자체가 가진 자질들이 의미의 일부분과 상호 작용하면서 특별한 미적 공간을 만들기 때문이다. 그리고 이 미적 공간에서 만나게 되는 삶의 슬픔과 고달픔은 시라는 언어 형식으로서만 표현될 수 있는 존재의 근원적 일면이기도 하다. 가령 "엄마야 누나야 강변 살자"라는 구절에는 엄마와 누나와 강변이라는 단어의 조합이 만드는 어떤 종류의 의미가 분명히 있다. 그 의미는 우리가 통상적으로 사용하는 의미와는 사뭇 달라서 별 의미 없이 들리기도 한다. 그것은 의미이기도 하지만 동시에 의미가 아닌 것이기도 하며, 소리와 운율이 결합하여 비로소 하나의 미적 공간을 만든다. 그리고 그 미적 공간은 우리 내면에 자각되지 않은 채 잠재해 있던 어떤 종류의 슬픔과 그리움을 자각하게 해 준다. 이것이 「엄마야 누나야」라는 시를 읽고 우리가 얻는 것이라 할 수 있다.

흔히 김소월 시의 슬픔과 고달픔을 가혹한 식민지 시대에 대한 시인의 개인적 발언이라고 해석한다. 이런 해석이 틀린 것은 아니지만, 그래도 일반적인 교양 독서의 경우 김소월의 시를 식민지 시대를 이해하기 위한 텍스트로 읽는 것은 적절하지 않다. 오늘날 우리는 김소월의 시에서 식민지 시대의 괴로움이나 시인의 불행이 아니라 우리 존재의 근원적 일면을 이루는 슬픔과 외로움을 아름답게 자각한다. 「산유화」 같은 시에서 보이는, 느낄 수는 있지만 좀처럼 설명되기 어려운 아름다움과 외로움과 슬픔은 바로 우리 내면에 있는 숨은 존재의 일부인 것이다. 이렇게 본다면 김소월의 시를 읽는 것은 자신의 존재를 더 깊이 만나는 일이 되는 것이며, 나의 슬픈 존재성을 아름답게 만드는 일이 된다. 이것은 고전의 독서가 우리에게 주는 한 부분일 것이다.

한용운의 『님의 침묵』

한용운(1879~1944)의 『님의 침묵』(1926)은 김소월의 『진달래꽃』과 함께 1920년대의 열악한 사회적·문단적 상황에서 기적과 같은 시집이라 할 수 있다. 승려요 독립운동가인 한용운은 『님의 침묵』 한 권으로 한국 현대 시사에서 가장 중요한 시인 가운데 한 사람이 되었다. 한시와 시조 그리고 소설도 저술하였지만, 그의 문학적 업적은 거의 『님의 침묵』 한 권으로 가늠된다고 하겠다.

88편의 시와 시인의 후기로 이루어진 『님의 침묵』은 매우 정제된 짜임새를 지닌 시집이다. 시의 배치도 그러하여 『님의 침묵』을 한 편의 장시 또는 연작시로 보아도 무방할 정도다. 이러한 구성의 정제된 형식성은 그 자체로 깊은 미적 질서를 체험하게 해 준다. 그러나 이

점은 『님의 침묵』이 지닌 작은 미덕에 불과하다.

시집 『님의 침묵』이 지닌 고전으로서의 미덕 중 하나는 화려하고 적절한 비유이다. 『님의 침묵』만큼 탁월한 비유법을 보여 주는 시집은 드물다. 비유는 시의 본질이며, 언어의 한계를 넘어서 사물과 진리를 표현할 수 있는 흥미로운 언어 사용법이다. 「님의 침묵」에서 시인은 임이 떠났음에도 임을 포기할 수 없는 화자의 심정을 임이 '침묵'하는 상황에 비유했다. 또 "황금의 꽃같이 굳고 빛나던 옛 맹서는 차디찬 티끌이 되어서 한숨의 미풍에 날아갔습니다./ 날카로운 첫 키쓰의 추억은 나의 운명의 지침을 돌려놓고, 뒷걸음쳐서 사라졌습니다."와 같은 구절에서 화려한 비유는 독자를 사로잡는다. 『님의 침묵』 속에 가득한 이런 비유들을 당대의 어떤 시인도 구사하지 못했다.

한용운 시의 놀라운 비유는 어디에서 온 것일까? 흔히 한용운의 시가 타고르 시의 영향을 받았다고 한다. 필자의 생각으로는 『님의 침묵』이 타고르의 시에 자극을 받아 창작되었다 할 수 있지만 거기에 타고르의 영향은 별로 없는 듯하다. 특히 화려한 비유법은 타고르보다는 한용운에게 익숙했던 불교 경전의 비유법으로부터 빌려 온 것이 아닌가 한다. 모든 경전이 그러하지만 특히 불교 경전들은 이율배반적이고 모순적인 불교 교리를 설명하기 위해서 멋진 비유법을 구사해 온 오랜 전통을 지니고 있다. 한용운은 오랜 불교 경전 공부를 통해서 이러한 비유법에 익숙했고, 그것을 『님의 침묵』에서 적극 활용한 것으로 보인다.

어쨌든 좋은 비유는 언어의 한계를 넘어서서 세상의 비의(秘義)를 엿볼 수 있게 해 준다. 즉 좋은 비유는 그 자체로 존재와 세계에 대한 공부가 되는 것이다. 『님의 침묵』에서도 화려한 비유는 주제와 표리의 관계를 이룬다. 필자는 『님의 침묵』의 주제가 아름다움이나 소중한 것이나 그리운 것들의 존재 방식에 대한 탐구라고 생각한다. 가령 "바람도 없는 공중에 수직의 파문을 내이며 고요히 떨어지는 오동잎은 누구의 발자취입니까."에서와 같이 그것들은 순간 속에 현현하고 비유나 암시로서만 모습을 드러낸다. 이 주제를 소홀히 하고 『님의 침묵』을 불교 교리로 환원하거나 식민지 시대에 대한 저항으로 풀이하는 해석은 이 시집의 미덕을 크게 축소하는 것일 수 있다. 『님의 침묵』은 아름다운 것, 소중한 것, 그리운 것들의 모순되고 비합리적인 존재 방식과 그것들에 다가가는 우리의 태도에 대해서 노래한다. 그 모순된 존재 방식과 그에 따른 우리의 태도는 비유로서만 암시될 수 있다. 이 때문에 『님의 침묵』에서 비유와 주제가 표리를 이룬다고 한 것이다.

염상섭의 「만세전」, 『삼대』

염상섭(1897~1963)의 「만세전」은 1924년에 발표된 중편 소설이고, 『삼대』는 1931년에 발표되고 1947년에 출간된 장편 소설이다.

먼저 「만세전」은 제목이 의미하듯이 3·1운동 직전 조선의 사회 상황을 그린 작품이다. 중편 분량에 불과한 비교적 짧은 소설이지만, 높은 수준의 리얼리즘을 성취한 작품이라고 하겠다. 동경 유학생인 이인화가 며칠 동안 고향을 방문하는 과정에서 겪은 일들을 그린 것인데, 불행한 시대가 한 개인에게 어떤 힘들로 작용하는지를 무리 없이 잘 보여 주고 있다. 주인공 이인화는 고향을 방문하지만 참담한 현실을 더욱 절실하게 느낀다. 그는 애정 없는 아내의 병, 집안 사정의 변화, 친지와 친구들과의 어긋남과 불화 등으로 마음 둘 곳을 주변에서 찾지 못한다. 아울러 그의 삶을 밖에서 둘러싸고 있는 사회 현실도 여러 가지 면에서 암울하기만 하다. 그의 불행은 개인적인 사건과 암울한 사회 현실이 복잡하게 뒤얽힌 결과다.[4] 이 과정을 그림에 있어서 「만세전」이 보여 주는 관점과 어조와 구성은 독자들에게 신뢰감을 준다. 그것은 예민한 감수성으로 포착된 현실이며, 정직하게 묘사된 상황이라는 느낌을 준다. 독자들은 이인화가 처한 암담한 처지에 동감하면서, 그의 불행에 관여하는 부정적 힘이 여럿임을 알게 되고 또 그 여럿의 힘이 상호 연관되어 있음을 은연중에 눈치채게 된다. 또 세상 사람들이 각자 다른 관점과 태도로 어리석고 이기적인 삶을 살아가고 그 속에서 외로움을 느낀다는 사실도 알게 된다. 이처럼 「만세전」은 당시의 시대 상황에 대한 사실적인 진단이라는 의의뿐만 아니라 개인의 불행이 사회의 타락과 어떻게 연관이 되는지와 타락해 가는 세계 속에서 한 사람이 느끼는 외로움과 암울함이 어떤 것일 수 있는지를 느끼게 해 준다는 의의를 지니는 작품이다.

『삼대』는 보다 큰 관점에서 당대 현실을 그려 낸다. 『삼대』는 「만세전」의 확대판이라는 성격도 있다. 이인화의 부친과 형은 『삼대』에서 조덕기의 조부와 부친의 성격과 비슷한 면이 있다. 조부를 통해 대변되는 구시대의 정신도 타락했고, 부친으로 대변되는 개화 정신도 타락했다. 그 가운데에서 조덕기는 암울한 시대를 방황한다. 그 방황의 갈래마다 여러 인물들이 배치되어 있어서 시대의 여러 모습을 보여 준다. 『삼대』는 「만세전」보다 더 복잡한 구조와 더 많은 인물과 더 많은 사건들로 이루어져 있지만,「만세전」과 근본적으로 유사한 의의를 지닌다.『삼대』는 당시의 식민지 현실을 잘 보여 주면서도 동시에 타락한 시대에 사람들이 어떤 타락과 몰락과 불행을 겪게 되는가를 보편적으로 보여 주는 인간 드라마이기도 하다.

이기영의 『고향』

이기영(1895~1984)의 『고향』(1933~1934)은 식민지 시대 농촌을 배경으로 핍박받는 농민들의 삶과 투쟁을 그린 작품이다.『고향』의 장점은 무엇보다 다양한 인물들의 성격이라고 할 수 있다. 각양각색의 인물들은 제각기 기구한 사연과 강력한 개성을 지니고 서사의 진행에 활력을 준다. 야비한 마름으로 동네 사람들을 괴롭히는 안승학이 돈을 모은 과정이나 그가 이익을 취하려고 꾸미는 술수는 매우 흥미롭다. 가령 원두막을 짓기 위한 계산이나 권상철의 재산을 뺏으려는 계략을 보면 안승학이 얼마나 계산과 계략에 능한 악인인가를 알 수 있다. 안승학은 주인공인 김희준을 오히려 압도하는 성격을 보여 준다. 다양한 주변 인물들의 성격도 매우 강렬하다. 우선 원칠이 가족들은 가난하고 무식하지만 건강한 심성을 지닌 농민들의 모습을 대변하는 면이 있다. 특히 우직한 인동이의 성격이 인상적이며, 방개와의 사랑도 건강한 생명력을 느끼게 해 준다. 원칠이 가족 이외에도 김선달, 조 첨지, 곽 첨지, 음전, 방개, 쇠득이네, 경호, 박수월, 숙자 등 많은 주변 인물이 생동감 있는 성격을 보여 준다.『고향』의 독서는 무엇보다 이 다양한 인물들이 각자의 사연과 욕망을 안고 어려운 상황을 살아가는 모습을 살피는 것이라 하겠다.

『고향』의 풍성함은 인물의 풍성함이면서 동시에 사건의 풍성함이다. 사건의 경우도 중심 사건보다 주변적 사건들이 더 흥미롭다. 경호의 출생 내력은 너무 기구하여 그 자체로 소설적 흥미에 값한다. 쇠득이네와 백룡 모친의 싸움도 박진감 넘친다. 임신한 음전이가 수해로 무너진 벽에 깔려 다치는 사건의 전말도 가슴이 아프다. 가난하고 무식하고 비천한 삶을 극적으로 보여 주지만 동시에 거기에는 민중의 강한 생명력이 느껴진다. 방개를 가운데 두고 인동이와 막동이가 벌이는 싸움도 흥미롭고, 갑숙이와 경호를 둘러싼 안승학과 권상철의 갈등이 진행되는 과정도 예사의 짐작을 넘어서는 것이다. 그러나 소설의 결말을 이끌어 내는 후반부의 줄거리는 매우 작위적이어서 실망스럽다. 사건의 해결은 엉뚱하게 갑숙이의 힘으로 이루어진다. 공장에 위장 취업한 갑숙이의 행적과 사건 해결에 결정적 도움을 주는 갑숙이의 행동은 개연성이 떨어진다.

그러나 결말 부분의 단점이 『고향』의 장점을 가리지는 못한다. 『고향』의 장점은 주변 인물들과 주변 사건들의 풍성함에 있다. 이 풍성함이 민중의 생명력을 담보하고 독서의 재미를 더해 준다. 그리고 이 풍성함은 작가의 성실하고 넉넉한 문체에 의해서 잘 표현되고 있다.

이효석의 단편

이효석(1907~1942)의 소설 가운데에서 특히 주목되는 작품은 「수탉」, 「돈」, 「산」, 「들」, 「메밀꽃 필 무렵」 등 동물이나 자연을 주요 모티프로 삼은 단편들이다. 이효석은 현실의 암울함을 그린 작품도 썼고, 도시적 취향과 성적 탐닉을 보여 주는 작품도 썼지만, 그런 작품들은 고전으로서의 자질이 미흡하다고 하겠다.

1933년에 발표된 「수탉」이나 「돈」은 시골 생활을 배경으로 수탉과 씨돼지에 의탁해서 주인공의 신세를 그린 작품이다. 단순한 작품이지만 수탉과 씨돼지에 대한 묘사가 박진감이 있으며, 주인공의 고뇌와 갈등이 있긴 하지만 결국 사람의 삶과 짐승의 삶이 하나로 어우러진 평화로운 세상을 엿보게 하는 면이 있다. 우리는 이러한 작품을 읽으면서 짐승과 자연과 인간이 하나의 질서 혹은 하나의 존재 방식 안에 있음을 느낄 수 있다. 그리고 이 느낌은 추악한 차원이 아니라 소박하고 겸허한 차원에서 인간과 짐승이 크게 다를 바가 없다는 긍정의 태도와 연결된다.

3년 뒤에 연이어 발표된 「산」과 「들」은 지친 삶에 위안을 주고 부당한 생활의 공격으로부터 잠시 피할 수 있는 피난처가 되어 주는 자연이 아름답게 묘사된다. 자연은 그 자체로 아름다운 것이어서 미적 감각의 근원이 되지만, 특히 언어로 묘사된 자연의 아름다움은 낯설게하기의 효과를 가지고 우리에게 자연 친화적 태도를 길러 준다. 「산」과 「들」은 자연이 얼마나 아름다운가를 보여 주고 자연의 일부로 사는 것이 매우 멋진 일이라는 일종의 환상 혹은 부분적 진실을 심어 준다. 이 환상은 문명 속에서 생활하는 인간들이 지니고 있는 왜곡된 자연관에 긍정적 영향을 미칠 것이다.

이효석의 짐승과 자연은 인간의 욕망과 본성을 단순한 원시적 야성의 자연스러움으로 환원시킨다. 이것은 인간에 대한 지나친 단순화이겠지만 문명화된 인간들이 늘 환기하고 거기로 되돌아가서 다시 시작해야 할 원점이기도 하다. 이효석 소설의 이러한 의의가 거의 완벽한 예술적 형식을 얻은 작품이 「메밀꽃 필 무렵」(1936) 이다. 이 작품에서 당나귀는 「수탉」이나 「돈」에서처럼 주인공의 분신인 짐승이다. 그리고 아름다운 달밤의 메밀밭은 「산」과 「들」에서처럼 주인공의 지친 삶을 어루만져 주는 자연이다. 이 짐승과 자연은 허 생원의 초라한 삶을 긍정해 주는 근거가 된다. 이 근원적이고 당연한 관계 속에서 허 생원의 욕망도 흘러가고 굴곡진 삶도 흘러가고 혈육에 대한 그리움도 흘러간다. 그리하여 이 작품은 사람이 어떤 삶을 살아도 결국은 자연의 일부라는 것, 그래서 아름답다는 것을 겸허하게 받아들이게 하는 것 같다.

정지용의 『정지용 시집』, 『백록담』

정지용(1902~1950?)은 한국 시에 감각과 언어에 대한 새로운 지평을 열어 준 시인이다. 정지용은 흔히 감각적 이미지의 시인, 시가 언어 예술임을 탁월하게 실천한 시인으로 불린다.

『정지용 시집』(1935)에서 우리는 매우 섬세한 감각과 인식으로 포착된 구체적인 시공간을 만날 수 있다. 그의 시는 시간에도 예민하고 공간에도 예민하다. 시간은 짧게 나뉘어 순간들을 드러내고 공간은 좁게 집중되어 밀도 높은 정서를 드러낸다. 「유리창1」이나 「바다」 같은 시가 지닌 의의는 밀도 높은 정서의 시공간을 체험시켜 준다는 데 있다. 「유리창1」이나 「바다」를 읽을 때 우리는 어두운 밤에 유리창 밖을 멍하니 내다보는 슬픈 시인과 함께 그 시공간을 체험하며, 또 파도가 모래를 데리고 발가락 사이를 빠져나가는 바닷가에 서 있는 시인과 함께 그 시공간을 체험한다. 시를 통한 이러한 감각적 체험은 그 자체로 미적 체험이며, 또 세계를 만나는 우리의 감각을 섬세하게 세련시켜 주는 공부가 될 것이다.

『백록담』(1941)의 시들도 섬세한 감각과 인식을 보여 준다. 가령 「비」 같은 시는 갑자기 비가 내리는 마당의 스산한 풍경을 세밀하게 그리고 있으며, 「인동차」는 외딴집에서 견디는 북방의 겨울을 풍부한 감각으로 그려 내고 있다. 단순한 묘사 속에 풍성한 감각과 정서가 들어 있다. 그렇지만 여기서 그려지는 시공간은 『정지용 시집』의 시들과는 조금 다르다. 『백록담』의 시간은 상대적으로 긴 시간으로 그 흐름이 잘 느껴지지 않는다. 그리고 그 공간은 깊은 산속 또는 높은 산 위다. 「백록담」이나 「장수산」, 「구성동」과 같은 시 제목에서부터 그러한 공간이 짐작된다. 그 시공간은 시간이 멈춘 듯하고 속세로부터 멀리 떨어진 곳으로 고요하고 정일하다. 그곳은 "꽃도/ 귀향 사는 곳"이며, "물도 젖어지지 않아/ 흰 돌 위에 따로 구르"는 그런 곳이며 "책력도 없는 산중"이다. 이런 이미지들은 과거의 선비들이 정신적 의지처로 삼았던 산수화의 미학에 닿아 있는 것일 수 있다. 과거의 산수화처럼 『백록담』의 시들은 세속적 일상을 벗어난 시공간으로 우리를 데리고 간다. 거기서 우리는 누추한 일상이 삶의 전부가 아님을 생각하게 되고 나아가 우리의 정신이 고양됨을 느낄 수 있다.

홍명희의 『임꺽정』

『임꺽정』은 홍명희(1888~1968)가 1928년부터 신문에 연재했지만 결국 끝내지 못한 미완의 장편 소설이다. 조선 명종 때의 도적 임꺽정을 주인공으로 내세워, 조선 시대의 풍속과 언어를 잘 보여 주고 있는 흥미로운 작품이다. 보통의 고전들이 소위 '부담 없이 읽는 재미'가 없는 데 반하여 이 작품은 마치 대중 소설처럼 부담 없이 재미 있게 읽힌다. 사실 통속적인 부분도 없지는 않다.

이 작품에 대하여 "봉건 제도 모순 아래서 고통 받는 하층 민중들의 일상적인 삶과 투쟁을 주로 그려 내는 민중사 중심의 역사 소설"이라는 평가가 있다. 천한 백정 출신의 임꺽정과 그 주변 인물들이 시대의 모순과 탐관오리에 대항하여 싸우는 이야기라는 점에서 어느 정도 인정할 수 있는 견해다. 그러나 이 작품의 의의를 민중이나 계급의 관점에서만 보는 시각은 너무 편협하다. 작가 자신도 이 작품을 쓴 의도가 민족 문화를 말살하려는 일제에 맞서 '조선 정조(情調)'를 표현하여 조선의 풍속과 문화와 언어를 기록해 두려는 것이었다고 말한 바 있다.

사실 『임꺽정』이 지닌 으뜸가는 의의는 조선 시대의 풍속과 사회상을 풍성하게 보여 준다는 점이라 할 수 있다. 관청의 검시(檢屍)나 효수(梟首) 과정, 최 장군 사당의 제사나 단오굿, 말 타는 법, 면례 등등이 잘 묘사되어 있어, 춘원은 이 작품을 일러 "조선의 사생(寫生)이요, 지나간 조선의 레코드"라고 했다. 이런 점은 비단 사회 제도나 풍속에 국한되는 것이 아니고, 수많은 등장인물의 살아가는 이야기를 통해서도 드러난다.

조선의 정조, 조선의 사생과 관련하여 언어 문제가 빠질 수 없다. 당연하게도 『임꺽정』은 연재 당시에 이미 '조선어의 보고(寶庫)'라는 칭찬을 받았다. 지금은 사라진 많은 토박이말이 구사되며, 지금은 잘

쓰지 않는 낯선 한자어들도 풍부하고 적절한 용례를 자랑한다. 특히 주목되는 것은 그 자체로 풍속의 일부를 이루는 관용구들의 숨은 의미를 잘 드러내고 있다는 점이다. '야단법석', '꾁쥐 온다', '옥견이 솜씨', '두문불출' 같은 관용구에는 조선적 삶과 정서가 짙게 배어 있다.

우리는 『임꺽정』을 읽으면서 조선 시대 사대부와 민중의 삶을 매우 구체적으로 만날 수 있다. 그리고 그 당시의 사회상과 정서를 짐작할 수 있으며, 수많은 인물들의 다양한 삶을 만날 수 있다. 현재 우리가 살고 있는 세계와 다른 점도 있고 같은 점도 있는 큰 세계를 만나게 해 줌으로써 『임꺽정』은 20세기 전반 최고의 역사 소설이 된다.[5]

백석의 시

백석(1912~1996)은 1936년 미발표작 26편을 포함한 33편의 시를 묶어 시집 『사슴』을 펴냈고, 이후 약 10년간 문단의 주목을 받으면서 작품 활동을 했다. 지금까지 알려진 백석의 시는 약 95편이 된다.

백석의 시는 우선 시인의 고향인 평안북도 방언과 그곳의 토속적 정서로 유명하다. 『사슴』에 수록된 대부분의 시는 어릴 적 고향에서의 체험을 노래하고 있으며, 토속적 정서를 강하게 불러일으킨다. 「여우난곬족」이나 「고방」, 「넘언집 범같은 노큰마니」 같은 작품에서 보듯이 무대는 거의 집안이나 마을이며 등장인물은 거의 친지나 이웃이다. 화자의 고향에 대한 기억은 음식이나 냄새에 크게 의존하고, 놀이나 잔치나 모임이 자주 등장한다. 그곳은 유년의 기억으로서만 존재하는 잃어버린 행복의 공간이다. 구체적 일상의 세목으로 기록된 20세기 초 평북 정주 어느 산골 마을의 전근대적 모습이지만 동시에 인류의 축적된 기억 속에 자리 잡은 고향의 원형 또는 보편적 모습이기도 한 것이다. 그래서 우리는 그러한 백석 시를 통해서 따뜻함과 평화로움을 느끼고 아울러 우리가 잃어버리고 사는 것이 무엇인지 생각해 보게 되는 것이다.

백석의 또 다른 시는 삶의 고달픔과 쓸쓸함을 겸손하면서도 품위 있게 노래한다. 특히 1940년대 초 북방을 떠돌면서 시련의 세월을 보냈던 백석은 시로써 그 시련을 이기고자 했다. 그리하여 「남신의주유동박시봉방」이나 「흰 바람벽이 있어」 등의 명편을 남겼다. 특히 「남신의주유동박시봉방」은 한국이 낳은 가장 아름다운 서정시의 하나로 평가받기도 한다.[6] 이런 시편들에서 우리가 만나는 것은 삶의 고달픔 속에서도 훼손되지 않는 고상한 마음이다. 그 고상한 마음은 고달프고 쓸쓸한 삶을 품위 있게 지켜 주고 거기에 애틋한 아름다움을 더한다. 많은 훌륭한 문학 작품이 보여 주는 것은 삶의 시련 속에서도 훼손되지 아니하고 오히려 그 시련에 품위 있게 대응하는 고상한 마음과 태도이다. 우리는 백석의 시에서 이러한 고상한 마음과 태도를 감동적으로 만날 수 있다. 그리고 가혹한 세상살이 속에서 어떤 삶과 어떤 인간이 훌륭한 것인가에 대해서도 새롭게 생각해 보게 된다.

이태준의 단편

이태준(1904~?)은 뛰어난 단편 작가로 알려져 있다. 그의 단편은 크게 두 종류로 나눌 수 있는데, 하나는 식민지 현실의 암담함을 차분한 필치로 그린 것들이고, 다른 하나는 개성적인 인물들을 섬세하게 소묘한 것들이다. 전자에는 소설가 자신과 자신의 삶이 상당 부분 투

근대 한국의 고전

영되어 있는 듯이 보이고, 후자에는 다른 사람들의 삶에 대한 섬세한 관찰과 따뜻한 애정이 들어 있다.

「실락원 이야기」,「꽃나무는 심어 놓고」,「어떤 날 새벽」,「토끼 이야기」,「패강랭」 등은 현실의 암담함을 그린 작품들이다. 이들 작품에서 주인공은 개인적 차원의 불행으로 시대의 암담함을 암시한다. 주인공은 시대의 억압에 직접 대응하는 태도를 보여 주지 못한다. 그래서 이태준의 소설이 현실에 맞서지 못하고 패배적이라는 비판도 있다. 그러나 암울한 현실을 들여다보는 작가의 안목과 태도와 그것을 소설로 형상화하는 은밀한 방식은 만만치 않다.7 가령 일제의 탄압이 점점 심해지던 1938년에 창작된 「패강랭」은 옛 모습을 잃어 가는 평양에 대한 주인공의 낙담으로부터 시작된다. 그러면서 작가는 평양의 변화가 결국은 일제의 군국주의적 탄압에 의한 정상적 삶의 파괴임을 보여 주는 여러 장면과 풍경을 차곡차곡 묘사한다. 이 작품을 다 읽고 나면 어느덧 독자의 가슴은 숨도 쉴 수 없을 것같이 답답하고 암울해진다. 이태준은 시대 현실을 고발하는 남다른 소설 기법과 문체를 지니고 있는 것이다. 우리는 이태준의 이러한 작품을 통해서 역사책이 줄 수 없는 당시의 상황에 대한 정서적 이해를 갖게 되지만 그보다 중요한 것은 암울한 시대에 대응하는 주인공의 우울한 내면성을 이해하고 그에 동감하는 일일 것이다.

한편 이태준의 단편 가운데 보다 널리 주목받는 것은 「달밤」,「색시」,「손거부」,「불우 선생」,「영월 영감」 등과 같은 인물 소묘의 작품들이다. 그 인물들은 대체로 무능하고 패배적이고 현실과 어울리지 못하는 편이다. 작가는 그런 불우한 인물들을 애정 어린 필치로 묘사

174

한다. 이러한 단편들에는 '인간 사전을 보는 재미'가 들어 있다.

그런 의미에서 다양한 인물 소묘에서 솜씨를 보여 주는 그의 단편 세계를
인간 사전이라 불러도 무방할 것이다. (······) 그런대로 8·15 이전의 '슬픈
족속'의 인간 사전으로는 구색도 갖추고 흥미 있는 것이라 해야 할 것이
다. 그리고 낱낱 인물이 그대로 사회 상황에 대한 색인 구실을 하고 있어
당대 사회에 대한 증언적 가치도 크다.[8]

이 지적처럼 이태준의 단편들은 인간 군상에 대한 이해를 높여
준다. 거기에는 사람을 만나고 사람을 이해해 가는 재미가 있다.

황순원의 단편

황순원(1915~2000)은 생전에 아홉 권의 단편집을 펴냈다. 모두
훌륭하지만 특히 1950년 이전의 작품들로 엮은『늪』,『목넘이 마을의
개』,『기러기』에 황순원 문학의 정수를 보여 주는 수작이 많다.

『늪』(1940)에서 주목되는 작품은 「거리의 부사」, 「돼지계」, 「닭
제」, 「갈대」 등이다. 이런 작품들은 서사가 약하고 서정이 강한 모습
을 보여 준다. 작가는 서정에 익숙한 감각으로 허약한 존재들을 들여
다본다. 현실은 대체로 막강하고 요지부동이다. 그러나 작가의 관심
은 그 막강하고 꿈쩍 않는 현실 자체에 있다기보다는 그 현실 속에서
안간힘을 쓰는 존재의 욕망과 태도에 집중된다. 주인공들은 갑갑한
현실에 갇혀 있지만 그 현실의 질서에 들어가지 않거나 들어가지 못
하고 외롭게 발버둥 치는 모습을 보여 준다. 세계와 존재의 본질적 갈

등 양상을 매우 흥미로운 그림으로 보여 준다 하겠다. 특히 「닭제」나 「갈대」 같은 작품은 우리 문학이 잘 쳐다보지 않는 세계의 구석으로 우리를 데리고 가는 흥미로운 작품이다.

『목넘이 마을의 개』(1948)에는 해방 직후의 사회상이 사실적으로 그려져 있다. 「술」, 「두꺼비」, 「집」 등이 특히 그러하다. 이런 작품에서는 현실을 강하게 지배하던 권력이나 질서가 갑작스럽게 붕괴한 상황에서 사람이 어떤 방식으로 존재하는가를 잘 살필 수 있다. 그리고 약간 우의적인 작품이지만, 「목넘이 마을의 개」는 어떤 상황에서도 생명 또는 생존 자체가 가장 소중한 가치임을 흥미롭게 보여 준다. 황순원의 단편들은 대체로 세상에 존재하는 것들이 어떤 욕망과 충동을 지니고 어떤 지향과 태도를 보여 주는지를 무심하게 그려 낸다.

『기러기』(1951)에 수록된 작품들은 일제 말기, 거의 발표를 기대할 수 없는 절망적인 상황에서 창작된 것들이다. 그러나 황순원의 대표작이라 할 수 있는 「별」, 「황 노인」, 「맹산 할머니」, 「물 한 모금」, 「독 짓는 늙은이」 등이 이때 집필되었다. 크게 보면 이런 작품의 중심 인물들도 모두 갑갑한 현실 속에 있지만 거기에 흡수되지 아니하고 딴생각, 딴마음으로 사는 존재의 외로움과 아름다움을 보여 준다. 이런 인물들은 세계의 폭력에 직접 대항하지는 못하지만, 딴생각 딴 태도로 자신의 삶을 지키고 존재의 가치를 지킨다. 누이를 잃은 아이는 스스로 나귀에서 떨어져 다치고, 황 노인은 자신의 잔칫날에 스스로 아웃사이더가 되며, 독 짓는 늙은이는 스스로 불속으로 들어가는 극단적 선택을 하기도 한다. 이런 외로운 선택이 곧 맹산 할머니나 주인집 사내의 선행과 같이 세계의 폭력에 맞서는 인간적 태도라고 할 수 있다. 이러한 작품들 속에서 황순원이 그려 내는, 허약하지만 아름다운 존재의 모습들은 우리에게 삶에서 소중한 것이 무엇인지 조용하게 알려 준다.

서정주의 『화사집』, 『귀촉도』, 『서정주 시선』

서정주(1915~2000)는 고전의 반열에 올릴 만한 시집을 여러 권 출간한, 한국 문학사에서 가장 큰 시인이다. 첫 시집 『화사집』(1941)은 가히 혁명적인 시 세계를 보여 준다. 『화사집』에서 젊은 시인은 어둠의 힘이 지배하는 시혼(詩魂)의 신대륙으로 과감하게 떠난다. 그곳은 선악(善惡) 이전의 혼돈과 성적 충동과 심연을 알 수 없는 무의식의 세계라 할 수 있다. 그곳에는 "보리밭에 달뜨면/ 애기 하나 먹고// 꽃처럼 붉은 우름을 밤새 우"는 문둥이가 살고, "핫슈 먹은 듯 취해 나자빠진/ 능구렝이 같은 등어릿길로/ 님은 다라나며 나를 부"르기도 하고, "비로봉상의 강간 사건들"이 벌어지기도 하고, 부흥이가 한밤중만 되면 찾아와서는 끙끙 앓으며 수상한 주문을 외기도 한다. 여기에는 어둡고 혼돈스럽고 알 수 없는 에너지가 가득하다. 이 에너지는 불안하고 거북한 것이지만 우리 내면에 원래 있는 것이기도 하다. 그리고 이 에너지가 있음으로 해서 세계는 창조와 갱신과 생명의 힘을 얻는다. 『화사집』은 우리 내면에 억압되어 있던 이러한 세계와 에너지를 새롭게 발견하게 해 준 시집이다.

서정주는 『화사집』에서 아주 멀리 있던 미지의 세계를 탐사했다. 그리고 두 번째 시집 『귀촉도』(1948)에서 다시 고향에 돌아오듯 익숙한 세계로 돌아온다. 그 세계는 그리움과 슬픔과 전통적 서정이 아름답게 반짝이는 곳이다. 이제 시인은 "굳이 잠긴 잿빛의 문을 열고 나와서/ 하늘가에 머무른 꽃봉오릴 보아라"라고 속삭인다. 또 "우물물같이 고이는 푸름 속에/ 다소곳이 젖어 있는 붉고 흰 목화꽃"을 보고 눈물겨워하기도 한다. 그런가 하면 "무슨 꽃으로 문지르는 가슴이기에 나는 이리도 살고 싶은가"라고 나직이 중얼거리기도 한다. 그러나 두 번째 시집에서 가장 절창은 역시 「귀촉도」다. "눈물 아롱아롱/ 피리 불고 가신 님의 밟으신 길은/ 진달래 꽃비 오는 서역 삼만 리"로 시작되는 이 노래는 마치 귀신의 주문이거나 딴 나라의 음악과 같다. 언어의 반짝임과 가락의 절묘함에 압도되어 통사적 의미는 잘 보이지도 않는다. 「귀촉도」는 놀라운 미적 체험을 하게 해 주는 시다.

　세 번째 시집 『서정주 시선』(1956)에서 시인은 고달프고 누추한 생활을 들여다보고 거기서도 놀라운 아름다움을 만들어 낸다. 『서정주 시선』의 아름다움은 무엇보다 용서와 포용과 위로의 아름다움이다. 시인은 소쩍새의 울음과 먹구름의 천둥이 국화꽃의 아름다움을 낳았다고 노래하며 고달픈 삶을 위로한다. 또 시인은 남루한 가난에 처했어도 "어느 가시덤불 쑥구렁에 뇌일지라도/ 우리는 늘 옥돌같이 호젓이 묻혔다고 생각할 일이요/ 청태(靑苔)라도 자욱이 끼일 일인 것이다."라고 노래함으로써 삶의 비루(鄙陋)를 삶의 고상(高尙)으로 바꾸어 준다. 시인은 풀리는 한강을 바라보며 따뜻한 마음의 봄을 마련하고, 하얗게 내리는 함박눈 속에서 삶의 누추함을 아름답게 감싸 주는 넉넉한 마음을 마련한다. 『서정주 시선』은 삶의 고달픔과 비천함을 감싸 안고 거기서 삶의 아름다움을 이끌어 내는, 매우 고귀하고 따뜻한 마음을 보여 주는 시집이라 하겠다.

서정주는 이처럼 20세기 전반에 고전의 반열에 오를 만한 세 권의 시집을 상재하였다. 그리고 20세기 후반에도 고전의 반열에 오를 만한 시집을 여러 권 남긴 큰 시인이다.

윤동주의 『하늘과 바람과 별과 시』

윤동주(1917~1945)는 해방 직전 29세의 나이로 일본의 감옥에서 옥사하였다. 그의 유고 시집 『하늘과 바람과 별과 시』(1948)에는 31편의 시가 실려 있다. 동시와 산문 그리고 몇 편의 시가 더 있지만 그가 쓴 작품의 분량은 얼마 되지 않는다. 그러나 윤동주는 한국인이 가장 사랑하는 시인이 되었다.

윤동주의 시는 일기처럼 쓰인 것이라서 개인적 문맥이 강하다. 즉 시 한 편 한 편으로서는 그 의미가 모호한 경우가 많다. 윤동주의 시는 모두 쉬운 느낌을 주지만 사실은 그렇지 않다. 비교적 잘 알려진 「참회록」, 「십자가」, 「쉽게 씌어진 시」 같은 작품들도 곰곰이 따져 읽어 보면 그 뜻이 모호하다. 윤동주의 시 대부분은 이해가 부족한 채로 사랑을 받고 있다고 말할 수 있다. 이러한 일은 예술과 예술 감상자들 사이에 흔히 있을 수 있는 일이다.

그러나 윤동주의 시 가운데에서 정말 훌륭한 작품들은 의미가 모호하지 않다. 「별 헤는 밤」, 「서시」, 「자화상」, 「길」 등은 그 의미가 비교적 분명하고 아름다운 언어로 쓰인, 윤동주의 대표작이라고 할 수 있다. 이들 작품에서 우리는 고요한 내면성과 순결한 영혼을 만날 수 있다. 윤동주의 시는 순결한 영혼의 모습과 치열한 시대적 고뇌의 흔적을 하나의 느낌으로 드러내 준다. 어떤 평가는 윤동주의 서정적 아름다움에 주목하고 또 어떤 평가는 윤동주의 치열한 시대적 고뇌를 지적하지만 윤동주의 시에서 이 두 가지는 분리될 수 없는 것이다. 그의 시는 순결하고 정직한 한 영혼이 가혹한 시대에 처하여 갈등과 고통을 겪지만 끊임없는 자아 성찰로 마침내는 내면적 성숙에 도달하게 되는 과정을 보여 준다. 자신의 고뇌와 결단이 시대의 관점에서뿐만 아니라 진정하고 영원한 가치의 관점에서도 정당한 것인가에 대해서 윤동주는 깊게 사유하고 그 사유와 고뇌의 흔적을 아름다운 시로 남겼다.[9]

윤동주는 가혹한 시대에 맞서 자신이 해야 할 일이 무엇인가에 대해서 고뇌했다. 순교자나 희생양의 모티프에서 이 고뇌를 짐작할 수 있다. 이 고뇌와 결단은 그 자체로 숭고한 것일 수 있지만 윤동주는 여기서 한 걸음 더 나아가 시대에 맞서는 행위가 보다 근원적인 종교적 윤리적 가치와 상충하는 것이 아닌지에 대해서 실존적으로 사유했다. 이러한 깊은 실존적 사유는 그 자체로 인간 영혼의 고매함을 보여 주는 것이라 하겠다. 이 때문에 우리는 윤동주를 순결한 영혼이라고 말하고 또 몇 편 안 되는 아름다운 시만으로도 그의 시집을 고전의 반열에 올리고 싶은 것이다.

3 유보(留保) 혹은 보유(補遺)

이상과 같이 근대 한국의 고전과 관련하여 시인과 소설가 열두 명의 작품들을 살펴보았다. 문학 작품에 한정했고 또 20세기 전반의 작품으로 한정하고 그 속에서 나름 신중을 기했지만, 여전히 유보는 남는다. 소설의 경우, 『무정』은 그렇다 치더라도 김동인, 현진건, 최서해, 김유정, 김동리 등이 남긴 아름다운 단편 소설을 어찌해서 외면했는가에 대해서 스스로도 변명하기가 쉽지 않다. 어쩌면 채만식의 장편이나 단편, 그리고 박태원의 작품도 언급해야 마땅할지 모르겠다. 이와 반대로 이효석의 경우 꼭 언급해야만 하는가 하는 물음에도 자신이 없다. 시의 경우는 그래도 소설보다는 조금 낫다. 다만 이용악과 유치환의 시 그리고 시집 『청록집』이 마음에 남는다. 이육사의 시는 잠시 필자의 마음에 머물다 떠난다. 이상의 시도 마찬가지다. 그러나 이런 작품들을 모두 포함시키면 목록이 너무 커져 고전의 가치가 약해질 것이고 또 그 다음 수준의 작품들에 대해서 새로운 유보가 생길 것이다.

여는 글에서 이 글이 근대 한국 문학의 고전 목록에 대한 비평적 재검토와 보완이 되기를 희망했다. 노력은 했지만 결과적으로 유보가 많다. 유보의 변명보다 선정 자체가 필자의 비평적 관점을 잘 드러내는 것이겠지만, 필자의 관점이 비평적 동의를 얻을 수 있을지는 또 다른 문제다. 다만 필자는 상투적으로 반복되는 목록을 재검토하고 또 자꾸만 늘어나는 목록을 다시 줄여 보려고 노력했다. 그리고 전문가들의 비평적 동의보다 더 기다려지는 것은 일반 독자들의 자발적이고 활발하고 실질적인 고전 읽기다. 이런 고전 읽기가 오랜 세월 축적되면 고전 목록은 저절로 재정비될 것이다. 그래서 앞서 독자의 관점을 중시하려 했던 것이다.

사실 자발적인 고전 읽기와 관련하여 현재 우리나라의 사정은 상당히 부정적인 듯하다. 앞서 언급한 작품들, 즉 근대 한국 문학의 고전들에 대한 일반 독자들의 자발적 독서는 거의 없어 보인다. 독자가 있다면 그 독자는 학교나 다른 제도의 강요에 따른 비자발적 독자뿐인 듯하다. 좋은 고전 목록을 만드는 일과 자발적인 고전 독자를 늘리는 일은 함께 생각해 보아야 할 문제다. 고전이나 인문학에 대해 논하는 것 속에는 고전이나 인문학 자체의 가치가 들어 있지 않다. 일반 독자들에게 필요하고 본질적으로 중요한 것은 고전이나 인문학에 대한 논의가 아니라 고전이나 인문학을 직접 만나는 일일 것이다. 고전이 고전으로서의 실질적인 권위를 지니고 많은 독자의 사랑과 존경을 받게 되기를 바란다.

이남호　고려대학교에서 한국 문학을 공부하고 동 대학원에서 박사 학위를 받았다. 1980년 《조선일보》 신춘문예 평론 부문에 당선되어 문학 평론가로 오래 활동했고, 육군사관학교를 거쳐 1987년부터 고려대학교 국어교육과 교수로 재직 중이다. 고려대학교 사범대학 학장, 한국문학번역원 이사를 역임했다. 저서 『문학의 위족』, 『녹색을 위한 문학』, 『교과서에 실린 문학 작품을 어떻게 가르칠 것인가』, 『문학에는 무엇이 필요한가』, 『윤동주 시의 이해』, 『남김의 미학』 등과 많은 편서가 있다. 현대문학상, 소천비평문학상, 유심문학상을 수상했다.

05

이슬람 문명의 모험

몽골의 충격과 그 이후

김호동 (서울대학교 동양사학과 교수)

1 머리말

"13세기에 몽골인들이 바그다드를 함락하고 그곳에 있던 도서관을 불태우지 않았더라면, 우리 아랍인들은 과학을 발달시켜서 이미 오래전에 원자 폭탄을 만들었을 것이다. 바그다드 약탈은 우리를 수세기 후퇴시키고 말았다."이것은 제법 오래전에 시리아의 한 고위 관리가 한 말이라고 한다.[1] 물론 이러한 주장이 맞느냐 틀리느냐를 따질 필요는 없지만 그의 발언은 상당수 무슬림이 갖고 있는 통념을 반영하고 있다고 할 수 있다. 다시 말해 근대 이후 아랍을 포함한 이슬람권 전체가 구미의 기독교권 국가들보다 뒤처지고 그들의 지배를 받으며 굴욕을 감내해야 했던 중대한 원인이 바로 800년 전 몽골의 아랍 정복과 지배 때문이었다는 것이다.

사실 몽골군이 바그다드를 함락하고 압바스 칼리프 체제를 붕괴시키기 전까지 이슬람은 아프로·유라시아 세계에서 최고 수준의 문명을 자랑했다. 유럽은 아직 중세의 긴 잠에서 깨어나지 못하고 있었고 그리스 로마 시대를 수놓았던 철학과 과학은 잊힌 지 오래였다. 오히려 그리스 로마의 고전들은 아랍어로 번역되어 이슬람의 과학과 철학을 발전시킨 토양이 되었다. 한때 서구의 십자군이 예루살렘을 정복한 적이 있었지만 살라흐 앗 딘(Salah al-Din, 일명 살라딘)이 하틴의 전투(1187)에서 승리를 거둔 이후 팔레스타인은 다시 무슬림의 수중에 들어왔다. 무슬림의 눈에 '프랑크'인들은 여전히 미개한 이교도에 불과했다.

유라시아 대륙의 동쪽으로 눈을 돌려 보아도 이슬람 문명에 필적

이슬람 문명의 모험

할 만한 세력을 찾아보기는 어려웠다. 불교의 발상지인 인도 역시 쿠샨 제국이 무너진 뒤 북방 이민족의 침략으로 황폐해졌고, 오히려 서쪽에서 밀려들어 가기 시작한 무슬림의 지배를 받아 인도의 상당 부분이 이슬람 영역 안으로 들어온 지 오래였다. 몽골 침공 당시 이슬람에 필적할 만한 문명으로는 겨우 중국을 꼽을 수 있을 정도였다. 마르코 폴로의 글을 통해 유럽인들에게 소개된 눈부시게 번영하는 '카타이'의 모습은 이미 그가 중국에 오기 전인 남송 때부터 시작된 것이었다.[2] 그러나 중국을 중심으로 발전하던 동아시아 문명은 유라시아 서부와는 긴밀하게 연관되지 않은 채 비교적 고립되어 있었다.

이처럼 이슬람 세계는 역사상 최고 수준의 문명을 자랑하며 주변의 기독교·불교·힌두교 세력들을 무릎 꿇렸고, '이슬람의 권역(Dar al-Islam)'은 이베리아 반도에서 유라시아 초원과 인도양을 거쳐서 중국까지 뻗어 있었다. 그러던 이슬람권이 18세기 이후 서구 열강의 화포와 함대의 위력에 눌려 굴욕을 당하게 되었을 때 많은 무슬림들은 어떻게 해서 이런 일이 벌어지게 되었는지 의아해할 수밖에 없었다. 비엔나의 성문을 두 번씩이나 위협했던 오스만 제국이 '유럽의 병자'로 전락하고, 고대 페르시아 제국의 후예를 자처하던 이란의 카자르 왕조, 인도 전역을 호령하던 무굴 제국 등이 모두 유럽의 기독교 국가들에 머리를 조아리게 된 것이다. 어떻게 이런 일이 벌어진 것일까. 문제의 원인은 어디에 있을까. 이러한 의문은 많은 무슬림들의 뇌리에서 떠나지 않았고, 가장 손쉬운 해답으로서 떠오른 것이 바로 몽골의 침공이 가져다준 재앙이었다.

칭기즈 칸의 몽골인들이 일으킨 전쟁과 정복이 역사 발전의 정상적인 흐름을 가로막고 왜곡하고 나아가 후퇴하게 했다는 이런 종류의 생각은 비단 이슬람권에만 국한된 것은 아니었다. 비트포겔(K. Wittfogel)과 같은 학자는 러시아에서 차르를 정점으로 하는 전제 체제가 확립된 것이 몽골 기마 군대의 말발굽이 중국의 '동양적 전제'의 균을 옮겨 왔기 때문이라고 하였다.[3] 그런가 하면 중국사의 권위 있는 한 학자는 오히려 '동양적 전제'의 뿌리는 중국이 아니라 몽골이며, 명대에 확립된 중국의 전제주의는 바로 원대 몽골의 지배가 남긴 유산이라고 주장하였다.[4] 한편 유럽이 대항해 시대와 산업 혁명을 거쳐 근대 이후 세계의 패권을 쥐게 된 원인에 대해서 그들이 몽골의 지배를 받지 않았기 때문이라는 지적도 심심치 않게 등장한다.[5]

몽골이 과연 이러한 비난을 받을 만한 일을 했느냐 하는 문제는 별도의 논의를 필요로 하는 주제이지만, 몽골 제국의 지배가 유라시아 각지의 역사에 커다란 충격을 주었다는 점만은 부인할 수 없다. 최근 역사학자들은 이 '몽골의 충격'에 대해서 이제까지의 막연한 감상주의적 평가를 지양하고, 보다 구체적인 분석을 통해서 몽골인들이 무엇을 변화시켰고 무엇을 유산으로 남겼는가에 대해서 진단을 내리고 있다.[6] 이 점에서 이슬람권의 경우도 예외는 아니다. 다른 어느 지역보다도 더 큰 충격을 받았던 이슬람권이기 때문에 13~14세기 몽골 지배기는 그 전과 후의 이슬람권의 발전과 변용을 이해하는 데 매우 긴요한 전환점이 된다. 여기서는 몽골의 지배라는 변수를 매개로 이슬람 문명과 역사의 굴절을 이해해 보고자 한다.

이슬람 문명의 모험

2 '벤처'로서의 이슬람

마셜 호지슨(Marshall G. Hodgson)의 『이슬람의 모험(*The Venture of Islam*)』[7]은 이슬람 문명사를 이해하기 위해서는 필독서라고 할 수 있다. 오늘날 많은 연구자에 의해 불후의 명작으로 인정받는 이 책은 그가 생전에 시카고 대학에서 강의했던 내용을 기초로 사후에 증보 출간된 것이다. 독실한 퀘이커 교도였던 호지슨 교수는 이슬람이라는 종교와 그것을 믿는 인류 공동체가 그 등장 시점부터 20세기에 이르기까지 어떤 과정을 거쳐 발전·변용되어 갔으며, 이들이 이룩한 놀라운 성취가 인류 문명과 역사에 어떠한 기여를 했는가를 생생하게 그려 내었다.[8] 에드워드 사이드가 『오리엔탈리즘』에서 구미의 허다한 이슬람 연구자들을 비판하면서 호지슨과 같은 학자의 노력을 간과한 것은 매우 아쉬운 일이 아닐 수 없다.[9]

필자는 박사 과정 시절에 호지슨의 글을 접하고 큰 감동을 받았으며 귀국한 뒤에는 잠시나마 번역도 생각해 본 적이 있었는데, 그때 책의 제목을 어떻게 옮길까 고민했던 기억이 난다. 'The Venture of Islam'이라는 영어 원제목은 이슬람 문명이 역사 속에서 다기다양한 체험과 굴절을 겪으면서 오늘에 이르기까지 발전해 온 전 과정을 함축하고 있다. 물론 '벤처'라는 말은 정작 우리에게 그리 낯선 단어가 아니다. 오늘날 수도 없이 많은 '벤처' 기업들이 주위에서 생겨났다가 사라지지 않는가. 그러나 우리는 이 말을 번역하지 않고 영어 그대로 사용하고 있다. 호지슨 교수가 자신의 책에서 그런 의미로 venture라는 단어를 사용한 것은 아니지만, 필자는 이슬람이야말로 '벤처'로서의 특징을 잘 보여 준다고 생각한다. 왜냐하면 하나의 벤처 기업이 탄생하여 기존의 대기업에 어깨를 겨룰 만한 수준으로 성장할 때까지의 과정은 마치 이슬람이라는 신흥 종교와 그것을 받아들인 신도들의 공동체가 역사의 무대에 등장한 직후부터 마주하게 되는 수많은 도전을 극복하면서 이루어 가는 모험에 찬 역정과 유사하며, 그것이 바로 이슬람 문명의 역사이기도 하기 때문이다.

  이슬람은 기독교·불교와 함께 세계 3대 종교의 하나로 꼽히고 있는데 그 가운데 가장 늦게 출현하였다. 다른 두 종교는 이슬람이 역사의 무대에 얼굴을 내민 7세기 전반에 이미 확고한 기반을 갖고 광범위한 지역으로 확산되어 수많은 신도를 확보하고 있었다. 북부 인도에서 탄생한 불교는 실크로드를 거쳐서 중앙아시아와 중국, 나아가 한반도와 일본까지 전파되었다. 뿐만 아니라 해로를 통해서 인도양 각지와 동남아시아에도 확산되었다. 그런가 하면 기독교 역시 초기의 역경을 극복하고 4세기가 끝나기 전에 로마 제국의 국교로 인정을 받게 되었다. 5세기에는 유럽의 중심 지역을 장악한 프랑크 왕국 군주들의 개종과 후원 아래 유럽 대륙에 확고한 발판을 구축했고, 600년경이 되면 영국과 아일랜드까지 퍼져 나갔다. 이처럼 비잔틴 제국과 프랑크 왕국의 영역 안에 로마 가톨릭이 견고한 세력을 구축하는 동안, 시리아 교회를 중심으로 하는 동방 기독교는 사산조 페르시아의 박해를 피하여 중앙아시아와 중국으로 선교사를 보내어 새로운 개종자들을 확보하기에 이르렀다.[10] 불교와 기독교 이외에 다른 중요한 종교들, 예를 들어 유태교·조로아스터교·마니교 등도 모두 이슬람보다는 훨씬 이른 시기에 출현하여 각자 독자적인 영역과 추종자들을 확보하고 있었다.

그런 점에서 이슬람은 확실히 뒤늦은 출발자였다. 이미 오래전에 출발한 다른 종교들은 멀찌감치 달려가고 있었고 이슬람은 이들을 따라잡기 위해 힘겨운 노력을 하지 않으면 안 되었다. 즉 이슬람은 '벤처' 종교로서의 어려움을 감당할 수밖에 없었다. 그렇지만 늦게 시작했다는 사실은 어려움과 동시에 새로운 가능성도 제시해 주었다. 선행한 종교들이 안고 있는 한계와 문제점이 이미 드러나서, 그런 점을 잘 보완하고 개선하기만 한다면 잘못된 전철을 되풀이하지 않고 신속하게 경쟁의 대열에 합류할 수 있었기 때문이다. 그런 점에서 이슬람은 유태교와 기독교라는 선행 두 종교가 유일신교로서 안고 있던 '한계'들을 극복함으로써 보다 확고한 입지를 마련할 가능성도 갖고 있었다. 사실 기독교는 그리스도의 본질을 둘러싼 논쟁이 가열되면서 여러 분파로 나뉘고 정통과 이단의 시비를 낳으면서 분열을 거듭하였다. 불교 역시 4세기 붕괴한 쿠샨 제국에 뒤이어 인도를 지배한 굽타 왕조 시대에 들어오면서 점차 활력을 상실하였고, 본고장인 인도에서조차 힌두교에게 우선적인 지위를 내주고 말았다.

이슬람은 불교와는 달리 유일신을 신봉하는 종교이다. 그 뿌리는 기독교를 거쳐 유태교까지 거슬러 올라간다고 할 수 있다. 예언자 무함마드가 절대 유일신 알라를 믿으라고 선포할 당시 아랍 베두인 부족들은 각자 우상을 숭배했고 메카에는 그 우상들을 모시는 신전이 있었다. 무함마드가 메카에서 메디나를 거쳐 비잔틴 변경 지대까지 오가며 원거리 교역에 종사했고 그 과정에서 유태교 및 기독교 신자들과 접하면서 성경의 내용과 교리를 알게 되었다는 기존의 학설에 대해서 최근 강력한 비판이 제기되기는 했지만,[11] 그럼에도 그가 계시받은 내용을 기록한 쿠란에 성경에 보이는 수많은 일화가 거의 그대로 묘사된 사실은 이슬람의 탄생이 유태교나 기독교와 무관하지 않다는 사실을 여전히 웅변하고 있다.

이슬람의 교리를 살펴보면 확실히 선행 주자들의 부족한 점이 개선되어 있음을 알 수 있다. 유태교나 기독교는 모두 유일신을 내세우면서도 그 신의 존재를 철저하게 절대화하는 데에는 실패하였다. 유태교의 신 야훼는 유태 민족의 구원에만 관심을 갖는 편파적인 존재이고, 기독교의 하나님은 유일한 절대자가 아니라 성자와 성령과 함께 삼위가 그 신성을 공유하는 애매한 존재였던 것이다. 또한 모두 우상 숭배를 금지한다고 하면서도 교회 안팎은 수많은 그림과 조각으로 채워져 있었고 신도들은 그 앞에서 머리를 조아렸다. 무슬림의 눈에 이런 모든 것은 자기모순이며 이율배반으로 비쳤다. 따라서 이슬람은 유태교의 선민사상을 배격하고 알라 앞에서는 민족·성별·계급의 차별이 없다는 절대적 평등을 표방하였다. 아랍인이건 페르시아인이건 투르크인이건 알라를 믿어 신도가 되면 모두 동일한 무슬림이 되는 것이고, 설령 노예로 잡혀 온 사람이라도 일단 무슬림이 되면 해방시키도록 규정했다. 뿐만 아니라 기독교의 예수 그리스도와 같이 신이기도 하면서 인간이기도 한 양성론적인 존재를 배제하고 알라를 유일한 절대자로 인정하였다. 무함마드도 아무런 신성을 부여받지 못한 한낱 인간에 불과하였다. 물론 그는 특별한 인간으로 알라의 계시를 전해 주는 전달자 즉 '사도(rasul)'이며, 인류에게 보내진 수많은 예언자 가운데 '최후의 예언자'였다.

이슬람 문명의 모험

따라서 이슬람에 대해 기독교와 마찬가지로 유일신을 믿는 종교이고 다만 예수 대신에 무함마드를 믿는다는 점에서 차이가 있다는 식으로 막연하게 생각한다면 그것은 매우 피상적이며 부정확한 이해에 불과하다. 우리는 흔히 기독교와 이슬람을 비교하면서, 성경과 쿠란, 예수와 무함마드가 서로 대비될 수 있는 것처럼 생각한다. 그러나 정확하게 말한다면 이슬람에서 기독교의 예수에 해당하는 것은 쿠란이고, 성경에 해당하는 것은 무함마드라고 할 수 있다. 왜냐하면 쿠란은 '창조된 것'이 아니라 태초부터 하나님(알라)과 함께 아랍어의 형태로 존재했던 '말씀'이기 때문이다. 이에 비해 성경에는 선지자들의 입을 빌려 전달된 하나님의 '말씀'도 있지만, 그 밖에 천지 창조 이래 인류에게 생긴 수많은 사건과 일화와 역사가 포함되어 있다. 따라서 그것은 하나님이 인간을 올바른 길로 인도하기 위해 보여 준 '예시'이며 그런 의미에서 마지막 예언자이자 가장 모범이 되는 인간인 무함마드가 성경에 비견될 만하다.

이렇게 볼 때 이슬람은 유태교와 기독교가 표방하는 유일신 종교를 가장 완결적인 형태로 나타낸 것이라고 할 수 있다. 그러나 과거 유럽의 많은 지식인들은 이슬람을 기독교의 '개정판' 혹은 유일신교의 '완결판'으로 보지 않고 오히려 그 아류나 사이비 정도로 여겼다. 쿠란에 기록된 구약 선지자들의 일화는 성경의 어설픈 모조품이나 불량품으로 폄하되어, 쿠란은 '사이비 성경(pseudo Bible)'으로 낙인찍혔다.[12] 예언자 무함마드가 글을 읽지도 쓰지도 못하는 문맹이었기 때문에 멀리 교역을 하러 다니면서 얻어들은 이야기를 옮기다 보니 성경을 어설프게 모방했다는 비난도 가해졌다. 심오한 계시와 시적인 영감의 언어로 가득 찬 쿠란이야말로 무함마드가 행한 가장 위대한 기적이라는 무슬림들의 변호에도 불구하고, 무함마드가 생전에 예수가 행했던 것과 같은 놀라운 이적(異蹟)을 하나도 행하지 못했다는 점을 강조하면서 사도·예언자로서의 자격에 심각한 회의를 제기하기도 하였다. 신흥 벤처 기업이 아무리 근사한 계획들을 내놓아도 그것을 미덥지 못한 눈으로 바라보는 대기업의 입장과 크게 다를 바 없는 것이었다.

3   성·속 일치의 체제

기독교와 비교할 때 이슬람이 나타내는 또 다른 중요한 특징은 보수적이고 방어적인 방식이 아니라 공격적이고 적극적으로 현실에 대처하는 것이었다. 무함마드는 622년 메카에서 쫓겨나 메디나로 '이주(hijra)'한 뒤 불과 8년 뒤에 메카에 재입성하는 데 성공하였다. 그동안 그와 그를 따르던 무슬림 공동체는 메디나에 안주하지 않고 메카의 숨통을 조이기 위해 카라반들을 공격하였다. 624년 바드르의 전투, 625년 우후드의 전투, 627년 한다크의 전투 등을 통해 적극적인 약탈과 정복 전쟁을 계속한 결과, 마침내 630년 무함마드는 1만 명의 신자들과 함께 메카에 입성하여 카바 신전을 참배하였고, 그 주위에 있던 우상을 모두 파괴할 것을 명령하였다. 이로써 아라비아 반도 서부에 있는 양대 도시인 메카와 메디나, 그리고 이 도시들을 연결하는 전략적인 교통로는 이슬람 세력의 수중에 들어갔다. 무함마드는 그로부터 2년 뒤인 632년 사망했지만 그때까지는 아라비아 반도 거의 전역이 무슬림의 지배를 받게 되었고 주민들도 대부분 이슬람으로 개종하였다.

바로 이 점에서 이슬람의 초기 역사는 기독교와 커다란 대조를 이룬다. 주지하듯이 예수는 물론 그의 사도 열두 명이 모두 순교를 당했고, 자신의 신앙을 포기하지 않은 수많은 기독교 신도들은 박해와 처형의 대상이 되었다. 거의 2세기가 지난 313년 콘스탄티누스 황제의 밀라노 칙령에 의해 비로소 박해가 중지되었다. 물론 그 뒤 기독교는 비잔틴 제국의 보호 아래 급속한 속도로 발전하고 확대되었지만, 초기 기독교 교회의 역사는 그야말로 고난과 형극의 연속이었다. 이에 비해 이슬람의 초기 역사는 영광스러운 승리로 점철되었다. 예언자 무함마드 사망 시 이미 아라비아를 석권한 이슬람 세력은 빠른 속도로 아시아와 아프리카 여러 지역으로 뻗어 나갔다. 예언자의 '대리인'이라고 하여 '칼리파(khalifa)'라고 불린 그의 후계자들은 무슬림 신자 공동체의 지도자이자 동시에 하루가 다르게 팽창하는 새로운 이슬람 국가의 군주이기도 하였다. 아부 바크르, 우마르, 우스만, 알리로 이어지는 네 명의 소위 '올바로 인도된 칼리프(rashidun)'의 시대 혹은 '정통 칼리프'의 시대에 이슬람을 기치로 내세운 무슬림 군대는 동쪽으로는 페르시아의 사산 왕조를 무너뜨리고 중앙아시아로 진출했고, 서쪽으로는 이집트와 북부 아프리카를 석권하기 시작했으며, 북쪽으로는 시리아와 소아시아 지역으로 진출하면서 비잔틴 제국을 압박하였다. 우마이야 칼리프 왕조(661~750)의 시대에 이슬람의 영토는 더욱 확대되어 서쪽으로는 이베리아 반도에서 시작하여 동쪽으로는 중국의 당 제국과 경계를 마주할 정도가 되었다.

이처럼 이슬람과 기독교의 전혀 다른 초기 역사의 궤적은 이 두 종교를 신봉하는 사회에 각기 상이한 세계관, 종교관, 사회 규범을 가져다주었다. 기독교는 혹심한 박해 속에서 믿음의 세계를 지켜 내기 위해서 세속과 종교를 분리해 버렸다. 기독교도에게 순교라는 것이 가혹한 박해에도 불구하고 자신의 신앙을 지키기 위해 겪어야 하는 것이라면, 무슬림에게 순교는 이슬람의 영역을 넓히기 위한 '성전(jihad)'을 하다가 당하는 죽음을 의미했다. 따라서 기독교에서 "가이사의 것은 가이사에게, 하나님의 것은 하나님에게"라는 성경 구절(마가복음 12:17)이 말하듯이 성(聖)·속(俗)의 두 세계는 서로 섞이지 않고 분리될 수밖에 없었다. 이러한 상황은 후일 기독교가 국가의 공인을 받고 군주가 종교의 적극적인 후원자가 된 뒤에도 바뀌지 않았다. 세속의 군주와 교회의 수장을 한 사람이 다 장악하지는 못했다. 서구 중세에 교황의 권한이 극도로 커졌을 때에도 그는 본질적으로 종교 지도자였지 세속의 군왕은 아니었다.

그러나 이슬람 세계에서는 상황이 달랐다. 661년 시리아 총독인 무아위야(Mu'awiya)가 무함마드의 사위이자 마지막 정통 칼리프인 알리를 꺾고 권좌에 오른 뒤부터 칼리프의 지위는 그의 집안 즉 우마이야 가문에 속한 사람들이 세습하였다. 이제까지 장로들의 합의에 의해 칼리프를 추대하던 제도는 폐지되었고, 무슬림 공동체 지도자의 자리는 마치 세속의 왕좌를 넘겨주듯이 한 가문의 전유물로서 세습의 대상이 된 것이다. 우마이야 칼리프들의 시대를 '우마이야 왕조'라고 부르는 까닭도 여기에 있다. 이러한 세습의 관행은 750년 우마

이야 가문이 무너지고 압바스 가문이 칼리프의 지위를 차지한 뒤에도 바뀌지 않았다. 칼리프를 배출하는 가문이 바뀌었을 뿐 그 지위는 계속해서 세습의 대상이었다.

앞에서도 지적했듯이 원래 '칼리프'는 아랍어에서 '대리인'을 뜻하는 말로, 알라의 사도인 무함마드가 죽은 뒤 그를 대신하여 '움마(ummah)' 즉 무슬림 신도 공동체를 지도하는 인물을 가리켰다. 다시 말해 칼리프는 '사도의 대리인'을 의미하기 때문에 무함마드의 사도 직분을 대리하는 것이고, 마치 사도가 그러했듯이 신도들에게 종교적인 지도력을 발휘하는 존재로 인식되었다. 그러나 칼리프 이외에 별도의 세속적인 지도자를 두지 않았기 때문에 그는 동시에 공동체 내부에서 일어나는 크고 작은 분쟁을 조정하고 대외적으로 전쟁과 외교의 문제를 처리하는 세속 군주의 업무도 수행하지 않으면 안 되었다. 그래서 그는 '신도들의 수령'이라는 의미에서 '아미르 알 무미닌(amir al-muminin)'이라고 불리기도 했다. 즉 역사의 무대에 새로 등장한 무슬림 공동체의 리더는 사도의 대리인으로서 '칼리프'라 불리며 종교적 지도력을 발휘하는 동시에, 신도들의 수령으로서 '아미르'라 불리며 세속적인 카리스마도 발휘하였던 것이다. 한 사람이 성속 양면의 권력을 모두 장악한 이러한 시스템은 기본적으로 무함마드 이래 정통 칼리프, 우마이야, 압바스 시대를 거치는 동안 변하지 않고 지속되었다.

종교적 교리라는 측면에서 비교할 때 기독교와 이슬람의 근본적인 차이는 그리 크지 않다. 전지전능한 유일신, 신과 인간을 매개하는 많은 사도들, 메시아의 역할, 최후의 심판과 인간의 구원 등 상당한 공통성을 보인다. 이 두 종교의 경전인 성경과 쿠란은 모두 유태교의 구약 성경을 모태로 하여 만들어진 것이다. 그러나 종교가 사회와 관계 맺는 방식을 보면 아주 대조적인 면을 발견할 수 있다. 기독교는 가능하면 사회와 거리를 유지하려고 하는 반면, 이슬람에서는 종교와 사회 양자가 불가분의 단일체로 결합되어 있기 때문이다. 기독교 교회의 목표는 인간의 영혼을 구원하는 데에 있지 사회 질서의 유지와 발전에 있는 것은 아니다. 따라서 교회법은 교회 및 사제들과 관련된 사항을 규율하는 것이고, 왕권에 의해 규정된 세속법과는 궤를 달리하는 것이었다.

이슬람의 경우는 그렇지 않았다. '샤리아(shari'ah)'라고 불리는 이슬람의 율법은 단순히 종교법이 아니었다. 샤리아는 개종과 전도, 기도와 금식 등 종교적인 사항에 대한 규정을 포함하면서 동시에 무슬림 사회 전반에 관한 규범들을 담고 있다. 그것은 민사와 형사에 관한 모든 규정을 포괄하는 법체계이기도 하였다. 예를 들어 강도, 상해, 살인 등과 같은 형사적인 사항뿐만 아니라, 이혼과 상속 등과 같은 민사적인 문제들도 포함하였다. 즉 이슬람의 율법 샤리아는 한 인간이 태어나 무슬림으로서 지상에서 살아가는 동안 그를 규율하는 모든 성속의 문제를 포괄하는 규율로, 한마디로 말해 '요람에서 무덤까지' 한 인간의 생애 전체를 포괄하는 법체계였다.

주의해야 할 점은 성속을 모두 포괄하는 샤리아의 이러한 양면성이 종교법과 세속법의 결합에 의해서 생겨난 것이 아니라는 것이다. 샤리아는 기본적으로 네 가지 종류의 법원(法源)을 갖고 있다. 첫째 가장 중요한 것이 쿠란(Qur'an)이고, 둘째가 무함마드의 언행을 기록

이슬람 문명의 모험

한 하디스(Hadith), 셋째는 이러한 규범들에 기초한 유추(Qiyas), 넷째
는 학자들의 합의(Ijma)이다. 이 가운데 유추와 합의는 합리적이고 논
리적인 판단에 기초한 것이지만, 그 판단의 근거가 기본적으로 쿠란
과 하디스로 소급된다는 점은 결국 샤리아라는 법체계 전체가 종교
적인 근원에서 비롯되었다는 점을 보여 준다.

이상에서 살펴본 바와 같이 이슬람과 이슬람을 믿는 사회가 기독
교나 여타 종교를 믿는 사회와 구별되는 가장 큰 차이점은 성속의 일
치와 통합, 그리고 그 통합 정도의 강력함에 있다고 할 수 있다. 시대
와 지역에 따라 어떤 종교 교단의 영향력이 강해지면 어느 정도 세속
적인 권력을 분점하기도 하고, 혹은 강력한 군주가 출현하면 종교적
인 카리스마를 발휘하는 경우가 있는 것이 사실이지만, 이슬람의 경
우처럼 성과 속이 완벽하게 결합된 체제는 찾아보기 어렵다. 이러한
특징은 이슬람을 개창한 무함마드가 이미 생전에 사도이자 수령으로
서의 지위를 확립했고 그의 사후 칼리프 체제를 통해서 그러한 일체
성이 보존될 수 있었기 때문이었다. 역사상 한번 이슬람으로 개종된
사회는 다시 다른 종교로 개종되는 예가 거의 없다는 말이 나오는 것
도 무슬림 공동체의 결속력이 얼마나 강한가를 보여 준다.

이슬람 사회에 각인된 이러한 성속 일체의 구조는 이슬람 탄생
직후 조성된 역사적 여건에 힘입은 것이며 이슬람의 신속한 팽창과
성공을 이룩한 중요한 요인이 되기도 하였지만, 동시에 이슬람 사회
의 변화와 발전을 저해하는 족쇄로 작용했다는 점도 잊어서는 안 된
다. 이슬람 사회에서 정치 체제의 개혁과 경제 제도의 변혁은 그 자체
로서 수행될 수 없고 반드시 종교적인 동의 혹은 율법적인 지원이 선

행되어야 했기 때문이다. 즉 어떠한 세속적인 개혁도 샤리아에 어긋나면 추진될 수 없었다. 따라서 성속 일치 체제가 붕괴되거나 변화되지 않는 한 이슬람 사회의 변화와 개혁은 한계를 지닐 수밖에 없었다.

이렇게 볼 때 몽골의 등장은 그러한 체제를 일거에 무너뜨린 매우 충격적인 사건이었다. 13세기 초 몽골 초원에서 흥기하여 중국과 중앙아시아, 러시아까지 정복한 이들은 마침내 1258년 바그다드를 점령하고 압바스조 최후의 칼리프를 살해하였다. 이로써 반천년 동안 이슬람권 최고의 수장이자 성속 일치의 상징이던 칼리프는 역사의 무대에서 완전히 사라져 버렸다. 따라서 몽골의 서아시아 정복은 그것이 수반한 엄청난 파괴와 살육을 넘어서, 이슬람이 탄생한 뒤부터 무슬림 공동체의 존속에 핵심 불가결한 존재로 역할을 해 왔던 칼리프를 없애 버렸다는 점에서 더 큰 충격을 가져왔다고 할 수 있다. 그렇다면 이와 같은 몽골의 '충격'이 이슬람 사회와 문명을 어떻게 변화시켰고 어떠한 역사적 유산을 남겼는지 살펴보도록 하자.

4 몽골의 '충격'

몽골 기마 군대가 중앙아시아를 거쳐서 서아시아로 들어왔을 때 당시 무슬림들이 느꼈던 공포와 충격은 이루 말로 표현하기 어려울 정도였다. 몽골의 서아시아 정복전을 실제로 목격하고 몽골 군주를 위해 봉사하며 고위 관리까지 지냈던 역사가 주베이니(Ata Malik Juvayni, 1226~1283)는 『세계 정복자의 역사』라는 책에서 부하라

이슬람 문명의 모험

(Bukhara)에서 도망쳐 나온 사람의 말을 인용하여 이렇게 기록했다. "그들은 와서, 부수고, 태우고, 죽이고, 약탈하고, 떠나갔다."[13] 아마 몽골군의 침공이 가져온 공포를 이븐 알 아시르(Ibn al-Athir, 1160~1233)보다 더 생생하게 전달한 사람은 없을 것이다.

내가 말하건대 이 사건은 모든 인류에게 덮쳤던 가장 거대한 재난이자 가장 무시무시한 재앙이었다. (……) 남자와 여자와 어린아이를 학살하고, 임신한 여자의 배를 갈라 아직 태어나지도 않은 아이를 죽였다. (……) 이 재앙이 일으킨 불꽃은 멀리 또 넓게 날아가서 그것이 입힌 상처는 사방을 덮었다. 그것은 마치 바람에 휘몰려 가는 구름처럼 대지를 덮고 지나갔다.[14]

몽골군에게 살육당한 사람들에 관한 이야기도 엄청나게 과장되면서 퍼져 나갔다. 칭기즈 칸의 몽골군이 호라즘을 공략한 뒤 이란 동북부의 도시들을 정복했을 때, 당대의 작가들이 거기서 죽은 사람들의 숫자라고 기록해 놓은 것은 도저히 믿기 어려울 정도였다. 예를 들어 몽골의 1차 침공 당시에 니샤푸르에서는 170만 명이 학살되었고, 메르브에서는 130만 명, 헤라트에서는 160만 명이 죽었다는 기록이 있다. 훌레구가 이끈 2차 침공 때도 바그다드 한 도시에서만 80만 명이 죽음을 당했다고 한다.[15] 물론 이 숫자들을 그대로 믿을 수는 없다. 그러나 한 가지 분명한 사실은 당시 사람들의 눈에 몽골의 침공이 몰고 온 파괴와 살육은 역사상 미증유의 엄청난 스케일이었다는 점이다.

학살 못지않게 당대의 무슬림들에게 충격적이었던 것은 칼리프 체제의 붕괴였다. 마지막 칼리프 알 무스타심(재위 1242~1258)이 이 교도의 손에 죽음을 당한 것은 도저히 믿을 수 없는 일이었다. 물론 칼리프의 권위는 이미 약해진 지 오래되었다. 무슬림의 군대가 이슬람과 칼리프의 이름을 걸고 광대한 초원과 바다를 누비며 아시아·아프리카·유럽 3대륙을 호령하던 시대는 지나갔다. 일찍이 압바스조의 제2대 칼리프 알 만수르(al-Mansur, 재위 754~775)가 티그리스 강가의 조그만 마을을 제국의 새로운 수도로 정하여 '평안의 도시(Madinat al-Salam)'라 이름한 이래 번영을 거듭하던 바그다드의 위상도 사그라들었다. 시아파에 속하는 반대 세력들이 제국의 서반부를 장악했을 뿐만 아니라, 위태로워진 칼리프의 신변을 보호하고 권위를 강화하기 위해 기용한 투르크계 세력이 군사적으로 독립하기 시작하였다. 그러나 이러한 모든 변화에도 불구하고 칼리프는 여전히 이슬람권 전체의 수장이었다. 아무리 강력한 군왕도 칼리프의 축복과 동의가 없으면 통치의 근거를 잃었던 것이다. 몽골 원정군을 이끌던 훌레구가 바그다드를 압박하면서 마지막 칼리프에게 항복을 권유했을 때 칼리프 무스타심이 보낸 답신은 그러한 자신감을 잘 보여 준다.

지금까지 압바스 가문과 바그다드의 이슬람 왕국을 범하려고 했던 군주들은 모두 최후에 파멸을 맞고 말았다. 위력과 위엄을 갖춘 제왕들이 그들을 범하려고 하였지만, 이 왕조는 기초가 지극히 견고하여 이제까지 버티었으며 또 종말의 날까지 지탱하고 있을 것이다. (……) 따라서 압바스 가문을 해하려는 것은 군주에게 좋은 방책이 아니니, 배신의 운명이 지닌 사악한 눈을 염려하도록 하라.[16]

그러니 바그다드의 함락과 마지막 칼리프의 처형은 믿을 수 없는 일이 현실이 되어 나타난 것이었다. 당시 훌레구를 수행하여 원정에 동행했던 주베이니는 『세계 정복자의 역사』를 통해 칭기즈 칸과 그 후손들에 의한 세계 정복 과정을 자세히 묘사하였는데, 그의 기록은 바그다드 정복 직전에서 끝나고 말았다. 물론 이는 바그다드 함락과 칼리프의 처형에 관한 정보가 없었기 때문이 아니라, 너무나 충격적인 사건이어서 서술을 회피하고 싶었기 때문이었을 것이다. 마르코 폴로의 글이나 맨더빌 경의 여행기 등에는 칼리프가 최후를 맞게 된 과정에 대해서 역사적 사실과는 무관한 설화적인 이야기가 적혀 있는데, 이 역시 당시 사람들이 그 사건을 사실 그대로 믿기 어려워했던 사정을 반영해 준다. 여러 자료를 종합해 볼 때 몽골인들은 칼리프를 벌판으로 데리고 가서 카펫에 만 뒤, 그 위로 말들을 달리게 해서 처형했던 것 같다. 이는 고귀한 사람의 피가 땅을 적시지 않게 하려는 '배려'였다고 한다.[17]

몽골의 바그다드 점령과 칼리프 무스타심의 처형은 성속 일치의 이슬람 정치 체제를 근본적으로 허물어뜨린 사건이었다. 칼리프는 이슬람이라는 계시 종교와 그것을 믿는 신자들의 공동체를 연결해 주는 상징적인 고리였다. 이제 더 이상 칼리프가 존재하지 않게 되었으니 이슬람 세계에서 종교와 세속은 분리되어 각자의 영역으로 돌아갈 수밖에 없는 운명이 되었다. 이슬람이라는 종교는 인간의 영혼과 구원의 영역에 머물고, 몽골의 군주들은 그러한 종교를 믿는 신자들을 보호하면서 세속 세계의 주권자로 역할을 다하면 되는 것이다. 그런 면에서 몽골의 서아시아 정복은 이슬람 세계의 역사에서 하나의 새로운 도전이자 실험의 기회를 던져 준 셈이었다.

그러나 몽골의 충격에도 불구하고 이슬람 세계는 과거와 같은 성속 일치의 체제를 완전히 허물어뜨리지 못했고, 그러한 체제는 그로부터 반천년이 다시 지난 뒤 18세기 중반 이제는 서구의 '충격'이 이슬람 문명을 뿌리에서부터 다시 뒤흔들어 놓을 때까지도 건재하였다. 그렇다면 이슬람 세계는 어떻게 기존의 체제를 그대로 유지할 수 있었을까. 오늘날 이슬람권이 직면하고 있는 근본적인 문제 역시 성속 일치의 체제를 어떻게 현대 사회에 맞게 변용하느냐에 있다고 한다면, 13~14세기 이슬람 세계가 몽골의 충격 이후 겪었던 역사적 경험은 매우 흥미로운 비교의 자료를 제공할 것이다.

5 지속되는 샤리아(율법)의 지배

몽골인들은 이슬람권을 정복하고 그 지배자가 되었을 때 자신들의 통치를 효율적으로 뒷받침해 줄 법률 체계를 필요로 했다. 그들은 이슬람을 믿지 않았고 유목 사회에서 흔히 통용되던 무속 신앙을 받아들이고 있었다. 따라서 굳이 이슬람의 종교적 계시와 규범에서 출발한 샤리아 율법을 존중하고 시행할 이유는 없었던 것이다. 몽골의 지배는 이슬람 세계에 샤리아와는 별도의 세속법 체계가 도입되고 그것을 통해 성속의 분리가 이루어질 수 있는 기회였다. 그러나 그러한 일은 벌어지지 않았다. 샤리아는 여전히 이슬람 사회에서 가장 중요한 법적 규제로서 효력을 발휘했고 세속법의 영향력은 극히 미미

이슬람 문명의 모험

했다. 왜 그렇게 되었을까. 필자는 두 가지 이유를 지적하고 싶다. 하나는 샤리아 체제의 강고성이고 또 하나는 몽골인들이 표방했던 '본속주의'라는 독특한 정책이다.

앞에서 설명했듯이 이슬람의 율법 샤리아는 쿠란과 하디스를 가장 중요한 법원으로 삼고, 그것을 기초로 이루어진 '유추'와 '합의'를 통해서 형성된 법체계이다. 9~10세기까지는 대체로 타당한 것으로 받아들여지는 네 개의 법학파(madhhab) — 한발리(Hanbali), 하나피(Hanafi), 샤피이(Shafi'i), 말리키(Maliki) — 가 성립하였다. 네 법학파는 구체적인 사안에 대한 해석에서 약간씩 차이가 보이기는 하지만 모두 정통으로 인정받았다. 다만 통용되는 지역이 달랐는데 예를 들어 한발리는 아라비아 반도, 하나피는 중앙아시아와 소아시아, 샤피이는 동남아시아, 말리키는 북부 아프리카에서 받아들여졌다. 이슬람을 받아들인 사회가 다양하고 광범위한 만큼 일률적인 법 적용은 어려울 수밖에 없다. 따라서 지역적 특성과 관습의 차이가 반영된 법학파들의 존재는 그만큼 이슬람 사회의 유연성을 보여 주는 증거이기도 하다.

이렇게 해서 형성된 샤리아야말로 성속 일치의 이슬람 세계가 기반을 두고 있는 가장 중요한 지주였다. 칼리프는 샤리아를 수호하고 집행하는 상징적인 최고의 존재이기는 하지만 샤리아의 실질적인 수호자는 '학자들' 즉 울라마(ulama)라고 불리는 집단이었다. 이들은 기독교나 불교의 사제·승려와는 달리 '신에 대한 봉사'를 업으로 삼는 사람이 아니라, 마드라사(madrasa)라는 고등 교육 기관에서 아랍어, 쿠란과 하디스, 법학과 신학과 역사 등을 공부하여 졸업 증서를 받고

'학자(alim)'로 인정을 받은 사람들이다. 이들은 모스크에서 예배를 주도하거나 설교를 하기도 하고, 법률적 해석에 문제가 발생했을 때 '법적 소견(fatwa)'을 내기도 하며, 소송이 제기되었을 때 판결을 내리는 '판관(qadi)'의 역할을 수행하기도 하고, 이슬람과 관련된 사무를 관장하며 군주를 보좌하는 '이슬람의 장로(shaykh al-Islam)'로서 소임을 다하기도 한다.

샤리아는 광범위하고 다양한 이슬람 세계에 법률적 통일성을 가져다주었다. 9세기 후반에 들어서면서 압바스 칼리프 체제가 정치적으로 동요되고 각지에서 독립적인 왕조가 등장하는 상황 속에서도 이슬람권이 통합성을 유지할 수 있었던 것은 바로 샤리아로 뒷받침되는 이슬람 율법의 세계가 있었기 때문이었다. 학자들은 그때까지 완성된 샤리아 체제가 이러한 정치적 혼란으로 인해 동요되는 것을 미연에 방지하기 위해 개인이 새로운 법률적 해석을 내리는 것을 금지하였다. 이로써 '해석(ijtihad)의 문'은 닫히게 되었다.[18] 비록 칼리프의 존재는 명목적이고 상징적인 데에 그쳤지만 율법과 그것을 수호하는 학자들의 존재는 이슬람이 통용되는 곳이면 어디서건 존중되었다. 10~11세기의 이슬람권은 정치적으로 극도의 혼란에 처해 있었다. 소규모 지방 정권들이 각지에서 일어났고 시아파의 도전은 거세었다. 이런 혼란 속에서도 수많은 무슬림 학자와 수피들이 어려움 없이 각지를 여행 다니며 이슬람 형제애를 경험했던 것은 바로 모두 공통으로 받아들이는 샤리아의 세계가 있었기 때문이다.

이러한 상황은 몽골의 지배 이후에도 달라지지 않았다. 처음에 몽골인들은 이슬람을 믿지 않고, 자기들 고유의 무속 신앙을 고집했

이슬람 문명의 모험

다. 오히려 기독교나 불교를 더 옹호했고 대다수의 주민들이 믿던 이슬람에 대해서는 경계심을 표했다. 칭기즈 칸 일족 가운데에는 특히 기독교도가 많아서 바그다드 함락 시에도 교회는 파괴되지 않았다. 또한 카슈미르와 티베트에서 다수의 불교 승려들이 서아시아로 와서 몽골인들의 보호를 받으며 포교 활동을 펼쳤다. 몽골 지배 초기에 이슬람은 위축될 수밖에 없었다. 그러나 몽골인들은 이슬람을 금지하지는 않았다. 비록 적극적인 후원을 하지는 않았지만 그렇다고 어떤 박해를 가한 것은 아니었다.

몽골 제국의 군주들이 각종 종교에 대해서 취했던 태도나 정책에 대해서 흔히 '관용적'이라고 규정하는 경우가 많다. 사실 몽골인들이 중국을 통치하면서 남긴 문헌 자료들을 검토해 보면 유교·도교·불교는 물론 심지어 이슬람과 기독교와 관련해서 적지 않은 특혜를 주었던 사실이 확인된다. 특히 각종 종교의 지도자들에게는 일정 정도까지 면세의 특권을 부여해 주었다. 이러한 사정은 중국뿐 아니라 몽골의 지배를 받은 모든 지역에서 공통적으로 나타났다. 러시아에서는 정교회에 그러한 특권이 주어졌으며, 아르메니아에서도 야곱파 동방교회에 마찬가지 특권이 부여되었다. 서아시아의 이슬람권도 예외는 아니었다. 모스크나 신학교 등에 부속된 많은 종교 시설들에 면세 특권이 주어졌고 그곳에 소속된 종무자들은 아무런 제약을 받지 않고 종교적인 활동에 전념할 수 있었다.

몽골인들의 이러한 정책은 그들이 종교적으로 '관용'의 태도를 가졌기 때문이라기보다는, 사제나 승려와 같은 종교인들을 '기도를 할 줄 아는 사람'으로 인식했기 때문이었다.[19] 몽골인들은 특수한 기능을 갖고 있는 사람들에게는 그러한 일을 전적으로 맡기는 대신 세금을 면제해 주는 정책을 시행했다. 별다른 기능을 갖지 못한 사람들은 평범한 '민호'로서 밭을 가는 생산 활동을 하도록 했다. 그래서 각종 장인들은 물론 매잡이와 참호지기에 이르기까지 각자의 업무에 전념하는 대신 면세 특권을 누렸던 것이다. 몽골인들의 눈에 종교인들의 기능은 기도하는 것이며, 특히 칭기즈 일족의 장수와 성공을 위해 기도를 올리는 것이었다. 기독교에 사제, 불교에 승려가 있다면 이슬람에는 '학자들'이 있었다. 몽골 제국의 시대에 페르시아어로 '다니시만드(danishmand)'라고 불리던 이들은 면세의 특권을 누리며 동시에 무슬림 공동체의 지도자로서 역할을 수행했다.

몽골인들이 정복지를 통치할 때 가장 중요한 원칙의 하나는 본속주의(本俗主義)였다. 몽골의 통치자들은 각각의 집단이 갖고 있는 '본속' 즉 본래의 풍속을 중시하고 그대로 유지할 수 있도록 허용하였다. 역사상 최대의 육상 제국이었기 때문에 그만큼 다양한 집단이 몽골의 지배를 받게 되었고, 이들을 효율적이고 안정적으로 통치하기 위해서 어떤 획일적인 기준이나 법제가 아니라 각자 이제까지 행해 오던 방식을 그대로 인정해 주었던 것이다. 그런 의미에서 몽골 제국은 문화적·민족적으로 다원주의의 원칙에 의거하여 운용되었다. 그런데 이러한 원칙을 논할 때 문제가 되는 것은 각 집단의 '본래의 풍속'을 판단하는 기준이 무엇이냐 하는 점이다.

여기서 13세기 중반 몽골리아를 방문하고 돌아와 여행기를 남긴 프란체스코파 수도사 윌리엄 루브룩이 기록한 일화를 살펴보자. 당시 그는 몽골 제국 서반부의 지배자 바투의 영역을 통과하는 도중에 바투의 아들인 사르탁의 영지에서 머무르게 되었다. 사르탁은 기독교로 개종한 인물로 알려졌고 루브룩은 그가 우호적인 태도로 자신을 대하리라 예상했다. 그러나 예상과는 달리 사르탁 휘하의 고관들은 그에게 이렇게 말했다. "우리 주군이 기독교도라고 말하지 마시오. 그는 기독교도가 아니라 몽골인이오!" 이에 대해서 루브룩은 이렇게 적었다. "그들은 기독교도라는 명칭을 마치 민족(people)의 이름인 것처럼 여기고 있다."[20] 몽골인들의 이러한 관념은 종교에 대한 우리의 통상적인 생각과는 배치되는 것이다. 우리는 한국인이면서 동시에 기독교도일 수 있다고 생각하지만, 당시 몽골인들은 몽골인이면서 동시에 기독교도일 수는 없었던 것이다. 따라서 몽골인과 기독교도 혹은 이슬람교도는 별도의 '민족'으로 분류되었다.

몽골인들이 말하는 '본속'의 기준은 다양했다. 즉 기독교와 이슬람과 같이 종교를 기준으로 삼기도 했지만, 금과 남송의 지배를 받던 사람들을 각각 한인(漢人)과 남인(南人)이라는 별도의 무리로 나눈 것처럼 정치적 귀속을 문제 삼기도 했다. 몽골인, 한인, 남인을 제외한 다양한 귀속의 사람들은 색목인(色目人)이라는 이름으로 불리며 각자 독자적인 집단으로 인정을 받았다. 이렇게 해서 몽골 제국의 지배를 받게 된 여러 종교·민족 집단들은 고유의 언어·풍속·종교·법제를 유지하면서 제국의 일원으로 편입되었다. 예를 들어 고려의 경우에도 국왕의 지배를 받으며 고유의 복식과 제도를 유지할 수 있었다. 서아시아의 이슬람 사회 역시 몽골인들의 이러한 '본속주의'에 의거하여 기왕의 샤리아를 그대로 인정받았고 샤리아를 근거로 법적인 분쟁을 조정하고 해결하는 과정 역시 몽골 침공 이전이나 다를 바가 없이 그대로 지속되었던 것이다.

이런 연유로 몽골 유목민이 이슬람 세계를 정복하고 1세기 이상 지배하였지만 이슬람 사회가 갖고 있던 성속 일치의 체제를 근본적으로 바꾸어 놓지는 못했다. 무슬림을 지배하던 몽골인들은 자기네 고유의 법제인 '야사(yasa)'와 무슬림의 법제인 샤리아를 엄격히 구분하여, 몽골인의 분쟁은 야사에 의해, 무슬림의 소송은 샤리아에 의해 처리하였다. 세속법인 야사는 시간이 지나면서 오히려 영향력이 축소되었다. 점점 더 많은 수의 몽골인들이 이슬람으로 개종했고, 개종한 몽골 지배층은 야사보다는 샤리아를 더욱 중시하게 되었기 때문이다. 14세기 중반 몽골 제국의 세계 지배가 종언을 고하게 될 무렵 몽골인들은 중국을 제외한 다른 모든 지역에서 이슬람으로 개종하고 말았다.

6 맺음말

이슬람권을 연구하는 구미의 대표적인 학자인 버나드 루이스는 근저(近著)에 '무엇이 잘못되었나(What went wrong?)'라는 제목을 붙였다.[21] 그는 여기서 서구의 도전과 우위에 직면한 이슬람 사회가 항상 '누가 우리를 이렇게 만들었나(Who did this to us?)'라는 잘못된 질문을 던져 왔다고 지적하면서, 근대 이후 이슬람권이 경험한 패망과 오욕이 과거 이슬람권을 정복하거나 도전을 제기했던 몽골인·유태인·유럽인·미국인 그 누구의 책임도 아니었으며, 문제의 발단을 알기 위해

이슬람 문명의 모험

서는 이슬람 사회 내부로 눈을 돌려 그 안에서 무엇인 잘못되었는가를 찾아야 한다고 제안하였다.

근대 이후 이슬람의 상황에 대해서 비난할 대상을 외부에서 찾는 일이 무익하다는 루이스의 지적에 대해서는 필자도 동의하는 바이다. 그러나 '무엇이 잘못되었나'라는 질문 방식에 대해서는 동의하기 어렵다. 왜냐하면 이 질문은 그 자체로서 이미 이슬람이 '잘못되었다'는 점을 전제로 하고 있기 때문이다. 그리고 '잘못되었다(wrong)'는 사실을 인정하는 것은 무엇인가 '올바른(right)' 상황을 상정하는 것이며, 이는 역사의 흐름에 어떤 당위적인 경로가 있고 현재의 이슬람은 거기서 일탈한 것이라는 생각이 깔려 있음을 보여 준다. 필자는 이슬람이 7~10세기에는 무엇인가 '올바로' 되어서 발전했고 그 이후에는 '잘못'되어서 쇠퇴와 실패를 겪었다고 생각하지 않는다. 예를 들어 선박이 바다를 항해할 때 순풍을 만나면 빠른 속도로 나아가지만 폭풍을 만나게 되면 길을 잃거나 좌초할 수 있는 것과 유사하다. 운항의 성공과 실패는 선박 자체의 조건에도 영향을 받지만 객관적인 여건의 변화에도 영향을 받는다. 폭풍을 만나서 기우뚱거리는 것은 그 선박에 '무엇인가 잘못이 생겨서'가 아니라는 점을 기억할 필요가 있다.

이슬람의 경우도 마찬가지이다. 이슬람이라는 선박이 역사의 바다를 항해하면서 한때 놀라운 성공과 성취를 이룩했지만 상황이 바뀌어 혼란과 좌절을 경험하기도 하는 것이다. 문제는 성공과 실패라는 차이가 생긴 것이 이슬람이 갖고 있는 어떤 조건에 변했기 때문이 아니라는 데에 있다. 필자가 강조했던 이슬람 사회의 특징 즉 성속 일치의 체제는 초기에는 놀라운 성공을 약속했지만 중세 이후로는 오히려 발전을 가로막는 족쇄가 된 것이다. 이슬람 사회에 내화된 성속 일치 체제는 현대에 들어와 더욱더 큰 문제를 일으키고 있다.

근대 이후 무슬림 사상가·개혁가들은 이슬람이라는 종교와 그것을 믿는 신자들로 구성된 사회, 이 양자 간의 관계를 어떻게 정립하느냐를 두고 많은 대안을 제시해 왔다. 그리고 이를 바탕으로 한 정치적 실험과 시도도 행해져 왔다. 이러한 여러 시도는 크게 두 가지의 상반된 입장으로 정리해 볼 수 있다. 하나는 종교와 세속의 분리를 통해서 서구적 근대화를 성취하려는 시도이다. 이는 오스만 제국이 붕괴된 뒤 케말 아타튀르크에 의해서 본격적으로 시도되었고 현재 터키가 추구하는 방향이다. 반면 초기 이슬람의 정신으로 돌아가서 종교와 세속의 일체성을 더욱 강화하려는 시도가 있다. 이는 호메이니 혁명 이래 이란이 취하고 있는 방향이기도 하다. 이보다 더 극단적인 것은 최근 문제가 되고 있는 ISIS인데, 그들은 아예 칼리프 체제로의 회귀를 주장하고 있다.

오늘날 이슬람 세계에서는 성속의 분리와 일치를 향한 이러한 거대한 실험들, 나아가 다양하고 심지어 극단적인 변주들도 시도되고 있다. 분명한 사실은 이슬람 세계가 지난 1500년 동안 지속되어 온 전통에 그대로 안주할 여유는 없다는 것이다. 과거 이슬람 문명의 성취가 눈부셨던 만큼 그 전통을 부인하기도 어려운 것이 사실이다. 그러나 이슬람이 처음 탄생하였을 때 기성의 대제국과 세계 종교들에 도전하면서 아무도 가지 않았던 바다를 향해 항해했던 것처럼, 지금 이 시대의 이슬람도 새로운 '모험'을 시도해야 할 것이다. 그러한 시도가 어떠한 결과를 낳을지는 알 수 없지만, 필자가 한 가지 확신하는 것은 오늘날 이슬람의 벤처가 어떤 방향으로 가느냐에 따라 무슬림의 미래는 물론 21세기 인류 문명 전체의 운명도 좌우될 것이라는 사실이다.

김호동   서울대학교 동양사학과를 졸업하고 하버드 대학에서 박사 학위를 받았다. 그해부터 현재까지 서울대학교 동양사학과 교수로 재직 중이며, 동양사학회 회장, 서울대학교 역사연구소 소장을 역임했다. 저서로 『근대 중앙아시아의 혁명과 좌절』, 『황하에서 천산까지』, 『동방 기독교와 동서 문명』, 『몽골 제국과 고려』, 『몽골 제국과 세계사의 탄생』 등이 있고, 역서로 『몽골 제국 기행: 마르코 폴로의 선구자들』, 『역사서설』, 『유목 사회의 구조』, 『유라시아 유목제국사』, 『마르코 폴로의 동방견문록』, 『이슬람 1400년』, 『라시드 앗 딘의 집사』(전3권) 등이 있다.

06

오늘의 사상의 흐름

현대 철학사를 보는 몇 가지 관점

김상환 (서울대학교 철학과 교수)

기억, 문맥, 체계

현재와 과거의 관계는 개체와 문맥의 관계와 같다. 하나의 개체는 그것에 의미를 부여하는 문맥 속에 존재한다. 이 글의 주제인 '오늘의 사상의 흐름'이 암시하는 것도 이것이다. 사상은, 나아가 대부분의 사물은 어떤 흐름, 문맥, 계열 속에서 탄생하고 의미를 얻는다. 반면 문맥에서 분리된 개체는 구체성을 상실한다. 체계란 하나의 개체를 문맥화하는 계열들 일반에 대한 총칭이다. 다만 복수의 계열들을 회집, 분절하는 일정한 논리가 있어야 한다는 조건이 추가될 뿐이다. 체계가 공간적이라는 인상을 주는 것은 그것에 고유한 논리적 성격에서 온다. 과거의 역사, 특히 사변적 차원에서 끊임없이 재구성되는 역사적 기억은 하나의 사물에 의미론적 지위를 부여하는 논리-체계적 총체성과 다르지 않다. 과거의 역사를 돌아본다는 것은 언제나 현재를 해석하고 미래의 방향을 예측하기 위한 배후의 문맥을, 나아가 배후의 체계를 만들어 본다는 것과 같다.

우리는 앞으로 제2차 세계 대전 이후에서부터 세계화 시대에 이르는 유럽 사상사의 흐름을 간단히 돌아볼 것이다. 그러나 이보다 먼저 현대 사상의 역사를 바라보는 몇 가지 관점을 점검해 보자. 현대 사상의 흐름은 갈수록 복잡다기해지는 만큼 그것을 계열화하는 관점역시 다양할 수밖에 없다. 관점 부재의 기억이 역사로서 성립할 수 없는 것처럼, 단일 관점의 역사를 고집하는 것은 일종의 무지나 야만이되어 가고 있는 시대다. 특정 시대의 역사를 개관하는 것보다 더 중요한 것은 역사를 어떤 관점에서 접근할 것인가라는 물음이다. 철학사를 체계적으로 접근하는 고전적인 사례는 철학사 연구와 철학적 탐구를 구별하지 않는 저자들에게서 찾을 수 있다. 서양에서는 헤겔, 하이데거, 푸코, 데리다, 들뢰즈, 바디우 등을 좋은 사례로 꼽을 수 있다. 동양, 특히 한국에서 사례를 찾자면 박동환의 3표론을 들 수 있다. 이런 관점들 중 몇몇을 돌아보면서 현재 우리에게 필요한 철학사의 관점을 다듬어 나가 보도록 하자.

데카르트와 헤겔

서양 근대 철학의 출발점에는 데카르트가, 종착점에는 헤겔이 있다. 처음과 끝의 두 철학자는 철학사를 보는 관점에서도 명료한 대비를 이룬다. 데카르트는 방법적 회의를 체계의 필수 불가결한 일부로 간주했다. 과거의 지식들에 대한 과격한 회의를 스스로 실천하지 않고는 누구도 철학의 길로 들어설 수 없다는 것이다. 이런 생각의 배후에는 과거의 기억에 대한 지독한 불신이 자리한다. 데카르트는 자신이 배운 학문, 자신을 가르친 스승, 나아가 관습을 부정했다. 어린 시절 이성의 검열 없이 수용된 모든 견해를 편견으로 치부했다. 그러므로 스스로 철학자의 길을 걷고자 결심했을 때는 서재의 책들을 대신해서 '세상이라는 큰 책'과 '나 자신'이라는 책을 선택했다. 확고한 체계를 구축했다고 확신했을 때는 자신의 독자가 차라리 기존의 철학에 대해 무지하기를 바랐다.[1] 과거에 대한 무지가 오히려 이성의 선천적 판단 능력(양식, bon sens)을 사용하는 데 유리한 조건이 된다는 생각 때문이다.

데카르트는 박학 대신 양식을, 역사적 기억 대신 본유 관념을 신뢰한 철학자다. 그러나 헤겔에서는 모든 것이 거꾸로다. 이제 불신해야 하는 것은 과거의 기억이 아니라 기억과 분리된 지식이다. 역사는 개념의 모태이자 자양분으로 간주된다. 역사는 개념이 비로소 완결된 규정을 획득하는 맥락들의 체계 자체에 해당한다. 데카르트는 역사에 대한 전면적 부정을 통해 새로운 사유의 패러다임을 열었다. 헤겔은 데카르트에서 시작된 시대, 다시 말해서 주체 내부에서 보편자를 찾는 주관적 이상주의의 시대를 완성한다. 그러나 동시에 전혀 다른 패러다임의 시대를 예고한다. 그것은 역사성이 개념, 사물, 진리의 바탕이 되는 시대다.

헤겔과 니체

니체의 영원 회귀 사상은 사물의 존재이자 바탕인 역사성이 무-바탕(Abgrund)으로 반전되는 지점을 표시한다. 이때 무-바탕은 바탕이 없음을 말하는 것이 아니다. 다만 근거이되 충족 이유율을 초과한다는 것을, 예측 불가능한 우연에 열려 있다는 것을, 따라서 중심이 복수화한다는 것을 말할 뿐이다. 현대 유럽 사상사는 존재＝역사성＝무-바탕이라는 니체적 삼위일체를 겨우 벗어나고 있다. 그러나 니체적 반전이 있기 위해서는 먼저 헤겔적 반전이 있어야 했다. 니체의 삼위일체는 존재＝역사성＝바탕이라는 헤겔적 삼위일체의 변형이다.[2]

헤겔에게서 인류의 문명사 및 사상사 전체는 하나의 동심원을 그린다. 동서를 포괄하는 수천 년의 역사가 단일한 패러다임의 시대, 단일한 줄거리의 이야기로 기술된다. 반면 니체 이후에는 무수한 역사적 궤적들이 단일 중심의 동심원으로 수렴되지 않는다. 오히려 각기 서로 다른 중심들을 향하여 발산한다. 시대는 복수화된다. 역사적 서

오늘의 사상의 흐름

사는 이합집산 하는 계열들을 직조하는 작은 이야기의 성격을 띠게 된다. 헤겔의 역사는 단일한 거대 서사를 이루는 반면, 니체 이후의 역사는 서로 경쟁하고 상대화하는 이질적 미시 서사들의 다양체가 된다. 이런 차이에도 불구하고 헤겔과 니체는 하나의 에피스테메에 속한다. 두 철학자는 사물의 존재가 역사성에 뿌리내리고 있다고 본다는 점에서 다르지 않다. 다만 역사성을 어떻게 이해하느냐 하는 점에서만 다를 뿐이다. 물론 위에서 언급했던 것처럼, 이것은 체계를 어떻게 이해하느냐 하는 문제와 같다. 요컨대 니체는 헤겔이 열어 놓은 시대에 속한다.

1 헤겔-하이데거의 관점 — 일몰 이후 서양 혹은 세계의 밤

그러므로 헤겔에서부터 시작해 보자. 헤겔은 역사를, 특히 철학의 역사를 어떻게 바라보는가? 아마 두 가지 테제로 요약할 수 있을 것이다. 하나는 철학사를 철학 체계 자체와 구별하지 말아야 한다는 것(동일성의 테제)이다. 다른 하나는 철학 체계의 완성과 더불어 철학사가 종말에 도달했다는 것(종언의 테제)이다. 두 가지 테제를 차례로 검토해 보자.

철학사와 철학의 동일성

헤겔의 관점에서 철학사는 현재와 무관한 이론들의 우연한 집적이 아니다. 철학사에 등장하던 이론들은 여전히 현재의 철학 속에 지양된 형태로 보존된다. 이론들이 등장하던 역사적 순서(뮈토스)는 참된 철학의 내용이 구성되는 논리적 순서(로고스) 자체에 해당한다. "철학사에 등장하는 철학 체계들의 연속적 이행은 (진리의) 개념적 규정성이 논리적으로 연역되어 가는 연속적 전개와 같다."[3] 역사는 논리적이고 체계적이다. 이는 헤겔에게서 이성적이라는 것, 참되다는 것, 그래서 철학적이라는 것과 같다. 이로부터 헤겔이 자신의 철학사 강의의 최고 주안점이자 "근본 개념"(GPh 47)으로 제시하는 테제가 귀결된다. 그것은 곧 철학사와 철학은 단일한 통일성을 이룬다는 주장이다. "철학사와 철학의 관계는 (……) 그 자체가 철학에 속한다. 철학사는 그 자체가 학적이며 게다가 일반적으로 말하자면 철학이 되어 버린다."(GPh 18~19) 이런 동일성의 테제는 적어도 다음과 같은 세 가지 전제 위에 서 있다.

(1) 먼저 모든 역사(가령, 예술, 종교, 정치, 민족의 역사)는 종류를 막론하고 문명의 역사로 수렴하고, 모든 문명의 역사는 정신(Geist)의 역사로 수렴한다는 전제.[4] 그러므로 인간의 역사적 삶 속에서 칡뿌리처럼 얽혀 가는 수많은 이야기는 단일한 정신의 이야기가 펼쳐지는 과정에 불과하다.

(2) 다른 한편 정신의 역사는 철학의 역사를 통해 가장 선명하게 그 뼈대를 드러낸다는 전제. 그러므로 철학사는 다른 종류의 역사들 중의 하나가 아니다. 철학사는 대문자 역사 자체에 해당한다. 철학사는 정신이 자기 자신을 완성해 가는 과정이고, 그 과정이 대문자 체계 자체가 구성되어 가는 과정이다.

(3) 마지막으로 철학사의 각 단계에 등장하는 이론은 당대의 역

사적 현실의 절대적 필요(시대정신)에 부응해야 한다는 전제. 그러므로 철학사는 단지 철학적 이론들 간의 이야기로만 그치는 것이 아니다. 철학은 시대정신을 두고 역사적 현실과 관계하는 다른 종류의 관점들과 치열하게 경쟁해 왔다. 이는 "철학이 인접 영역들, 종교, 예술, 여타 과학들, 나아가 정치적 현실의 역사와 유지하는 밀접한 상관관계"(GPh 19) 안에서 파악되어야 한다는 것과 같다.

이상의 세 가지 전제 위에서 "철학사 연구는 철학의 연구 자체다."(GPh 49)라는 테제가 성립한다. 이때 연구란 어떤 내면화하는 기억(er-inner-en), 반추하는 회상이다. 회상의 노동은 전통의 기원을 향해 멀리 소급할수록 커지며, 마침내 "과거의 철학에 반하는 자기만의 고유한 어떤 것(etwas Eigenes gegen das, was sie voher war)을 만들어 낼수 있다."(GPh 22) 헤겔적 의미의 철학적 사유는 과거의 회상과 다르지 않다. 그것은 과거로 향하는 가운데 과거에 반하는 어떤 것을 잉태하는 회상, 과거의 사유 속으로 침잠하는 가운데 아직 사유되지 않은 바깥을 불러내는 회상이다. 이런 사유의 이념은 20세기 유럽 철학에서 한편으로는 해석학(딜타이, 가다머, 리쾨르)을 통해, 다른 한편으로는 하이데거와 데리다의 철학사 해체론을 통해 훨씬 더 과격화된다. 그러나 20세기 철학사 해체론이 과격화하는 것은 이것만이 아니다. 그것은 또한 철학사와 관련된 헤겔의 두 번째 테제, 종언의 테제다.

종언의 주제

헤겔은 정신을 태양에, 정신의 역사를 해의 궤적에 비유했다. 즉 정신의 역사는 일출에서 일몰에 이르기까지 해가 이루어 내는 "위대한 하루의 노동"5이다. 역사는 해가 뜨는 아침의 땅(Morgen-land)에서 시작하여 해 지는 저녁의 땅(Abend-land)에서 완성된다. 일출의 해와 일몰의 해는 모두 수평선에 잠겨 핏빛을 토해 낸다는 점에서 같다. 그것은 모두 정신(해=무한자)이 감성과 물질(바다=유한자의 세계)에 잠겨 있는 모습이다. 그러나 아침과 저녁 혹은 동양과 서양에서 정신과 물질의 관계는 완전히 다르다. 일출은 동양에서 최초의 문명이 탄생하는 모습에 해당한다. 여기서 정신은 아직 물질에 종속되어 있다. 반면 일몰은 서양에서 인류의 문명이 완성되는 장면에 해당한다. 여기서는 물질이 정신에 종속되어 있다. 동쪽에서는 정신이 감성적 사유가 펼쳐지는 데 봉사한다. 반면 서쪽에서는 물질이 정신의 가능성이 실현되기 위해 요구되는 하위의 조건이 된다. 전자가 물질에 의해 소외된 정신이라면, 후자는 타자 속에 있으면서 자기 자신으로 복귀한 정신이다.

타자 속에서 자기 곁에 있다는 것(Bei-Sich-Selbst-im-Anderen-Sein), 혹은 바깥 속에서 자신의 고유한 내면성을 향유한다는 것. 이것이 헤겔적 의미의 사랑이며 또한 자유다. 세계사는 그런 의미의 자유가 진보하는 과정이다. 그리고 프랑스 혁명 이후 그것을 의식의 차원에서 완결하는 독일 관념론 시대에 이르러 종말에 이른다. 이때 종말에 이른다는 것은 완전히 끝나 버린다는 것이 아니다. 다만 완전한 상태에서 지속한다는 것을 말한다. 일몰은 그런 종말의 상태를 나타낸다. 그것은 역사의 종말이자 철학의 종말과 같다. 헤겔이 죽고 100년이 지난 이후 하이데거는 여전히 서양이 맞이할 종말의 장면 앞에 머물러 있다. 그러나 여기서 종말의 장면은 일몰의 저녁이라기

보다는 오히려 일몰 이후 들이닥칠 칠흑의 밤으로 바뀐다. 하이데거
는 어두운 밤 속에서 마침내 동터 올 아침을 기다린다. 새로운 일출이
라는 "전대미문의 변화"를 예감하는 것이다.

과연 우리의 저녁은 지구 전체뿐 아니라 지구에 매달려 있는 역사적 공간
의 시간을 뒤바꾸어 놓을 전대미문의 변화를 목전에 두고 있는가? 과연 우
리가 서 있는 곳은 새로운 아침을 기다리는 어떤 밤으로 향한 저녁인가?
우리는 이제 막 지구의 저녁이라는 이 역사의 땅 안으로 이주해 들어가려
는 것인가? 저녁의 나라(Land des Abends)는 이제 막 모습을 드러내려는 것
인가? 이 서쪽 나라(Abend-Land)는 동양과 서양을 훌쩍 넘어서고 또 유럽
을 지나 급기야 훨씬 더 시초적인 미래 역사의 장소가 될 것인가? 오늘을
살고 있는 우리는 이미 서쪽 나라에 속하는 사람들인가? 하지만 우리가 서
쪽 사람들이라면, 이는 오로지 우리가 세계의 밤(Weltnacht)으로 이행한다
는 사실을 통해서만 드러날 수 있는 의미에서 그런 것이 아닌가?[6]

헤겔의 역사가 정신의 역사라면, 하이데거의 역사는 존재의 역사
(더 정확히 말하면 존재의 자기 후퇴 및 은폐의 역사=존재 망각의 역사=형
이상학의 역사)다. 하이데거의 존재는 헤겔의 정신처럼 여전히 태양의
위치, 다시 말해서 지구 위에서 펼쳐지는 세계사의 궤적을 구조화하
는 위상에 있다. 그리고 헤겔의 정신처럼 마침내 서쪽 바다에 처박혀
검붉은 노을을 토해 내며 장엄한 저녁 풍경을 연출한다. 그것은 "새
로운 아침을 기다리는 어떤 밤으로 향한 저녁"이다. 서쪽 나라는 동
양과 서양의 구별이 사라질 어둠을 지나 "전혀 다른 세계 시대의 아

침"(HW 326)을 맞이할 예정이다. 해 뜨기를 기다리는 지금, 하이데거의 오늘은 어떤 밤, "세계의 밤"이다. 이때 세계의 밤은 철학사적으로는 니체의 시대와 맞물리고, 문명사적으로는 테크놀로지 시대를 가리킨다.

테크놀로지 시대는 "존재자에 허락된 밝음이 존재의 빛을 어둡게 만들어 버린다"(HW 326)는 의미에서 어둠의 시대다. 대낮같이 밝은 도시의 밤에 별빛은 어두워지고 달빛은 초라해진다. 테크놀로지 시대에 존재자를 비추는 인공의 빛은 이성에서 온다. 여기서는 모든 존재자가 이성의 계산과 예측 속에, 어떤 등거리적인 조작 가능성 안에 위치한다. 모든 존재자가 이성의 빛 아래 환히 빛나는 테크놀로지 시대에는 존재자를 처음 개방했던 존재의 빛은 완전히 잊히고, 그런 망각이 일어났다는 사실 자체마저 망각된다. 하이데거에 따르면, 이런 망각의 망각을 대변하는 것이 니체의 철학(힘의 의지의 철학)이다. 테크놀로지 시대는 존재의 빛이 완전히 사라진 시대라는 의미에서 세계의 밤이다. 이런 세계의 밤에 "역사는 자신의 종말을 향해 가파른 속도로 줄달음치고 있지만, 이 종말에서는 모든 것이 가일층 피폐해지는 어떤 획일성의 질서 안에서 죽어 나가고 있다."(HW 300)

이런 묵시록적 종말의 국면을 통과하면서 하이데거는 두 가지 방향에서 미래를 준비한다. 한편으로는 소크라테스 이전의 그리스 철학을, 다른 한편으로는 횔덜린과 같은 시인들을 재해석하면서 새로운 아침으로 나아가는 본래적 사유의 길을 개척한다. 소극적으로 정의하자면 본래적 사유는 주체와 객체의 대립에서 벗어난 사유를 말한다. 존재 망각은 사물을 대상화하거나 객체화하는 재현 및 표상적 사유의 등장(다시 말해서 플라톤주의의 등장, 형이상학의 등장, 이론적 사유의 등장)과 더불어 시작되었다. 적극적으로 정의하자면 본래적 사유는 시적인 사유를 의미한다. 소크라테스 이전에는 이론적 사유와 시적인 사유가 아직 분화되지 않았다. 뮈토스와 로고스, 운문과 산문, 시적인 조형과 기술적 조형은 일체를 이루었다. 그런 소크라테스 이전의 언어 속에서, 그리고 유럽 정신의 시원을 회상하는 19세기 말의 시적인 언어 속에서 하이데거는 종말에 다다른 재현적 사유의 저편으로 나아갈 수 있는 길을 찾고자 했다. 그것은 곧 존재의 빛 속으로 다시 들어설 수 있는 길과 같다.

세계의 밤 혹은 포스트모더니즘 전후

종말론적 위기를 넘어 존재의 새로운 아침을 준비하던 하이데거의 노력은 주로 1960년대 이후의 프랑스 철학과 1980년대 이후의 미국적 포스트모더니즘으로 계승된다. 헤겔-하이데거적인 종언의 주제가 서양철학의 새로운 국면을 열어 가는 선도적인 주제로 거듭나는 것은 레비나스, 푸코, 데리다, 들뢰즈, 리오타르 등과 같은 프랑스 철학자들에 의해서다. 이들은 서양 형이상학의 역사에 국한되었던 종언의 주제를 다른 문제와 관련지었다. 가령 동일성의 종언(레비나스), 서양의 종언(레비스트로스), 주체의 죽음(푸코), 근대성의 종언(리오타르), 저자의 죽음(바르트), 책의 종언(데리다), 실재의 죽음(보드리야르) 등이 그것이다. 그리고 계속 이어지는 이런 종언의 선언과 애도의 담론은 이 시대에 역사상 유례없는 대전환이 일어나는 듯한 인상을 불러일으켰다. 이른바 탈근대 담론이 시작된 것이다.

탈근대 담론으로 이어지는 애도의 담론이 일반화되는 배경에는 헤겔-하이데거의 세계사 도식이 중요한 좌표로 서 있었다. 사실 두 철학자의 도식에서 역사는 낮의 시대와 밤의 시대로 대별된다. 낮의 시대, 빛의 시대는 플라톤주의의 시대에 해당한다. 그것은 이론적 사유의 시대, 현전적 존재 이해의 시대, 존재-신학의 시대, 목적론적 사유의 시대와 같다. 개념적 동일성의 시대라 할 수도 있다. 프랑스 철학자들은 그것을 다시 백인 중심주의 시대(레비스트로스), 남성 중심주의 시대(레비나스), 이항 대립적 사유의 시대(데리다), 음성 중심주의 시대(데리다), 편집적 사유의 시대(라캉, 들뢰즈), 거대 담론의 시대(리오타르) 등과 등치시켰다.

그렇다면 새벽을 기다리는 밤의 시대(세계의 밤)는 어떤 시대인가? 그것은 차이와 흔적, 그리고 타자를 우선시하는 시대가 아닌가? 혹은 독특성과 다양성의 시대, 다형성의 시대, 혼종과 다문화의 시대, 여성성의 시대가 아닌가? 기호와 이미지의 시대, 수사학의 시대, 미시 담론의 시대, 질료와 몸의 시대, 소비와 과시의 시대, 분열증의 시대가 아닌가? 디오니소스적 도취의 시대, 우발성의 시대, 가상의 시대가 아닌가? 이런 질문과 대답이 미국의 대중문화와 맞물려 포스트모더니즘이라는 사조를 낳았다. 세계적으로 상업적 성공을 거둔 포스트모더니즘의 물결 속에서 낮의 시대에 억압받은 모든 것들은 고삐 풀린 망아지처럼 제도적 학문의 장벽을 부수며 뛰쳐나왔다. 그리고 유행이 넘치는 대중들 사이로 뛰어들었다.

오늘의 사상의 흐름

세계화 혹은 이상한 세계의 아침

그러나 우리는 더 이상 이런 시대를 살지 않는다. 서기 2000년 이후 세기말의 흥분이 가라앉으면서 포스트모더니즘이 한껏 띄웠던 시대 전환의 꿈은 효력을 다한 물거품처럼 하나둘 꺼져 가기 시작했다. 학문의 영역과 대중의 영역이 다시 분리되는가 하면, 과거에 애도의 대상이 되었던 주체, 실재, 의미, 진리 같은 것들이 학문적 담론의 장으로 귀환하기 시작했다. 그러나 우리는 여기서 어떤 역설을 경험한다. 왜냐하면 그런 전통적인 주제에 대한 이론적 성찰은 포스트모더니즘의 원천에 있는 1960년대의 프랑스 철학자들에 의해 좀처럼 넘어서기 어려운 수준에까지 도달했기 때문이다. 이들은 단순히 수사학적일 뿐만 아니라 논리적이고, 유행에 민감하면서도 고전적인 면모를 보여 준다. 철학의 언어로 철학의 한계를 넘어서겠다는 꿈에만 사로잡혀 있던 것이 아니라 고전 문헌의 해석이나 글쓰기에서도 독창적인 경지를 열어 놓았다.

포스트모더니즘을 통해 대중적 소비의 대상이 되었던 파리의 철학자들은 이런 여러 이유에서 이제 대학으로 복귀하여 학문적 연구의 대상이 되고 있다.[7] 이런 복귀의 흐름 속에서 1960년대의 프랑스 철학자들의 담론은 비로소 엄격한 학문적 검증의 단계로 접어들었다. 이는 지난 50년간 이들의 성취가 피상적이고 편의적인 수준에 머물러 있었다는 것을 말한다. 하지만 과연 이들은 갈수록 심화될 체계적 비판의 절차를 통과하여 미래의 고전으로 자리매김할 것인가? 개인적으로는 그럴 개연성이 크다고 본다. 인류학, 언어학, 정신분석 등과 같이 기존 철학의 틀을 깨면서 등장했던 당대의 수준 높은 인간과학과 전위적인 예술적 성취에 부응하는 개념적 연락망을 구축하는 데 성공했기 때문이다. 그리고 차이나 타자와 같이 서양철학사의 흐름에 돌이킬 수 없는 전회를 가져온 문제를 제기한 것도 그들이다. 이런 것이 아니더라도 이들이 보여 준 독창적인 문헌 해석 방법과 혁신적인 철학사 방법론은 이미 기존 제도권의 수준을 뛰어넘는 만큼 시간이 흐를수록 철학의 진로에 지속적으로 영향을 미칠 것이다.

그러나 이것은 어디까지나 서양에 국한된 이야기다. 우리는 포스트모더니즘의 시대를 살지 않는 것처럼, 서양의 철학으로만 만족할 수 있는 시대를 살지 않는다. 포스트모더니즘의 물결이 썰물처럼 빠져나간 역사의 해변에는 이미 다른 종류의 파도가 밀려들어 와 있다. 그것은 세계화의 조류가 만들어 낸 물결이다. 그렇다면 세계화란 무엇인가? 그것은 지구에 거주하는 인간 전체가 하나의 운명 속에 결속되는 역사의 새로운 국면이다. 우리는 그것을 세계의 아침이라 부를 수 있다. 그러나 지구인 전체가 공유하는 운명은 아직 미지에 휩싸여 있다. 다만 불길한 전조들만을 내비치고 있을 뿐이다. 무엇보다 장기 시간의 소멸 같은 것을 예로 들 수 있다.

세계화는 자본과 기술의 보편성과 양자가 공유하는 자기 극대화의 논리에 근거한다. 그 가공할 자기 극대화의 논리에 따라 자본과 기술의 순환 주기는 갈수록 가속화되는 양상을 띤다. 괴테는 인생은 짧고 예술은 길다고 했다. 하지만 세계화 시대에는 인간의 수명은 자꾸 길어지는 반면, 거의 모든 것의 수명은 단축되어 간다. 정보, 지식, 상품, 이미지는 갈수록 짧아지는 순환 주기 속에서 격렬한 생애를 마치며 사라져 간다. 장기 시간의 안정성이 사라지면서 세계는 경제적 불안, 심리적 불안, 존재론적 불안을 겪고 있다. 그런 가운데 동서의 문화가 합류하면서 상호 영향을 미치고 있다. 세계화라는 비밀에 가득한 미래는 이상한 세계의 아침이다. 지역의 역사와 세계의 역사, 나아가 동서의 역사를 구별하기 어려워지는 세계화 시대는 인류가 아직 경험해 보지 못한 문턱을 지나고 있다. 이런 세계화 시대에 철학은 어떤 양상을 띨 것인가?

이런 물음은 헤겔-하이데거가 그렸던 서양의 저녁이나 세계의 밤, 그리고 그런 장면과 더불어 제기되었던 종언의 주제에서부터 풀어 갈 수밖에 없을 것이다. 왜냐하면 역사의 종언, 철학의 종언, 플라톤적 형이상학의 극복 같은 주제들, 그리고 프랑스 철학자들이 펼쳤던 다양한 종언과 애도의 담론들은 철학사의 새로운 동쪽(Orient)을 설정하는 문제를 제기하고 있기 때문이다. 칸트는 만년에 "사유에서 방향을 설정한다는 것(sich orientieren)은 무엇을 의미하는가?"라는 물음에 답하면서 사유의 본성과 관련된 고전적인 자료를 남겼다. 이제 지리학적 방위 설정과 정향의 문제는 사유의 문제에서 역사의 문제로 이중화되어야 한다. 역사에서 방향을 설정한다는 것은 무엇을 의미하는가? 이것이 역사의 의미를 결정하는 가장 중요한 문제이자 세계화라는 미지의 역사적 현실에 부딪혀 철학이 풀어야 할 일차적 물음에 해당한다.

그렇다면 헤겔-하이데거의 세계사 도식이 지속적으로 영향력을 미칠 수 있었던 이유는 어디에 있는가? 무엇보다 먼저 서양철학사 전체를 단순하면서도 극적인 장면 속에 압축하는 힘에 있을 것이다. 차례로 이어지는 일출과 일몰, 그리고 모든 빛이 사라진 어두운 밤의 장면을 이용하여 그들은 서양철학사 전체를 하나의 단순한 이야기 속에 담아냈다. 그러나 문제는 이들의 이야기가 극적이면 극적일수록 철학의 기원과 종말이 절대화된다는 데 있다. 즉 철학의 그리스적 기원이 초역사적 필연성을 띠는 사건으로 이상화된다. 유럽 철학사는 인류 정신의 보편적 운명으로 영원화된다. 동양적 사유는 더 이상 돌아볼 필요가 없는 철학 이전의 역사로 전락한다. 반면 서양적 사유의 역사는 우주로 뻗어 가는 지구 전체의 미래를 미리 결정하는 위치로 올라선다.

다시 말해서 헤겔-하이데거의 역사 도식에서 시간은 변하되 장소는 바뀌지 않는다. 시간은 황혼이었다가 밤이 되고, 그래서 새벽을 향해 가고 있는데, 그런 시간의 변화가 일어나는 곳은 언제나 일몰의 땅이자 저녁의 나라인 서양에 고정되어 있다. 헤겔과 하이데거는 세계사의 새로운 아침이 동양에서 시작될 가능성은 꿈에서조차 생각하지 않고 있다. 세계의 중심이 다원화되는 세계화 시대에는 어울리지 않는 관점이다. 세계의 이상한 아침은 전혀 새로운 역사의 도식을 기다리고 있다. 이것은 역사를 진보의 역사로, 그리고 진보의 역사를 동양에서부터 멀어져 가는 역사로 그리는 이른바 오리엔탈리즘을 벗어나는 문제와 같다.

2 들뢰즈-바디우의 관점

— 역사와 사건의 구별, 그리고 철학의 재개

철학의 재개

다시 20세기 말의 시범으로 돌아가자면, 포스트모더니즘의 배후에 있는 수많은 위기의 담론과 애도의 언사들 — 가령 이성의 위기, 철학의 종언, 주체의 죽음, 진리의 후퇴, 실재의 소멸 등에 대한 담론들 — 은 헤겔-하이데거의 오리엔탈리즘이 절대화한 세계사 도식의 안전판 위에서 펼쳐졌다. 묵시록적 언어는 신에 대한 믿음을 전제한다. 마찬가지로 포스트모더니즘 시대의 종말론적 예언들은 한없이 이상화된 서양 정신의 역사와 그것이 동반하는 갱생에 대한 믿음을 배후로 한다. 이런 종류의 종말론적 담론들은 세기말의 흥분과 겹쳐 극단화되곤 했다. 그러나 새로운 천년의 주기가 시작될 2000년이 막상 다가오자 모든 것이 달라지기 시작했다. 관념상의 전망이 현실의 역사와 부딪혀 포말처럼 부서져 갔다.

당대의 철학을 백일몽에서 깨어나게 한 것은 이미 깊숙이 진행된 세계화가 지구 곳곳에 초래한 경제적 엘니뇨 현상이었다. 예측하기 어려운 자본의 쏠림은 여기저기 금융 위기와 경기 침체를 초래하면서 지구촌을 뒤흔들었다. 당시 중국이라는 안전판이 그 충격을 흡수해 주지 않았다면, 지구촌은 세계화가 몰고 온 경제적 지각 변동을 견디어 낼 수 있었을까? 하지만 그 위기의 시기는 중국이 세계사의 무대로 등장하는 전환점이 아니었을까? 이런 문제에 대한 성찰은 해당 전문가들에게 맡기도록 하자. 다만 현실의 지각 변동과 더불어 과거의 헤겔-하이데거식 역사 도식도, 그 도식에 기댄 종말론적 담론들도 모두 꺼져 버렸다는 점만 다시 기억하도록 하자. 이제 정신의 역사나 철학사 전체를 바라보는 관점이 새롭게 구축되어야 했다.

이런 요구에 부응하여 각별한 주목을 끈 철학자로는 들뢰즈와 바디우가 있다. 이들은 적어도 두 가지 이유에서 헤겔-하이데거의 세계사 도식을 대체할 후보로 평가될 수 있다. 하나는 현실의 역사적 변화를 주도하는 세계화의 물결에 대처할 철학적 시선을 제시한다는 점이다. 1960년대의 프랑스 철학자들이 첨단의 인간과학(언어학, 인류학, 정신분석)의 높이에서 사유하는 모습을 보여 주었다면, 이들은 일찍부터 "자본의 높이에서 사유하기"[8]를 요구했다. 다른 하나는 종언의 주제가 심화됨에 따라 절망에 빠진 듯한 철학에 재개의 길을 열었다는 점이다. 들뢰즈는 과타리와 함께 해체론적 전통(니체, 하이데거, 데리다)의 전유물로 간주되었던 "철학이란 무엇인가?"라는 물음에 도전하여 철학사를 바라보는 신선한 관점을 구축했다. 바디우 역시 현대 서양철학의 역사를 반복적으로 재구성하는 가운데 종언의 주제에 붙들려 답보 상태에 빠진 듯한 서양철학에 강력한 충격을 던졌다. 그리고 죽었던 것으로 선언된 진리, 주체, 체계를 철학의 현장으로 소환하는 가운데 철학의 재개를 선언했다. 들뢰즈와 바디우는 개념의 창조와 체계의 구축이라는 고전적인 철학의 개념을 되살리면서, 그리고 각기 독창적인 사건의 개념을 전면에 내세우면서 새로운 철학적 담론의 방향을 열어 갔다. 적어도 자본의 높이에서 철학사의 과거와 미래를 내다볼 수 있는 전혀 다른 시야를 구축해 놓은 것이다.

자본과 개념

그렇다면 자본의 높이에서 내다본다는 것은 무엇을 의미하는가? 들뢰즈를 중심으로 이야기하자면, 그는 자본을 두 가지 상반된 관점에서 바라본다. 한편으로 철학이 극복할 궁극의 대상으로, 다른 한편으로 철학이 성립하기 위해 전제해야 할 중요한 조건으로 본다. 왜 조건인가? 그것은 자본과 개념의 유사성 때문이다. 자본은 자기 품에 들어온 모든 것을 자유롭게 탈코드화하거나 탈영토화한다. 이때 탈코드화는 상징적 코드의 변화를, 탈영토화는 환경이나 문맥의 변화를 말한다. 하나는 의미론적 정체성을, 다른 하나는 기능상의 정체성을 바꾸는 운동이다. 사실 자본의 흐름 안에서는 어떤 것도 고정된 정체성을 유지하기 어렵다. 노동과 상품에 관련된 모든 것은 끊임없이 단위, 위계, 배치, 속도를 바꾸어야 할 운명이다. 좌우의 정치적 코드나 국경마저 자본의 흐름 안에서 뒤죽박죽되는 것이 세계화 시대 아닌가? 세계화 시대에는 국가마저 "자본의 내재적 공리에 봉사하는 실행 모델"[9]로 전락한다.

들뢰즈는 자본의 흐름이 가져오는 유동성을 상대적 탈영토화라 부른다. 그것을 넘어서는 유동성이 있기 때문이다. 개념의 세계에서 일어나는 유동성이 바로 그것이다. 자본은 크로노스의 시간(역사의 시간)에 속하고, 따라서 역사적인 모든 것과 마찬가로 그것의 운동은 상대적일 수밖에 없다. 반면 개념은 아이온의 시간(사건의 시간) 속에 있기 때문에 그것이 일으키는 탈영토화는 절대적이다. 가령 데카르트가 사유하는 자아(코기토)의 개념을 확립할 때 기존 철학의 개념들 전체가 새로운 의미론적 연락망 안에서 재편된다. 그런 재편의 운동은 칸트와 독일 관념론, 현상학과 실존철학을 거쳐 미래의 철학이 그 안에서 태어나면서 거듭된다. 진정한 개념은 수많은 독특한 항들(특이점들)이 공존하면서 이합집산 할 수 있는 거대한 공시적 평면(이른바 "내재성의 평면") 위에서 펼쳐지고, 그런 의미에서 "무한의 속도"(QP 26)를 지닌다.

들뢰즈에 따르면, 내재성의 평면(혹은 공속성의 평면)과 그 위에 놓인 개념은 철학을 정의하는 최소의 항이다. 즉 철학은 선-철학적 차원에 있는 내재성의 평면을 전제하고, 개념의 창조와 더불어 시작한다. 자본이 상대적 탈영토화의 운동에 그친다면, 내재성의 평면에 놓인 개념은 절대적 탈영토화로 나아간다. 이곳에서 운동은 무한해진다. 철학은 개념의 창조에서 시작하지만, 개념의 창조는 그것에 자율적 전개의 논리를 부여하는 내재성의 평면 위에서만 가능하다. 사유는 새로운 내재성의 평면(이른바 "대지")을 수립하거나 기존의 평면을 흡수할 때(QP 85) 비로소 개념이 생성되는 국면으로 나아갈 수 있다. 그렇다면 내재성의 평면은 어떻게 수립될 수 있는가? 이것이 중요한 물음인데, 이는 현실의 역사 속에서 철학의 역사가 펼쳐지는 방식과 관련되기 때문이다.

이 물음과 관련하여 들뢰즈가 일차적으로 강조하는 것은 내재성의 평면이 선험적으로 주어지는 것이 아니라는 점이다. 즉 그것은 특정한 역사적 환경에서 유래한다. 정확히 말해서 그것은 탈영토화(그리고 그에 이은 재영토화)가 수평적 구도에서 이루어지는 환경의 산물이다. 탈영토화는 수직적 구도에서 이루어질 수도 있고 수평적 구도에서 이루어질 수도 있다. 들뢰즈는 전자를 초월성이라 부르고 동양적 사유나 신학적 사유의 특징으로 간주한다. 반면 후자는 내재성이라 부르고, 그리스-유럽적 사유의 특징과 동일시한다. 이런 대립은 형태와 개념의 대립으로 이어진다. 즉 동양적 사유나 신학적 사유(수직적, 초월적 탈영토화)는 어떤 형태나 그림(팔괘, 만다라, 성화상)에 의존한다. 반면 그리스-유럽적 사유(수평적, 내재적 탈영토화)는 개념에 의존하는 추상적 사유다.

들뢰즈에 따르면, 내재성의 평면이 수립되기 위해서는 그에 걸맞은 사회적 환경이 먼저 조성되어야 한다. 철학은 역사적으로 우연히 조성된 사회적 환경을 사유의 차원에서 내재성의 평면으로 발전시키고, 나아가 그 평면을 환경 속에 재영토화할 때, 그래서 마침내 환경과 평면을 결합할 때 성립한다. 철학이 그리스에서 처음 시작된 이유는 이런 관점에서 설명될 수 있다. 즉 그것은 그리스 해안 도시들 간의 해상 무역과 그것이 구축한 상업적 연락망이 가져온 축복이다. 이 상업적 연락망 안에서는 모든 수직적 권위와 위계적 고착성이 유동성에 빠지는 어떤 자유로운 사회적 환경("친구들의 사회")이 조성되었다. 그리고 그런 수평적 유동성의 환경 안에서 "그리스인들은 모든 것이 내적으로 전개되어 개념에 이르는 첫 번째 단계를 고안해 냈다."(QP 90) 내적 유동성의 환경을 내재성의 평면으로 전환시키고, 상대적 탈영토화를 절대적 탈영토화와 결합하면서 개념의 생성이 일어날 수 있는 토대를 마련한 것이다.

철학사의 기원을 그리스에 두어야 하는 이유는 여기에 있다. 그러나 들뢰즈에 따르면, 그리스인은 내재성의 평면을 수립했을 뿐 무한한 개념의 창조까지는 나아가지 못했다. 개념의 창조는 근대 유럽에서 자본주의가 조성한 환경과 맞물릴 때 본격적으로 시작될 수 있었다. 자본주의의 체제는 외적인 제한을 모른다는 특징을 지닌다. 체제의 한계는 외부로부터 한정되는 것이 아니라 내부로부터 설정된다. 한번 정해진 경계는 오로지 내부의 규칙이나 경쟁을 통해서만 극복되어 다시 그려진다. 이렇게 안으로부터 도모되는 자기 극대화의 경향 속에서 모든 사물은 끊임없는 탈코드화와 재코드화, 탈영토화와 재영토화의 순환 속에 놓인다.

들뢰즈는 이것을 수평적 팽창의 운동으로 그린다. "세계의 시장은 땅끝까지 확장되어서 이제 은하계를 가로지르기 직전에 이르렀다. 대기조차 수평적이 되었다."(QP 93) 이런 가공할 자본주의는 "오로지 서구만이" 발전시킬 수 있었고, 이와 더불어 진정한 개념의 창조를 뒷받침하는 내재성의 환경을 형성했다. 그러므로 서양철학사는 헤겔-하이데거의 도식이 그리는 것처럼 그리스에서 발원하여 중세의 기독교 신학의 중개를 거쳐 유럽으로 전해지는 어떤 단일하고 연속적인 계승 과정이 아니다. 근대 이후의 철학사는 유럽에서 다시 한번 그리스와 유사하면서도 훨씬 더 과격한 사회적 환경이 형성되었기 때문에 "우연히 재개된 것"(QP 94)뿐이다.

사건과 역사

이제 문제는 이런 종류의 우연한 재개를 정확히 아는 데 있다. 철학의 출발에 있어야 하는 것은 모든 것이 내부의 규칙이나 경쟁을 통해 변화해 가는 사회적 환경이다. 이런 열린 사회적 환경에서 내재성의 평면이 수립되는 것, 그리고 다시 그 평면에서 개념의 창조가 일어

오늘의 사상의 흐름

나는 것은 필연적 이행이 아니다. 그것은 언제나 우연으로 가득 찬 도약에 불과하다. 그러나 개념의 창조는 그렇게 우연으로 가득한 도약 속에서 일어난다. 개념의 창조에 이르는 도약이나 재개, 들뢰즈는 그것을 정확히 생성이라 부른다. 그리고 생성을 역사 안에서 일어나는 경험적 변화와 구별한다.

'생성'은 역사에 속하지 않는다. 오늘날에도 역사는 여전히 조건들의 집합만을 가리킬 뿐이다. 아무리 그것이 불과 얼마 전의 조건들일지라도 생성을 위해, 말하자면 새로운 무언가를 창조하기 위해서는 그 조건들로부터 돌아설 수밖에 없다. (……) 철학을 그 자체의 역사로 환원할 수는 없다. 왜냐하면 철학은 새로운 개념들을 창조하기 위해 끊임없이 역사로부터 벗어나기 때문이다. 새로운 개념들은 다시 역사로 귀속되기 마련이지만, 그렇다고 역사로부터 생겨나는 것은 아니다. 어떻게 무언가가 역사로부터 생겨날 수 있겠는가? 역사가 없었다면 생성은 규정되지 않은 채, 조건 지어지지 않은 채 남을 테지만, 그렇다고 해서 생성이 역사적인 것은 아니다. 사회-심리학적 유형들은 역사에 속하지만, 개념적 인물들은 생성에 속한다. 사건 자체는 비역사적 요소에 해당하는 생성을 필요로 한다.(QP 92)

여기서 헤겔-하이데거의 역사 도식에 반대하는 들뢰즈의 입장이 분명히 드러난다. 헤겔과 하이데거는 철학과 철학사를 동일시한다. 그런 동일시 안에서 철학사의 기원과 종말은 절대화된다. 과거와 현재와 미래는 단일한 연속성을 띠는 어떤 운명적인 드라마로 번안된다. 그러나 들뢰즈에게는 역사 속에서 아무것도 일어나지 않는다. 개념의 생성, 철학적 사건은 역사를 벗어나면서, 역사를 배반하면서, 그리고 역사와는 다른 차원으로 진입할 때만 일어날 수 있다. 사건은 역사의 시간, 크로노스의 시간과는 다른 아이온의 시간에 속한다. 이 점을 좀 더 분명하게 이해하기 위해서는 들뢰즈 철학 전체를 구조화하는 지리학적 구분법을 돌아볼 필요가 있다.

들뢰즈는 경험의 세 가지 층위를 다음과 같이 구별한다. (1) 먼저 높이의 층위가 있고, 역사는 여기에 속한다. 들뢰즈의 지리학에서 높이의 층위는 문맥에 따라 상식과 양식의 세계, 명제의 세계, 질과 양의 경험적 세계, 유기적으로 조직화되는 지층들의 세계를 가리킨다. (2) 다른 한편 깊이의 층위가 있고, 여기가 생성의 세계다. 이것은 강도적 질료와 힘들, 욕망과 정서와 변용들, 그것을 종합하는 미시적 주체와 논리적 절차들(연접, 통접, 이접), 여기서 발생하는 미분적 연속성과 규정 가능성들의 세계다. (3) 마지막으로 높이와 깊이를 가르는 평면의 층위가 있는데, 이것이 사건의 세계다. 사건은 의미, 이념, 문제, 독특성들이 창발적으로 성립하는 절차를 말한다. 깊이에서 이루어지는 생성은 표면의 사건이 준비되는 동적 발생을 가리킨다.

내재성의 평면은 역사의 세계(경험적 현상의 세계) 배후인 생성과 사건의 세계, 깊이와 표면(더 정확히 말해서 깊이 속에서 발생하는 표면)의 층위를 의미한다.[10] 개념은 깊이(생성)의 층위에서 발생하여 표면(사건)의 층위에서 완성된다. 역사의 배후에는 그것을 결과로 낳는 사건이 있고, 사건을 거슬러 올라가면 생성이 자리하고 있다. 그러나 생성과 사건은 역사를 벗어나며 현재에 저항한다. 개념의 생성과 철학의 사건은 비역사적이고 반시대적이다. 그러므로 철학은 결코 철학사와 동일할 수 없다. 철학사는 결코 목적론적일 수도, 종말론적일 수도 없다. 철학사에는 절대적 시작이 있을 수 없는 것처럼, 절대적 종말이 있을 수 없다. 따라서 철학의 종언이니 형이상학의 종말 같은 것을 믿을 필요가 없다. 필요한 것은 언제나 우연으로 가득한 어떤 반시대적 도약이자 개념의 창조로 나아가는 반복이다.

봉합의 역사

이것은 바디우에게도 마찬가지다. "철학은 역사적 지형들 어디에도 현존하지 않는다. 철학의 존재 방식은 시간상으로든 공간상으로든 비연속성이다."(MP 13) 이렇게 말하는 바디우에게 진리의 사건은 역사 속에서 일어나되 역사에 반해서, 역사가 알거나 셈하지 못하는 장소에서, 따라서 어떤 "공백의 가장자리"에서 일어난다. 진리의 사건은 역사에 조건을 두고 역사적 대변혁을 초래하지만, 그 자체는 역사를 벗어나는 어떤 것이다. 왜냐하면 진리는 그 자체가 당대의 언어나 지식을 초과하는 것이기 때문이다. 역사 속에 패러다임 전환을 가져오는 진리는 상황 내적인 관점에서는 결코 식별할 수도 언명할 수도 없는 어떤 것이다. 따라서 진리의 사건과 관계하는 철학은 철학사와 전혀 같을 수가 없다. 또한 우발적 원인에서 시작되는 진리의 사건들 사이에는 어떤 연속성이 있는 것이 아니라 비연속성이 있다. 그렇다면 철학이 관계하는 진리의 사건은 어떻게 일어나는가?

바디우는 진리의 사건을 네 가지 유적 절차(procédures génériques)를 통해 설명한다. 여기서 절차는 진리가 생산되는 절차를 가리킨다.

진리 생산의 절차가 넷이라는 것은 진리가 단일한 것이 아니라 복수 적임을 말한다. 즉 진리는 과학(수학), 예술(시), 정치, 사랑 속에서 서로 다른 방식으로, 서로 다른 성격을 띠면서 산출된다. 그러면 네 영역에서 이루어지는 네 가지 진리 생산의 절차는 왜 '유적'이라 불리는가? 들뢰즈의 사건 이론에서는 크로노스(역사)의 시간과 아이온(사건)의 시간이 구별된다. 그와 유사한 것이 유적인 것(le générique)과 종적인 것(le spécifique)을 대립시키는 바디우의 구분이다. 종적인 것은 이미 특수한 규정의 상태에 놓인 것, 특수한 관계나 국지적 변별성을 띠는 어떤 것에 해당한다. 반면 유적인 것은 모든 차이를 넘어서는 동일성을, 모든 상대성 및 관계성을 넘어서는 초월성을 가리킨다. (여기서 바디우가 현대 차이의 철학에 반대하여 동일성의 사유를 재개하는 철학자임을 기억하자.) 들뢰즈가 이념적인 것을 아이온의 시간으로 설명했다면, 바디우는 그것을 유적인 것으로 풀이한다. 유적인 것이란 이념적인 것, 정확히 플라톤적 의미의 이념(이데아)에 가까운 어떤 것이다.

바디우에 따르면, 진리가 생산되는 네 가지 유적 절차는 철학의 가능성을 근거 짓는 조건에 해당한다. 이것은 철학의 유일한 관심이 진리에 있지만, 그 자체는 진리를 직접 생산하지 못하기 때문이다. 진리는 오로지 과학, 예술, 정치, 사랑을 통해서만 직접 생산된다. 철학의 과제는 이 네 영역에서 발생한 복수의 진리를 하나의 지형 속에 통합하는 데 있다. "유적 절차들이 공-가능한 것들의 자격에서 상호 반영하는 어떤 개념적 장소"(MP 18), 그것이 철학이 구축해야 할 "체계"에 해당한다. 그것은 "(철학이 전제하는) 조건들의 체계이며, 철학은 시대의 사유들이 공존하는 어떤 공간을 구성하여 그 조건들의 불균등한 생성에 형태를 부여한다."(MP 20) 그러므로 철학이 진리를 생산한다면, 그것이 생산하는 진리는 간접적인 진리, 이차적인 진리다. 사건 속에서 발생하는 일차적인 진리들이 하나의 단일한 형세와 배치를 이루는 가운데 발현하는 새로운 진리, 그것이 철학의 수준에서 구축해야 하는 대문자 진리다. 바디우는 이런 관점에서 헤겔 이후의 철학사를 파행의 역사로 설명한다.

> 내가 제시하는 테제는 최종적으로 다음과 같다. 만일 철학이 대략 헤겔 이후 정지의 수레바퀴에 멈추어 있다면, 이는 철학이 자신의 조건들, 특히 과학적 조건과 정치적 조건에 고착되는 어떤 봉합들의 그물망(un réseau de sutures)에 사로잡혀 있기 때문이다. 이 봉합들에 의해 철학은 자신의 조건들의 일반적인 공가능성에 형태를 부여하지 못하게 된다.(MP 45)

이것은 특히 19세기의 철학사를 염두에 둔 언명이다. 바디우에 따르면, 19세기 영국에서 굳어진 실증주의 전통과 그 이후의 영미 분석철학은 철학의 네 가지 조건 중 과학의 진리에 배타적인 특권을 부여하면서 성립했다. 반면 마르크스적 전통은 철학이 정치적 조건에 봉합된 결과다. 철학은 네 가지 유적 절차가 공존하는 하나의 통합된 지형을 구축할 때 본래의 소임을 다할 수 있다. 그럼에도 현대 철학의 역사는 철학이 특정 유형의 진리 생산 절차에 함몰하여 왜소하고 기형적인 형태를 취해 온 역사다. 그러나 20세기를 지나면서 과학적 조건에 고착된 철학(실증주의)이나 정치적 조건에 봉합된 철학(마르크주의)은 제도권의 강단 철학에 머무르거나 이미 화석화되어 역사 속에 안장되었다. 반면 철학은 시적인 조건에 봉합되면서 대대적인 성공을 거두었고, 그런 만큼 "철학을 시적인 조건에서 개봉하는 일은 주된 목적이자 최고의 난제로 다가온다."(MP 48) 니체 이후 하이데거로, 하이데거에서 1960년대의 프랑스 철학자들(블랑쇼, 푸코, 데리다, 리오타르 등)로 이어지는 철학사, 나아가 포스트모더니즘이라는 이름 아래 묶이는 다양한 종류의 담론 생산에 박차를 가했던 철학의 역사는 시와 예술에 봉합된 철학의 역사다.

바디우에 따르면, 철학의 종언이라는 주제를 넘어 철학이 본래의 모습을 되찾기 위해서는 그것의 정상적 발전을 가로막은 다양한 종류의 봉합들을 해소해야 한다. 철학을 재개하기 위해 철학사와 다시 관계해야 한다면, 철학사는 이제 탈-구축(dé-construction)의 대상이 아니라 탈-봉합(dé-suturation)의 대상이 되어야 한다. 특히 철학의 시적인 봉합은 철학의 재개를 가로막는 최고의 장애물이고, 그런 만큼 정교한 개봉의 절차를 요구한다. 왜냐하면 세련된 기법의 언어를 통해 이론적 사유의 한계를 드러내고, 이론적 사유의 바깥을 향한 행보 속에서 종언의 주제를 확산하고 있기 때문이다. 체계에 대한 믿음이 결정적으로 붕괴된 것도 결국 이 지점부터임을 알 수 있다.

3 지리철학의 관점 — 현대 사조의 국가별 지형

역사와 지리

바디우는 시적인 조건에 함몰해 있는 현대 프랑스 철학을 비판하는 과정에서 서양 현대 철학 일반을 간결하게 요약하는 새로운 관점에 도달한다. 프랑스 차이의 철학뿐만 아니라 독일의 해석학적 전통과 영미 분석철학의 전통이 함께 붙들려 있는 지점을 발견한 것이다. 그것은 진리와 의미가 대립하는 지점인데, 좀 더 자세히 설명하면 다음과 같다.[11]

(1) 현대 철학에는 세 가지 주요한 흐름이 있는데, 이것은 세 가지 지리학적 위치(국가)에 상응한다. 독일 낭만주의에서 발원하는 해석학적 전통(하이데거, 가다머), 오스트리아에서 시작되었지만 영미 제도권 철학을 석권한 분석철학적 전통(비트겐슈타인, 비엔나학파), 프랑스에서 시작되어 스페인, 이탈리아, 남아메리카 지역으로 확산된 탈근대 철학(데리다, 리오타르)이 그것이다. 독일의 해석학적 전통은 성서 해석(유-무한의 변증법적 담론) 전통과 밀착되어 있다. 영미의 분석철학은 자연과학에 고착되어 있다. 프랑스의 탈근대 철학은 예술과 공모하는 가운데(그리고 구조주의 인간과학과 맞물려) 차이의 철학을 도모한다.

(2) 먼저 해석학적 전통에서 철학의 목적은 의미를 해석하는 데 있다. 의미의 해석을 근본적으로 규정하는 이분법은 닫힘과 열림이다. 해석은 닫혀 있는 텍스트를 열어 거기에 감추어진 의미를 찾는 일이다. 이런 해석학적 전통의 기원에는 불가해한 신의 의도 앞에 선 신학적 주체가 있다. 해석학은 신학의 일부에 해당한다. 다른 한편 분석철학적 전통에서 철학은 해석하는 것이 아니라 규칙을 정한다. 누구나 합의할 수 있는 규칙을 정하여 의미 있는 것과 없는 것, 말할 수 있는 것과 없는 것, 통제 가능한 것과 없는 것을 구분하는 일이 철학적 분석의 목적이다. 마지막으로 차이의 철학에서는 19세기에 성취된 위대

한 철학적 건축술이 해체된다. 주체, 체계, 진보, 혁명 등의 이념은 무효화되고, 거대 담론을 대신하여 미시 담론이 들어선다. 중심은 복수화되고, 언어는 다의성을 띠게 된다. 그리고 타인의 존중이라는 새로운 윤리학이 계획된다.

(3) 이런 차이에도 불구하고 이상의 세 가지 철학적 흐름은 유사한 점을 공유하면서 현대 철학이 단일한 패러다임을 이루고 있음을 보여 준다. 현대 철학 사조의 공통점은 두 가지 공리로 정리할 수 있다. 첫 번째 공리는 형이상학적 진리는 불가능하다는 것이다. 해석학적 전통을 대변하는 하이데거는 형이상학의 종말론적 완성을 가리켰다. 분석철학을 대표하는 카르납은 형이상학적 명제의 무의미성(검증 불가능성)을 설명했다. 차이의 철학을 대표하는 데리다는 형이상학의 역사적 가능성의 울타리를 그리려 했고, 리오타르는 거대 담론의 시대에 종언을 고했다. 어떤 사조든 형이상학적 진리 개념을 부정한다는 점에서 다르지 않다. 두 번째 공리는 철학의 문제가 모두 언어의 차원으로 환원될 수 있다는 것이다. 해석학은 언제나 말해진 것 속에서 아직 말해지지 않은 것을 찾는 작업이다. 분석철학적 의미의 분석은 언어의 규칙과 발화된 언어의 사이에서 움직인다. 차이의 철학은 언어 속에 숨 쉬는 다의성과 내적 열림의 가능성에 주목한다. 현대 철학 사조에 대해 언어는 역사적 선험성(le transcendental historique)의 평면으로 자리매김했다. 따라서 철학이 추구하는 대상은 더 이상 진리일 수 없다. 진리는 이제 언어의 차원에서 성립하는 복수의 의미에 의해 대체된다.

(4) 이런 언어적 전회는 두 가지 문제를 지닌다. 먼저 파편화의 문제

가 있다. 각각의 언어는 저마다 서로 다른 문법, 문화적 배경, 역사적 기억, 탈영토화의 방식을 지닌다. 그러므로 언어의 세계는 환원 불가능한 차이에 의해 무한히 복수화된다. 각각의 언어 놀이(비트겐슈타인)나 미시 담론(리오타르)의 세계는 서로 통약 불가능한 규칙과 삶의 형식에 의해 지배되는 다양성의 세계로 파편화된다. 이런 파편화 때문에 나온 것이 하버마스의 의사소통적 합리성과 같은 이론이지만, 이것 역시 언어적 전회의 한 가지 귀결에 불과하다. 사건의 철학(데리다, 들뢰즈, 바디우)에 대해 의사소통적 합리성은 상식과 거의 같은 의미를 지닌다. 사건은 언제나 당대의 지식, 상식, 의사소통의 차원(역사의 차원)에서는 감지될 수도, 이해될 수도, 계산될 수도 없는 어떤 것, 반시대적인 것, 그래서 흔적이나 공백이라 불러야 하는 어떤 것이다. 다른 한편 특권화의 문제가 있다. 독일의 해석학적 전통에서는 신학적 언어(무한자 담론)가 특권을 지니게 되고, 영미 분석철학은 과학적 언어를 절대화한다. 하이데거나 탈근대 철학자들에게서는 시적인 언어가 언어의 잠재력이 회집되는 가장 탁월한 장소로 간주된다. 특정 민족의 언어가 특권화되는 경우도 있다. 하이데거는 존재는 그리스어로 말한다 했고, 존재 사유를 감당할 수 있는 언어는 독일어뿐이라고 했다.

(5) 이것은 다시 봉합의 주제로 환원될 수 있는 문제다. 현대 철학 사조 각각은 거시적 관점에서는 언어에 봉합되어 있다는 공통점을 지닌다. 언어적 봉합이 야기하는 문제는 문화적 다원주의, 공동체주의, 인식론적 상대주의에 있다. 이미 언급했던 것처럼, 언어의 세계는 들여다볼수록 복수화되고 의미는 다의성을 띠기 때문이다. 반면 미시적 관점에서 현대 철학 사조 각각은 특수한 언어에 봉합되어 있다.

특정 언어에 배타적인 특권을 부여하면서 각각의 사조는 비로소 서로 다른 지리학적 정체성과 깊이를 획득할 수 있게 된다. 하지만 이것의 대가는 작지 않다. 보편적 시야로 열리지 못한다는 점이 그것이다. 언어적 봉합은 그 귀결로서 진리와 의미의 대립을 낳는다. 바디우에 따르면 이것은 현대 철학 사조를 규정하는 가장 근본적인 대립에 해당한다. 즉 과거의 철학이 진리-정향적 철학이라면, 현대 철학은 의미-정향적 철학이다. 과거의 철학에 비할 때 현대 철학은 지나치게 언어의 복수성과 의미의 다의성에 함몰해 있다.

전회의 역사

오늘날 철학이 봉착한 무능력은 이런 지나친 함몰에서 비롯되었다고 해도 과언이 아니다. 현대 철학은 언어의 다의적 의미에서 헤어나오지 못한 결과 어떤 보편적인 관점에서부터 현실에 개입할 능력을 상실해 가고 있다. 다의적 의미에 대한 존중은 작은 변화나 조그만 타협은 끌어낼 수 있을지언정 어떤 위대한 사건이나 대변혁 앞에서는 우유부단에 빠지기 쉽기 때문이다. 의사소통적 합리성을 소환한다 해도, 그것은 오히려 기존 체제의 보수적 성향 속에 안주하려는 경향을 낳거나 갈수록 심화되는 세태의 불안정성을 방치하게 되는 결과를 낳는다. 우리는 자본과 기술의 순환 주기가 가속화함에 따라 지식, 정보, 상품, 이미지, 기호가 범람하는 세계화 시대를 살고 있다. 이런 세계화 시대는 철학에 대하여 언어적 봉합에서 벗어날 필요성을, 그리고 사유의 방향을 새롭게 설정할 필요성을 제기한다.

서양 현대 철학은 사유의 방향을 새롭게 정향하는 문제에 윤리적 전회를 통해 응답했다고 할 수 있다. 종언의 주제가 만들어 놓은 막다른 골목에 부딪혀 새로운 시작의 가능성을 모색한 끝에 언어나 의미의 문제에서 벗어나 실천의 문제에 전념하는 집단적 양상을 보여 주는 것이다. 우리는 이것을 "언어적 전회에서 윤리적 전회로"라는 말로 압축할 수 있다. 이런 전회의 전회는 데리다에게 뚜렷하게 드러난다. 데리다의 1960~1970년대 저작들이 언어적 전회를 대변하는 해체론적 문자학을 중심에 두고 있다면, 그의 1980~1990년대 저작들은 윤리적 전회에 부응하는 해체론적 유령학을 중심에 두고 있다.

이런 윤리적 전회가 일어난 배경에는 하이데거의 나치 관련 파동, 독일 통일과 동구권 해체, 세계화 등과 같은 굵직한 역사적 사건이 자리한다. 학문의 차원에서는 미국의 대학에서 크게 성공을 거둔 메타 윤리학, 의무의 윤리학(칸트 전통의 근대 윤리학)에 맞서는 덕의 윤리학(아리스토텔레스 전통의 고대 윤리학)의 부활, 개인주의 윤리학에 맞서는 공동체주의 윤리학(헤겔적 영감의 윤리학)의 대두도 꼽을 수 있다. 현대 차이의 철학과 하버마스 사이에 벌어지는 논쟁도 윤리적 전회에 한몫했다. 현상학의 전통에서 윤리적 전회를 가져온 거인은 레비나스다. 레비나스는 20세기 서양철학에 존재론적 전회를 가져왔던 하이데거의 존재 개념을 개별 존재자보다 우위에 서려는 그리스적 동일자의 한 유형이라 몰아세웠다. 그리고 존재론에서 제1철학의 자격을 박탈하여 윤리학에 부여했다. 한나 아렌트나 발터 벤야민 같은 철학자에 대한 관심이 점증하는 것도 이런 윤리적 전회 안에서 일어나는 일일 것이다.

현대 철학의 흐름은 전회의 역사로 정리할 수도 있을 것이다. 존재론적 전회, 언어적 전회, 차이론적 전회, 탈근대적 전회, 윤리적 전회 등이 계속 이어져 왔기 때문이다. 존재론적 전회는 하이데거에 의해 시작되어 들뢰즈, 바디우 등에 의해 이어지고 있다. 언어적 전회는 먼저 비트겐슈타인에서 시작되어 영미 분석철학으로 이어진다. 다른 한편 독일의 해석학적 전통의 현대화(가다머, 바티모)도 언어적 전회에 호응하고 있다. 마지막으로 소쉬르의 언어학에 커다란 영향을 받은 현대 프랑스 철학 역시 언어적 전회의 주역이다. 차이론적 전회는 레비나스뿐만 아니라 구조주의 인간과학과 맞물려 펼쳐지는 푸코, 데리다, 들뢰즈, 리오타르 등에 의해 일어났다. 그리고 이것이 리오타르와 보드리야르를 통해 탈근대적 전회로 이어졌다. 윤리적 전회는 위에서 언급했던 바와 같이 20세기 말 이후의 사상사 흐름에서 뚜렷한 변화를 가져왔다.

역사적 정향(오리엔테이션)의 문제

우리는 덕의 윤리에 의한 아리스토텔레스의 부활, 공동체주의에 의한 헤겔의 부활, 그리고 바디우에 의한 플라톤주의의 부활을 묶어 고전적 전회라 부르고, 이것을 전회의 역사를 장식하는 또 하나의 계기로 삼을 수도 있을 것이다. 그렇다면 어떤 전회가 세계사의 법정을 주관할 최후의 승자가 될 것인가? 하지만 이것은 하찮은 물음이 될 수도 있다. 왜냐하면 지금은 세계사의 법정 자체가 시간의 먼지와 거미줄 속에 폐허가 되어 가고 있기 때문이다. 이제 막 시작된 세계화 시대는 새로운 세계사의 법정을 요구하고 있다. 미래적인 역사의 법정을 세우는 문제, 이것이 세계화가 제기하는 가장 큰 철학적 물음일

오늘의 사상의 흐름

수 있다. 그것은 사유의 방위를 결정하는 문제를 넘어 역사의 방위와 향방을 설정하는 문제와 같다. 역사의 방향을 설정하는 문제는 최소한 과거, 현재, 미래라는 세 가지 축에 따라 제기되어야 한다.

(1) 먼저 역사의 방향을 찾기 위해서는 과거로 거슬러 올라가야 한다.(과거의 축) 역사적 흐름의 방향은 그 시초에서부터 결정되는 경향이 있다. 역사의 전개 과정에서 여러 가지 우연들이 압축되는 가운데 자연스럽게 어떤 결들이 형성된다. 그런 내생적인 결들을 조심스럽게 헤아리지 않고서는 하나의 역사적 전통이 미래로 나아가는 방향을 점칠 수 없다.

(2) 다른 한편 역사의 방향은 오로지 미래에서만 약속될 이념에 의해 결정될 수 있다.(미래의 축) 원래 정향(오리엔테이션)은 건축물의 방향을 해 뜨는 곳(동쪽)에 맞추는 관습에서 유래한다. 이로부터 우리의 생각을 주위 환경에 맞춘다는 뜻을 갖게 되었다. 정향한다는 것은 새로운 방위점에 미래의 기준을 둔다는 것이다. 역사의 방향을 설정한다는 것은 과거의 역사에 만족하지 않고 전혀 다른 미래를 열 수 있는 위대한 기준을 창조하는 과제를 포함한다.

(3) 마지막으로 역사의 방향을 설정하기 위해서는 현재의 조건을 고려해야 한다.(현재의 축) 그것은 과거의 흐름이 부딪힌 문제일 수도 있고, 그 문제를 해결할 수 있는 여건일 수 있으며, 미래의 이념을 위해 버려야 할 것과 다시 살려야 할 것으로 결정되는 복잡한 선택지들일 수 있다. 역사를 정향한다는 것은 결국 과거와 현재를 잇는 교량을 구축하는 문제이고, 이것은 현재에 주어진 조건들(정치경제학적 및 문화적 조건들)에 의해 제약될 수밖에 없다.

지리철학

칸트가 제기했던 사유의 문제, 다시 말해서 사유의 정향과 관련된 고전적인 물음을 지리학의 문제로 옮긴 것은 들뢰즈였다. 『의미의 논리』에 나오는 말이다. "사유에 있어 방향을 설정한다는 것은 무엇인가라는 물음이 던져질 때, 사유는 그 자체가 어떤 축과 정향들을 전제하고, 이 축과 정향들에 따라 전개되는 것처럼 보인다. 사유는 어떤 역사를 가지기 전에 어떤 지리학을 가지며, 체계들을 구성하기 전에 차원들을 그리는 것처럼 보인다."[12] 여기서 지리학은 높이, 깊이, 표면이라는 세 가지 차원이 배치되는 방식을 의미하며, 한편으로는 역사에, 다른 한편으로는 체계에 선행하는 관점으로 설정된다. 들뢰즈에게 초월론적 물음은 지리학적 물음으로 이중화된다.

들뢰즈가 지리학적 관점에서 처음 했던 일은 그리스 철학사를 분류하는 작업이었다. 연대기적 순서에서 볼 때 그리스 철학사는 소크라테스 이전의 자연철학, 플라톤주의, 그 이후의 에피쿠로스학파와 스토아주의로 이어진다. 들뢰즈에 따르면, 이 세 가지 사조는 각각 깊이, 높이, 표면으로 정향된 철학이다. 그리스 자연철학은 질료적 심층에서 일어나는 운동(능동, 수동, 혼합)으로 향한다는 점에서 깊이의 철학이다. 플라톤주의는 이상적 하늘에 있는 형상(이데아)으로 향한다는 점에서 높이의 철학이다. 에피쿠로스학파와 스토아주의는 이데아나 언어(의미)의 세계를 질료적 깊이 속에서 발생하는 어떤 표면 효과로 간주한다. 이때 표면이란 언어의 세계를 그것의 발생 원인인 자연(소음)의 세계로부터 분리하고, 분리하는 가운데 독자적인 진화의 논리에 따라 발전해 갈 수 있도록 보호해 주는 어떤 피부와 같다.

들뢰즈는 그리스 철학뿐만 아니라 그리스 신화도 지리학적 관점에서 재구성한다. "헤라클레스는 언제나 세 영역과 관련해 위치를 잡는다. 지옥의 심연, 천상의 높이, 대지의 표면이 그것이다. (······) 더 이상 바탕에 있는 디오니소스도, 저 높은 곳의 아폴론도 아닌 표면의 헤라클레스는 깊이와 높이에 맞서 이중의 투쟁을 벌인다. 이것이야말로 전적으로 다시 정향된 사유이자 새로운 지리학이다."(LS 157) 『의미의 논리』는 표면의 철학에 대한 옹호다. 이 책에서 사건은 정확히 질료적 깊이에서 이념적 표면이 창발하는 운동을 가리킨다. 그것은 역사의 세계가 펼쳐지기 위해서 먼저 지구 심층의 용암에서 지각(대지)이 형성되는 국면과 같다.

들뢰즈의 철학은 언제나 높이의 철학에 반대하지만, 그렇다고 표면의 철학으로 그치는 것은 아니다. 그것은 때로는 아르토로 대변되는 깊이의 철학을, 때로는 루이스 캐럴로 대변되는 표면의 철학으로 등장한다. 들뢰즈의 체계는 깊이(강도의 세계)와 표면(이념의 세계)뿐만 아니라 높이(언어, 역사, 질과 양, 경험적 현상, 상식의 세계)에 대한 정교한 설명을 포함한다. 여기서 모든 문제는 어떻게 깊이에서 표면이, 그리고 어떻게 표면에서 높이가 생성되는가라는 물음으로 귀착된다. 그러므로 들뢰즈는 철학사를 재구성하거나 철학적 사유의 이미지를 분류할 때만 지리학적 관점을 취하는 것이 아니다. 오히려 자신의 체계를 지리학적인 축과 방향들에 따라 구축한다. 여기서 지리학은 건축학을 대체하는 선험적 체계의 기술이 된다.

이 점은 들뢰즈의 후기 철학을 대표하는 저작들, 가령 『천 개의 고원』에서 확연하게 드러난다. 이런 작품에서 사물의 체계 일반은 지층, 대지, 영토, 환경, 탈영토화, 재영토화 등과 같은 지리학적 용어들에 의해 설명된다. 존재론적 사유는 지리학적 사유 속에서 펼쳐진다. 하이데거가 말하던 존재와 존재자의 관계는 여기서 대지와 영토의 관계로 대체된다.(QP 91) 위에서 보았던 것처럼,『천 개의 고원』이후『철학이란 무엇인가』에서는 지리학적 사유가 역사철학을 향도하기에 이른다. 우리는 이 책에서 철학과 철학사의 관계를 다루는 대목, 특히 사건의 관점에서 헤겔-하이데거의 철학사 도식을 깨뜨리는 대목에 주목했다. 이 대목의 핵심은 철학의 지리적 영토를 그리스나 독일로 영원히 고정하는 그림을 깨는 데 있다. 문제는 철학의 지리적 배치를 복수화하는 데 있으며, 따라서 철학의 "국가적 특성들"(QP 100)을 서술하는 과제가 제기된다. 들뢰즈가 이런 문제를 풀어 가는 과정은 다음과 같이 정리해 볼 수 있다.

(1) 철학은 과거, 현재, 미래라는 세 가지 방향에 따라 개념을 재영토화해야 한다. 과거의 방향에는 그리스가 있고, 현재의 방향에는 민주주의 국가나 국민정신이, 미래의 방향에는 아직 부재하는 대지와 민중이다. 철학이 철학으로서 성립하기 위해서는 그리스 철학의 전통을 자기 속에 재문맥화해야 하고, 민주주의 이념(형제들의 사회) 속에서 자기를 재전유해야 하며, 도래할 민중(소수자)과 미지의 대지에서 구원을 얻어야 한다. 철학이 국가별 특성을 띠는 것은 개념이 재문맥화되는 현재의 형식이 민주주의 국가와 국민정신에 있기 때문이다.

(2) 자본주의 시대에 독자적인 철학의 전통을 갖춘 나라는 지구상에서 오로지 프랑스, 영국, 독일밖에 없다. 이 세 나라는 각각 17세기, 18세기, 19세기에 철학의 황금기를 맞았다. 각 나라의 철학적 전

통은 이 시기를 중심으로 형성되었다. 프랑스와 영국은 근대화 과정
에서 일어난 여러 가지 혁명을 통과하면서 자신의 철학적 전통을 만
들어 갔다. 반면 세속적 환경이 낙후했던 독일은 정신의 차원에서 역
사의 혁명을 반복하면서 자신의 철학적 전통을 수립했다. 17세기에
서 19세기에 이르는 시기를 염두에 둔다면, 프랑스 철학은 데카르트의
코기토가 상징하는 것처럼 모든 것이 투명한 의식 안에 질서를 이룬
다는 특징이 있다. 도시, 계약, 연역적 질서, 명증과 실증이 프랑스 철
학의 풍경을 이루는 요소다. 여기서 개념 창조의 바탕은 현실의 문명
에 있다. 독일 철학은 낭만주의적 충동에 의해 각인되어 있다. 그것은
그리스 이후 상실된 대지, 고향, 근원, 원시를 되찾고자 하는 열망과
같다. 유기적 총체성을 향한 새로운 정초와 창시의 열망. 그러나 문
제는 이것들이 갖는 내재성(무한성)을 철학적 사유 자체에 귀속, 봉합
하는 데 있다. 영국 철학은 독일 철학에 이의를 제기하는 방향에서 펼
쳐진다. 근거, 대지, 기원은 잠정적인 가설로서 설정되고 경험에 의해
검증되어야 한다. 여기서 개념 창조의 바탕은 경험, 관습, 규약, 귀납
에 있다. 영국 철학은 대지 위에서 펼쳐진다기보다는 모든 것이 유동
하는 바다 위에서 펼쳐진다.

(3) 세 나라 철학의 특성은 "집짓기-정초하기-살기"라는 삼위일
체 속에서 비교할 수 있다. 토대를 놓고 바탕을 까는 것(fonder)은 독
일 철학의 특색이다. 프랑스 철학의 특색은 집을 짓고 도시를 건설하
는 작업(bâtir)에 비유할 수 있다. 영국 철학은 토대를 정초하지도, 어
떤 견고한 질서를 만들어 나가지도 않는다. 다만 유목민처럼 여기저
기 옮겨 다니며 거주(habiter)할 뿐이다. 여기서 중요한 것은 현재적이

고 야생적인 삶이다. 이 모든 것들은 들뢰즈의 지리학이 거느리는 세 가지 차원에 따라 분류할 수도 있을 것이다. 즉 토대, 바탕, 깊이로 향하는 것은 독일 철학의 이미지다. 반면 프랑스 철학은 의식, 도시, 문명, 역사의 높이로 향한다. 여기에 비할 때 영국 철학은 바다같이 유동적인 표면에 거주하는 이미지 안에 있다.

4 철학 극장 — 철학의 분신들과 윤리학의 과잉

그리스 철학의 역사뿐만 아니라 근대 유럽 철학의 역사를 지리학적 관점에서 분류할 수 있다면, 현대 서양철학 역시 지리학적 관점에서 재구성해 볼 수 있지 않을까? 바디우는 최근의 저작에서 현대 철학을 소피스트 담론, 반-철학, 세속 철학으로 대별했다.[13] 소피스트 담론과 반-철학은 서로 겹치는 측면이 있지만, 사건의 철학을 기준으로 할 때 서로 다른 차원으로 향한다는 점에서 분명히 구별된다. 즉 사건의 철학과 같은 수준에 있는 것이 소피스트 담론이라면, 사건의 철학보다 상위의 차원으로 향하는 것이 반-철학이다. 반면 세속 철학은 문명과 역사가 자리한 하위의 차원으로 향한다는 점에서 다른 두 사조와 구별된다. 이것들을 차례대로 정리해 보면 다음과 같다.

소피스트

바디우는 대부분의 20세기 철학을 소피스트 담론(le sophistique)이라 부른다. "현대의 '철학'은 일반화된 소피스트 담론이다. (……) 언어 놀이들, 철학사 해체론, 약한 사유, 돌이킬 수 없는 타자성, 분쟁과 차이들, 이성의 붕괴, 단편적 글쓰기의 권장 같은 것들이 그것이다."14 소피스트 담론은 한편으로는 다양한 종류의 반-플라톤주의를, 다른 한편으로는 언어적 전회(언어적 봉합)에 붙들려 있는 모든 철학을 가리킨다. 인용문이 열거하고 있는 것처럼, 이런 이중적 측면의 맞물림은 영미 분석철학, 독일 해석학, 프랑스 차이의 철학 모두에서 공통되게 나타난다.

반-플라톤주의에 초점을 맞출 때 소피스트 담론은 세 가지 꼭짓점을 형성한다.(MP 80~83) 진리 범주의 배제, 수학에 대한 증오, 시적 언어의 특권화가 그것이다. 이런 삼위일체는 진리에 대한 의지(금욕주의)를 병리적 증상(삶에 대한 원한 감정)으로 몰아세운 니체에서부터 하이데거를 거쳐 현대 차이의 철학으로 내려오는 흐름 속에 가장 뚜렷하게 나타난다. 언어적 봉합에 초점을 맞출 때 소피스트 철학의 대표자는 후기 비트겐슈타인으로 돌아간다. 언어 놀이 이론을 통해 본질주의를 전복하고 의미의 원천을 삶의 형식에 두는 관점(규약의 관점)에 선 비트겐슈타인은 우리 시대의 고르기아스다. 현대 철학의 언어적 전회는 "언어 놀이들 바깥에는 아무것도 없다."라는 비트겐슈타인의 언명과 더불어 일어났다. 언어적 전회는 현대 영미 철학의 대세를 결정할 뿐만 아니라 독일의 해석학적 전통, 그리고 프랑스 차이의 철학과 공명한다. 현대 철학 일반이 언어의 복수성과 의미의 다의성에 함몰해 버리는 결정적 계기는 여기에 있다.

바디우에 따르면, 소피스트 담론은 철학이 재개되기 위해 부정되어야 하되 단번에 부정될 수도, 영원히 부정될 수도 없다. 왜냐하면 철학에 대하여 같은 모태에서 나온 쌍둥이 혹은 분신이기 때문이다. 이것은 철학(philosophie)이라는 말이 소피스트(sophist)라는 말과 어원을 공유한다는 점에서 이미 암시되고 있다. 그렇기 때문에 겉으로 볼 때 그 둘은 식별하기 어렵다. 특히 양자 모두 지식에 대한 모방(엄밀한 논증 절차)과 예술에 대한 모방(최후의 언표 불가능한 것에 대한 언명)을 병행한다는 점에서 그렇다.(C 67, 79) 둘은 다만 내적으로 식별될 수 있는데, 그 차이는 소피스트적 사유가 철학의 모든 문제를 "언어의 표면"(C 81)으로 환원한다는 데 있다. 여기서 진리의 범주는 배제되고 의미에 대한 분석이나 해석만 남는다.

철학의 역사는 그 기원(플라톤)에서부터 소피스트 담론과의 경쟁 속에서 펼쳐져 왔다. 철학은 언제나 자신에게 이의를 제기하고 시대의 문제를 던지는 소피스트 담론을 발판으로 삼아 진리 사유로 나아갔다. 미래로 열려 있는 진리의 철학은 극복된 소피스트 담론과 같아야 한다. 그러므로 소피스트 담론이 과도할 때 못지않게 그것이 배제될 때도 철학은 침체의 국면을 맞는다. 진리 사유는 독단에 빠지거나 (공백에 해당하는) 진리가 실체화되는 재앙이 닥친다. 소피스트 담론은 진리 사유에 대해 독인 동시에 약인 파르마콘이다. 소피스트 담론이 없다면 진리 사유는 활력을 잃어버리게 된다. 따라서 철학에는 어떤 차연의 윤리가 요구된다. "재난을 막아 주는 철학의 윤리는 전적으로 철학의 소피스트적 분신과 관련하여 부단히 어떤 유보를 취하는 데 있다. 이런 유보에 힘입어 철학은 (공백/실체의 짝에 따라) 이분화되려는 유혹에서 벗어나 드디어 자신을 정초하는 일차적 이중성(sophist/ philosophe)과 관계할 수 있다."(C 81)

반-철학

철학과 같은 수준에서 철학을 논박하는 적대자가 소피스트 담론이라면, 반-철학은 철학보다 한 차원 높은 수준(무, 불가능한 잔여, 침묵)으로 이행하는 가운데 철학을 해체한다. "철학에 대한 철학적 경멸"[15]이라는 점에서 반-철학은 소피스트 담론과 겹친다. 그러나 소피스트 담론이 회의주의에 가깝다면, 반-철학은 신비주의나 신학적 사유에 가깝다. 반-철학의 고전적인 사례로는 파르메니데스에 맞선 헤라클레이토스, 그리스 철학에 맞선 바울, 데카르트에 맞선 파스칼, 헤겔에 맞선 키르케고르를 들 수 있다. 바디우가 지목하는 현대적 사례는 니체와 초기 비트겐슈타인, 그리고 라캉이다.

이들에게는 다음과 같은 세 가지 공통점이 나타난다.(AW 17) (1) 먼저 철학에 대한 내재적 비판(언어적, 논리적, 계보학적 비판)을 들 수 있다. 반-철학은 소피스트 못지않게 철학의 논리 자체를 통해 철학의 이론적 가능성을 논박하는 세련된 기술을 구사한다. (2) 다른 한편 철학의 진리 담론을 어떤 병리적 증상으로 설명하고, 그것의 배후에 숨은 도덕적 의도나 음모를 들추어낸다는 공통점이 있다. 여기서 철학은 폭로나 치료의 대상으로 전락한다. (3) 마지막으로 진리 담론 배후의 의도보다 상위에 있는 삶의 태도로 이행한다는 공통점이 있다. 반-철학은 어떤 윤리적 전회를 동반하는 상향적 이행을 요구한다. 철학이 진리를 구한다면, 반-철학은 "아름다운 삶", "성스러운 삶"(AW 26)을 찾는다. 그러므로 반-철학자는 삶의 비참을 깨우치는 교주처럼 보일 때가 있다. 오직 자기 자신의 이름에 기대어 구원의 길을 선언하고, 자신이 가리키는 높이에 스스로 올라선 듯 초인적인 고독 속에 위치하기 때문이다.

반-철학의 힘은 철학에 대한 내재적 비판의 길을 따라 언어를 초과하는 어떤 신비한 바깥(무, 불가능한 잔여, 침묵)을 입증한다는 데 있다. 반-철학의 담론은 합리적 설명이 끝나고 순수 정관(靜觀)이나 계시가 시작되는 경계, 혹은 그 경계를 표시하는 어떤 불가능한 잔여(le reste)를 중심으로 끝없이 회오리친다. 왜냐하면 그 잔여는 진리 담론의 안에 위치하면서 동시에 바깥이기 때문이다.(그래서 라캉은 잔여의 역설적 특징을 외심적(extime)이라 불렀다.) 진리 담론은 잔여의 두 위치를 왔다 갔다 해야 한다. 잔여는 진리가 시간 속에서 역사화하기 위한 조건 자체라는 점에서 진리 담론의 내부에 속한다. 반면 진리 담론에 대해 이해하거나 통제할 수 없는 잉여라는 점에서 잔여는 진리 담론의 바깥이다. 이론적 언어를 곤경에 빠뜨리는 잔여는 반-철학이 그리는 용의 그림에서 눈동자에 해당한다.

이런 잔여의 이념은 모든 반-철학에서 발견된다. 반-철학은 정말 빈틈없는 관계들의 그물망(＝논리적인 세계의 그림)을 구축하되 단지 그것의 불완전성을 찾아내기 위해, 그리고 그 그물망을 빠져나가는 잔여를 실천적 파악(saisie par l'acte)의 대상으로 제시하기 위해서 구축할 뿐이다. 그리고 반-철학이 철학에 면직 처분을 내리는 것은 정확히 여기다. 즉 철학에게 그것의 이론적 주장이 빠뜨리고 있는 것, 그럼에도 결국은 실재 이하도 그 이상도 아닌 어떤 것을 보여 주면서 면직 처분을 내리는 것이다.(AW 34)

바디우는 이런 잔여의 사례로 (데카르트에 맞서는) 파스칼의 은총,

(계몽주의에 맞서는) 루소의 정직성, (플라톤에 맞서는) 니체의 생(生), (헤겔에 맞서는) 키르케고르의 실존, (논리학에 맞서는) 비트겐슈타인의 말할 수 없는 것(우연) 같은 예를 든다. 칸트의 물자체, 라캉의 실재 (대상 a)와 여성성("성관계는 없다") 같은 것도 추가된다. 우리는 하이 데거의 존재론적 차이나 데리다의 흔적 같은 것에서도 좋은 사례를 찾을 수 있다. 왜냐하면 철학 자체의 역사를 설명하는 어떤 초월론적 원리로서 제시되기 때문이다. 이는 잔여가 이론적 담론을 함정에 빠 뜨리는 것으로 그치는 것만이 결코 아님을 말한다. 잔여는 또한 이론 적 담론으로 하여금 그 함정에서 벗어나고자 하는 열망에 휩싸이게 만들고, 이런 극복의 의지 속에서 자기 변신에 이르도록 유도한다. 진 리의 역사, 철학의 역사는 잔여가 초래하는 좌절과 열망이 반복적으 로 교체되는 가운데 펼쳐진다. 진리의 역사는 진리(순수 이념) 없이 성 립할 수 없지만, 잔여가 없다면 진리는 역사화(시간화)할 수 없다. 다 만 모든 역사-경험적 사태 저편의 피안에 머물러 있게 될 따름이다.[16]

철학 극장

진리의 담론을 주기적으로 파탄에 빠뜨리는 잔여가 없다면, 진리 의 역사는 성립할 수 없다. 이는 공황이 없다면 자본의 역사적 형태 변화가 일어날 수 없는 것과 같다. 이런 의미에서 잔여는 진리 담론과 그것의 역사를 (불)가능하게 만들어 주는 초월론적 조건에 해당한다. 이는 끊임없이 잔여를 환기시키는 반-철학이 소피스트 담론 못지않 게 철학의 내적 분신임을 의미한다. 소피스트 담론과 반-철학은 철학 의 방향을 원초적으로 규정하는 기본 축에 해당한다. 철학은 수평적으로는 소피스트 담론(회의주의적 담론이나 시학적 담론)에, 그리고 수직적으로는 반-철학적 담론(종교적 담론)에 관계하면서 비로소 자신을 정의하는 도주선의 벡터를 얻을 수 있다. 그 두 가지 담론이 없다면 철학은 결코 갱신의 역사를 써 내려갈 수 없을 것이다. 따라서 철학의 역사는 지리학적 관점보다는 어떤 드라마의 관점에서 접근하는 것이 더 좋은지 모른다. 왜냐하면 그것은 상호 분신 관계에 있는 진리의 담론, 소피스트 담론, 반-철학적 담론이 함께 펼지는 드라마 속에서 탄생하기 때문이다.

철학에 대하여 소피스트 담론과 반-철학적 담론은 적대자라기보다는 친구에 가깝다. 그것들은 철학과 같은 뿌리에서 뻗어 나온 가지들이며, 하나의 역사적 드라마를 공유하는 분신들이다. 철학의 진정한 적대자가 있다면, 그것은 다른 데 있다. 그것은 세속을 지배하는 상식의 철학이다. 상식의 철학 앞에 설 때 철학, 소피스트 담론, 반-철학은 식별 불가능한 하나가 된다. 그렇다면 상식의 철학이란 무엇인가? 그것은 대중의 눈높이에 맞추어 교양의 수준으로, 상품의 형태로, 위안과 치유의 도구로 전락한 철학이다. 많은 경우 상식의 철학은 윤리학의 형식을 취한다. 점증하는 대중 강연이나 철학 카페와 더불어 윤리적 담론이 넘치고 있다. 이런 윤리의 과잉은 세계화가 초래한 장기 시간의 소멸 앞에서 자연스럽게 싹튼 대중의 요구와 맞물려 있다. 대중의 요구는 상식의 철학에 대해서만이 아니라 그것과 맞서 있는 철학 3형제(진리 담론, 소피스트, 반-철학)에게도 윤리에 대한 대대적 관심을 불러일으켰다. 게다가 세계화가 제기하는 역사적 정향의 문제에 대하여 현대 철학은 윤리적 성찰의 수준에서 대응하는 길을 취하고 있다. 역사적 정향의 문제를 윤리적 정향의 문제로 대체하고 있다는 것이 최근에 목격되는 가장 두드러진 철학의 동향이다.

윤리의 과잉과 그 흐름

철학의 안팎에서 윤리적 성찰이 어느 때보다 절실해지고 있는 것은 오늘날 세속이 두 가지 상반된 흐름이 교차하는 가운데 균형을 잃어가고 있기 때문이다. 하나의 흐름은 세계화로 통칭되는 단일화의 흐름이다. 다른 하나는 문화적 다양성의 분출이다. 세계화는 화폐-기술의 보편성에 근거한다. 화폐-기술의 보편성에 힘입어 지구는 하나의 촌락으로 축소되어 가고 있다. 문화적 다양성의 분출은 화폐-기술에 기초한 순환이 가속화됨에 따라 야기된 2차적 귀결인지 모른다. 자본과 노동, 그리고 정보, 지식, 상품, 이미지가 기존의 시공간적 제약을 넘어 순환하기 시작하면서 지구촌 곳곳의 지역 문화가 뒤섞이고 있다. 이른바 다문화의 시대가 온 것이다. 획일화와 다양화라는 두 가지 상반된 추세 속에서 길을 잃은 것은 무엇보다 윤리다. 이는 결코 윤리가 감소하거나 소멸하기 때문이 아니다. 오히려 위기의 원인은 바디우가 강조하는 것처럼 "윤리의 인플레이션"[17]에 있다. 각기 서로 다른 윤리를 함축하는 이질적 문화의 혼류 속에서, 그리고 획일화와 다양화라는 상반된 역사적 흐름 속에서 윤리는 무력한 과잉의 상태에 빠져 버렸다.

그렇다면 그토록 다양한 윤리적 목소리는 어떻게 정리해 볼 수 있는가? 영미권의 대학은 세 가지의 윤리적 논쟁에 사로잡혀 있다. 하나는 의무의 윤리학과 덕의 윤리학 사이에서 벌어지는 논쟁이다. 다른 한편 개인주의 윤리학과 공동체주의 윤리학 사이의 논쟁이 있다. 마지막으로는 보편주의와 상대주의(문화적 다원주의)의 논쟁도 아직 가라앉지 않았다. 의무의 윤리학과 덕의 윤리학 사이의 논쟁은 칸트 윤리학("나는 무엇을 해야만 하는가?")과 부활한 아리스토텔레스 윤리학("나는 어떻게 살아야 하는가?") 사이의 논쟁이다. 칸트의 윤리학은 논쟁의 상대가 달라지면서 다른 이름으로 계승된다. 즉 공동체주의와 대립할 때는 개인주의 윤리학의 모델이 된다. 상대주의 윤리학에 맞설 때는 보편주의 윤리학을 대변한다. 현대의 공동체주의자들은 헤겔에 기대고, 상대주의는 로티나 스피박과 같은 탈근대 철학자에 의해 옹호된다. 그리고 여기에 맞서는 보편주의 윤리학은 롤스와 하버마스에 의해 대변된다.

이렇게 놓고 보면, 세 가지 논쟁 속에서 도전을 받는 것은 언제나 칸트의 윤리학임을 알 수 있다. 칸트의 윤리학은 때로는 의무의 윤리학으로, 때로는 개인주의 윤리학으로, 때로는 보편주의 윤리학으로 불리면서 덕의 윤리학, 공동체주의, 문화적 다원주의의 도전을 받고 있다. 그럼에도 바디우가 지적하는 것처럼, "현실적 국면은 '칸트로의 회귀'가 광범위하게 일어나고 있는 시점"(E 27)이다. 왜 그런가? 이것은 세계화가 초래한 이중의 흐름 속에서 이해할 필요가 있다. 문화적 배경이 다른 사람들이 모여 살수록 칸트의 윤리학과 같은 최소주의 윤리학이 요구된다. 모든 상황에 무차별하게 적용될 수 있는 최소의 보편적 규칙을 정하고, 일단 정해진 규칙은 예외 없이 무조건 지켜야 한다는 것, 이것이 정언 명법("너의 준칙이 보편적 법칙이 될 수 있도록 의지하고 행동하라.")을 중심으로 한 칸트 윤리학의 궁극적 의도다.

칸트적인 보편주의(최소주의/형식주의) 윤리학은 세계화를 떠받치는 화폐-기술의 보편성, 그리고 이것에 기초한 정치경제학적 이념(자본주의와 민주주의)과 가장 잘 맞아떨어지는 이론으로 평가할 수 있다. 그러나 세계화가 유도하는 문화적 다원주의는 보편주의 윤리학만으로는 만족할 수 없다. 오히려 획일적 통일성을 거부하고 국지적 독특성과 문화적 다원성을 옹호하는 윤리학을 기대하기 마련이다. 이런 요구에 부응하는 것이 이른바 차이의 윤리학이다. 차이의 윤리학은 프랑스 차이의 철학 속에서 다양한 방식으로 개진되었고, 데리다에게서 절정을 이루는 가운데 영미권의 문화적 다원주의와 탈식민주의에 자양분을 공급했다. 바디우는 자신의 『윤리학』에서 오늘날 윤리적 담론의 지형을 조직하는 두 가지 구심점으로 보편화의 축과 차이화의 축을 들었고, 거시적인 관점에서 보편화의 축은 칸트로, 차이화의 축은 레비나스로 수렴된다고 보았다. 그리고 두 종류의 윤리학을 모두 상황과 분리된 윤리학으로 간주했다. 다시 말해서 그것들은 각각 추상적 보편성(대문자 인간, 인권)과 추상적 차이(타인)에 대한 존중에 기초할 뿐만 아니라 모두 신학적 사고 속에 뿌리를 내리고 있는 윤리학이고, 따라서 현상 유지를 옹호하는 보수적 이념으로 전락했다는 것이다.

바디우는 자신의 "진리의 윤리학"을 이런 비판적 관점 안에서 개진한다. 진리의 윤리학은 모든 "차이들에 무차별하게" 관계하고 "모든 사람들에게 동일한 진리"(E 53)에 기초한다는 점에서 무엇보다 오늘날 윤리적 담론의 유행을 주도하는 차이의 윤리학에 적대적이다. 여기에 비하면 진리의 윤리학은 칸트의 보편주의 윤리학에 가깝다. 하지만 그것을 사르트르적인 상황의 윤리학과 라캉의 정신분석의 윤

리학을 축으로 여과시키면서 자신만의 독특한 길을 개척한다. 그것
은 윤리학을 4중의 진리 절차에 따라 복수화하는 길이다. "윤리학은
라캉이 칸트와 일반 도덕의 주제에 반대하면서 정신분석'의' 윤리에
대해 말할 때 가정된 의미에서 이해되어야 한다. 단일한 대문자 윤리
학이란 것은 없다. 있는 것은 오로지 '~의' 윤리학(정치성의 윤리학, 사
랑의 윤리학, 과학의 윤리학, 예술의 윤리학)뿐이다."(E 53)

잔여가 있는 풍경

바디우는 자신의 윤리학을 개진할 때보다는 현대 윤리학의 흐름
을 정리하거나 비판할 때 더 많은 것을 말하고 있다는 인상을 준다.
이는 역설적으로 그의 비판이 옳아서가 아니라 오히려 틀리기 때문
에 그런 것 같다. 즉 현대 윤리학에 대한 그의 비판을 뒤집어 보면 우
리는 서양 윤리학의 근본 조건을 발견할 기회를 찾을 수 있다. 바디우
는 현대의 윤리학적 담론의 양대 축(칸트적 보편주의와 레비나스적 차이
의 윤리학)을 모두 신학에 뿌리내리고 있다고 비판했다. 그러나 바디
우의 윤리학을 포함한 서양 윤리학은 언제나 신학에 최후의 정당화
근거를 두고 있는 것이 아닐까? 바디우에게 신학이란 반-철학의 형
식을 취한다. 앞에서 언급했던 것처럼, 철학에 대한 내재적 비판을 통
해 신학적 차원으로 이행하는 반-철학적 담론은 지식의 영역과 믿음
의 영역을 나누는 (그러나 동시에 연결하는) 어떤 잔여 앞에서 펼쳐진
다. 잔여는 합리적 논증(지식)이 끝나고 순수한 정관이나 계시(믿음)
가 시작되는 출구이기도 하고, 실재의 세계가 현상의 세계나 상징(언
어)의 세계로 역류하는 입구이기도 하다.

오늘의 사상의 흐름

잔여의 현대적 사례로는 라캉 정신분석의 핵심 개념인 대상 a(objet a, 욕망의 원인, 실재의 파편, 불가능자)를 들 수 있는데, 들뢰즈는 이것을 빈칸, 우발점(point aléatoire) 같은 개념으로 옮겼다. 데리다는 잔여에 해당하는 것을 때로는 흔적이나 유령으로, 때로는 철학의 영점(point zéro)이라 부르기도 했다. 왜냐하면 모든 이항 대립의 질서가 새롭게 재편되기 위해 진공의 상태에 빠지는 지점(또는 의미의 제한 경제와 일반 경제가 교차하여 차연의 경제가 성립하는 지점)이기 때문이다. 바디우의 사건 개념의 중심에 놓인 공백이란 개념도 이런 잔여의 개념과 크게 구별되지 않는 것처럼 보인다. 적어도 그 자신이 지식의 영역과 진리의 영역, 존재의 차원과 사건의 차원이 나뉘는 경계로 설정하고 있기 때문이다. 비트겐슈타인의 말할 수 없는 것, 레비나스의 얼굴, 푸코의 비-사유(l'impensée) 같은 것도 그런 경계에 해당한다. 그러므로 서양 현대 철학 일반의 흐름을 하나의 그림으로 압축할 수 있다. 어떤 잔여를 구심점으로 그것의 둘레를 회전하는 풍경을 연출하고 있기 때문이다.

우리는 현대의 중요 철학 대부분을 이런 잔여의 개념을 중심으로 재구성할 수 있다. 가령 데리다의 해체론은 기존 형이상학의 역사가 잔여 환원의 역사임을, 형이상학을 극복하는 길은 잔여 환원의 역-환원에 있음을 증명하는 과정이다. 데리다를 읽다 보면 언제나 동일한 논리(차연의 논리)가 반복되는 것처럼 보일 때가 있는데, 이는 그의 의미-존재론(해체론적 문자학)뿐만 아니라 그의 실천학(해체론적 유령학), 나아가 그의 미학에 이르기까지 언제나 어떤 잔여 주위를 맴돌기 때문이다. 이것은 바디우에서도 마찬가지 아닌가? 그의 존재 이론과 사건 이론, 그의 진리 이론과 주체 이론, 그의 수학 이론과 윤리학은 언제나 공백의 가장자리에 출발점을 둔다. 이것은 라캉 정신분석의 주요 개념들(주체, 욕망, 환상, 전이)이 실재(죽음 충동)의 파편을 중심으로 회전하는 것과 같다.

데카르트는 방법적 회의의 길을 통해 코기토라는 철학의 원점(아르키메데스의 점)에 도달했다. 현대 사상의 주요 흐름도 유사한 모습을 보여 주고 있다. 기존 철학에 대한 체계적이고 전복적 비판을 통해 새로운 출발점을 찾는 공통의 패턴을 보여 준다. 다만 이상한 것은 그 새로운 원점이 많은 경우 합리적 판단의 질서와 실천적 결단의 경계를 나누는 어떤 잔여에 있다는 점이다. 이것은 슬라보예 지젝의 경우도 마찬가지다. 그가 쏟아 내는 많은 책들에서도 잔여 이야기를 빼놓으면 도대체 무엇이 남을 것인가? 그는 다만 잔여를 다른 철학자와 다르게 명명할 수 있었기 때문에, 가령 잔여를 대타자(언어, 법)의 "똥덩어리"[18]로 설명할 수 있었기 때문에 라캉의 주석가에서 철학자의 반열에 올라설 수 있었다. 이는 데리다나 바디우 혹은 레비나스의 경우도 마찬가지다. 이들이 독창적인 철학자로서 인정받는 이유는 결정적으로 문제의 잔여에 해당하는 것을 저마다 서로 다른 방식으로 발견하거나 설명했다는 데 있다. 현대의 철학자들은 이론의 차원과 그것의 바깥에 해당하는 차원(실천이나 미학의 차원)이 교차하는 곳에서 모든 문제의 무게를 들어 올릴 수 있는 아르키메데스의 점을 찾은 영웅들이다. 따라서 바디우의 분류법에 따른다면, 바디우를 포함한 현대 철학자 대부분은 철학에 속한다기보다 반-철학에 속한다고 해야 할 것이다.

5 서양적 사유의 기원과 그 바깥 — 다시 정향의 문제로

이는 칸트의 보편주의 윤리학과 차이의 윤리학(레비나스, 데리다) 뿐만 아니라 양자를 비판하는 바디우의 윤리학도 반-철학에 기초한 다는 것과 같다. 그렇다면 칸트의 윤리학은 어떤 의미에서 반-철학에 뿌리를 두고 있는가? 이 점은 서양의 윤리학 및 철학 일반의 기원과 한계를 건드리는 문제이므로 좀 더 폭넓은 구도에서 접근할 필요가 있다. 그러므로 이 문제를 다루기에 앞서 현대 프랑스 철학의 흐름을 간단히 정리하고 넘어가기로 하자. 왜냐하면 그것이 20세기 후반의 철학사에서 가장 커다란 활력을 보여 주었고, 21세기 철학사의 구도에 가장 커다란 영향을 미칠 것이라 예상되기 때문이다.

기적의 시대

공자가 살았던 춘추전국시대는 정치적 혼란기였던 동시에 온갖 사상이 만발한 백가쟁명(百家爭鳴)의 시대였다. 서양 인문학의 역사에도 그와 유사한 경이의 시대가 있었다. 기적이라 할 만큼 놀라운 폭발의 시기, 분출의 도시가 있었다. 기원전 4세기경의 아테네, 18세기 말에서 19세기 초의 예나, 20세기 후반의 파리가 그것이다. 이 세 번의 시기는 극히 짧은 시간과 제한된 장소에서 거대한 용암 폭발처럼 관념들이 분출하여 이후의 사상사적 지형을 결정한 시기였다. 다른 시기에 태어났다면 평범한 지식인으로 그쳤을 저자들도 이 시기를 살았던 덕분에 열광적인 독자를 창조해 낼 수 있었다.

이 위대한 시기들은 상호 자극, 변형하는 세 가지 구심점에 의해 구조화된다는 공통점을 지닌다. 시, 정치, 그리고 철학이 그것이다. 정치적 격변과 시적 상상력, 그리고 이론적 사변이 서로 영향을 주고 받으면서 도시 전체가 혁명적인 관념을 생산하는 기계로 탈바꿈되었다. 가령 고대 그리스 철학은 페르시아 제국과 벌여야 했던 백척간두의 해전(海戰)들을 배경으로 태어났다. 독일 낭만주의와 관념론은 프랑스 혁명의 후폭풍 속에서, 구조주의 이후의 프랑스 사상사는 68혁명의 여진 속에서 정신적 혁명의 기계로 변신한 도시의 산물이다. 혁명 기계 속에 배치된 저자들은 정념으로 가득한 밤을 새워 반복해야 할 과거를 발견해야 했고, 한없는 침묵의 깊이 속으로 뛰어들어 미래를 불러들일 언어를 찾아야 했다. 그리고 시대를 배반해야 하는 만큼 자기 자신과 먼저 작별해야 했다.

가령 푸코, 데리다, 들뢰즈, 리오타르는 68혁명과 맞물린 경이의 시대를 대표하는 철학자들이다. 주지하는 바와 같이 1980년대에서 1990년대에 이르기까지 전 세계에 광풍처럼 몰아친 이른바 포스트모더니즘 운동은 1970년대부터 영어로 번역된 학생 혁명 시기의 파리의 저자들로부터 자양분을 길어 올리고 있다. 그러나 리오타르나 보드리야르 같은 저자들을 제외한다면, 포스트모더니즘의 대부로 불리는 대부분의 저자들은 새로운 사조의 명칭과 거리를 두고자 했다. 왜냐하면 근대성을 극복하는 문제보다 서양 사상사 전체를 갱신하는 문제가 더 중요했기 때문이다. 그들에게는, 문화 비평이나 예술 비평에 응용되는 수준에 머물지 않고 고전적인 철학의 문제들에 최후의 깊이를 부여하는 것이 더 절박했다.

영미권에서는 포스트모더니즘 대신 포스트구조주의란 용어가 사용되기도 한다. 68혁명 시기를 통과하는 철학자들은 직전의 세대를 사로잡았던 구조주의를 창조적으로 계승하거나 전복하려는 다양한 시도를 보여 주고 있기 때문이다. 구조주의를 계승하는 경우 포스트구조주의는 후기구조주의로 옮길 수 있고, 전복의 시도를 강조하자면 탈구조주의가 합당한 번역어일 것이다. 어쨌든 1960년대 이후의 프랑스 철학이 동반하게 된 내용적 풍요성은 전적으로 구조주의 인간과학(언어학, 인류학, 정신분석, 문학)과 대결하는 가운데 철학의 새로운 길을 열었다는 점에서 온다. 고대 그리스 철학이 그토록 정교한 언어를 구사할 수 있었던 배후에는 찬란한 비극적 서사의 전통이 있었다. 독일 관념론이 구축한 거대 규모의 체계는 낭만주의와의 경쟁을 빼놓고는 설명할 수 없다. 마찬가지로 68혁명 전후의 프랑스 철학은 구조주의와 씨름하면서 철학적 담론의 수준을 한 단계 높이는 데까지 나아갔다.

구조주의와 씨름한다는 것은 생각보다 많은 것을 의미한다. 그것은 무엇보다 먼저 철학의 관심을 구조주의에 의해 활력을 얻은 인문, 사회, 자연과학 및 예술의 영역으로 확장한다는 것을 말한다. 이것은 거꾸로 주변 학문에 의해 창출된 개념적 도구와 분류의 도식을 철학의 영역으로 도입한다는 것과 같다. 구조주의를 통과하는 철학은 과거에는 상상하기 어려웠던 내용상의 증폭을 경험했다. 그러나 구조주의가 철학을 자극한 것은 내용 면에서라기보다는 형식 면에서 더욱 컸을 것이다. 구조주의 시대에 태어난 이론적 담론들(가령 언어학적, 인류학적, 정신분석적 담론 등)은 실증적인 연구에 기초하면서도 대단히 높은 수준의 사변을 펼쳐 냈다. 인간, 사회, 역사, 언어, 실재, 인식 등에 대한 구조주의적 담론 앞에서 기존의 철학적 담론은 해가 뜨거워지자마자 사라지는 무기력한 안개처럼 보였다. 철학보다 더 철학적인 담론을 구축하기에 이른 새로운 인간과학의 등장 앞에서 철학은 갑자기 역할을 잃어버린 듯한 위기를 맞이했다.

현대 프랑스 철학의 흐름

그러나 영웅은 난세에 나고, 땅은 비가 온 뒤에 더욱 단단해지는 법이다. 푸코, 데리다, 들뢰즈, 리오타르 등과 같은 철학자들은 철학의 위기를 몰고 온 구조주의적 담론 앞에서 다시 철학의 존엄을 증명한 영웅들이다. 이들은 서양 사상사의 첨예한 유산들을 회집하는 가운데 구조주의적 담론을 정면으로 돌파하여 철학의 진화가 새롭게 시작될 문턱을 넘어서기에 이르렀다. 이런 과정에서 놓치지 말아야 할 것이 또 있다면, 그것은 19세기 유럽 철학에 대한 창조적 계승의 작업이다. 전후(戰後) 프랑스 실존주의 운동의 배후에 있던 것이 헤겔, 후설, 하이데거(이른바 3H)였다면, 구조주의를 통과하는 철학적 담론의 배후에는 니체, 프로이트, 마르크스가 있었다. 20세기 후반기의 프랑스인들은 독일인들보다 훨씬 더 철저하게 19세기 독일 사상사의 유산을 전유하는 데 매달렸고, 이를 바탕으로 구조주의를 품어낼 만큼 정교하면서도 널찍한 철학적 담론의 장을 열어 놓았다. 구조주의 시대를 통과하면서 형성된 프랑스 철학의 산맥은 기원전 4세기의 그리스 철학이나 19세기 독일 관념론에 견주어도 손색이 없는 규모를 이루었다. 그런 만큼 미래 사상사의 지형을 결정할 가장 중요한 고원으로 자리매김할 수 있을 것이다.

오늘의 사상의 흐름

현대 프랑스 철학의 흐름은 역사적으로 중요한 두 시기를 변곡점으로 한다. 하나는 제2차 세계 대전 전후의 시기이고, 다른 하나는 1968년 학생 혁명 전후의 시기다. 양차 세계 대전 사이는 베르그송의 형이상학이 이례적인 성공을 거두었다. 제2차 세계 대전 이후는 현상학과 실존주의가 각광을 받았으며, 사르트르와 메를로퐁티 같은 철학자에 의해 주도되었다. 학생 혁명 이전의 시기는 구조주의 시대라 불린다. 이 시대를 살아남은 철학자들은 철학적 담론을 대체할 수준으로까지 발전한 기호학적 담론이나 인류학적 담론 혹은 정신분석학적 담론의 위세 앞에서 철학의 존엄을 다시 증명하면서 서양철학사의 새로운 물줄기를 열어 놓았다. 그리고 이런 새로운 물줄기가 어떻게 댐을 이루고 어떻게 주변의 인문학적 토양을 적시게 될지는 미래 철학사의 중요한 관전 포인트가 될 것이다.

현대 프랑스 철학사는 연대기적 순서를 근간으로 하되 주제나 학파 단위의 분류법을 존중하자면 크게 다섯 갈래로 나누어 볼 수 있다. (1) 베르그송, 바슐라르, 캉길렘, 시몽동 등으로 이어지는 프랑스의 독특한 실증주의적 형이상학과 과학철학(인식론)의 전통. (2) 사르트르, 메를로퐁티, 레비나스, 리쾨르 등으로 대변되는 전후 프랑스 현상학과 실존주의 운동. (3) 소쉬르, 레비스트로스, 라캉, 알튀세르, 바르트 등이 열었던 구조주의 시대. (4) 푸코, 들뢰즈, 데리다, 리오타르, 보드리야르 등과 같이 구조주의 이후 등장한 철학자들. (5) 바디우, 낭시, 랑시에르 등과 같이 아직 살아 있으면서 활발히 활동하는 철학자들. 이런 분류 체계에도 불구하고 이상에서 열거된 이름들은 각기 서로 다른 전통의 출발점이 될 만큼 독특한 세계를 이루고 있다. 여기서 거명되지 않은 수많은 저자들까지 고려한다면, 현대 프랑스 철학은 그만큼 복잡한 갈래를 이루는, 말하자면 다양한 별 무리가 회오리를 이루는 하나의 거대한 하늘이라 할 수 있다. 미래의 철학사에서 더욱 빛을 발할 이 별 무리들 사이로 좌표를 만들고 이정표를 세우는 작업은 이제야 겨우 시작되고 있다.

바디우를 중심에 두고 이야기하자면, 최근의 현대 프랑스 철학은 어떤 3중의 회귀 속에서 펼쳐지고 있다. 그것은 곧 실재, 주체, 윤리의 복귀다. 이때 실재란 앞에서 언급했던 잔여의 다른 이름이다. 데리다의 흔적이나 유령, 들뢰즈의 우발점이나 추상적인 선, 바디우의 공백의 가장자리 같은 것이 이것에 해당한다. 레비나스의 얼굴, 푸코의 비-사유, 리오타르의 대문자 형태, 지젝의 똥이나 '세계의 밤'도 잔여의 다른 이름이다. 실재 혹은 잔여는 두 영역을 나누는 동시에 연결하는 경계를 표시하며, 그래서 두 세계를 전제한다. 즉 한편으로는 구조, 지식, 논리, 언어, 법, 대타자, 존재로 표기되는 합리적인 차원이 있다. 다른 한편으로는 합리적인 관점으로는 보이지 않는, 보인다면 일그러진 왜상이나 무의미한 얼룩으로 나타나는 차원이 있다. 실재는 두 차원이 교차하는 지점에 남는 틈이나 잔여다. 레비나스에서 바디우에 이르는 현대 프랑스 철학은 이 잔여를 중심으로 구조화된다고 할 수 있다. 미시적 관점에서 보면 잔여에 대한 접근의 방식과 서술이 각기 다르고, 그것에서부터 끌어내는 전략적 목표가 각기 다른 것은 분명하다. 그러나 거시적 관점에서 보면 대부분의 철학자들은 문제의 잔여에 도달하기 위해 과거의 철학을 환원하고, 그 잔여를 원점으로 새로운 담론의 세계를 구축해 간다. 현대 프랑스 철학에 대하

오늘의 사상의 흐름

여 데카르트의 코기토와 같은 철학의 제1원리가 있다면, 그것은 잔여로서의 실재에 있다.

잔여와 서양 윤리학의 원점

바디우는 현대 철학의 주요 거장들을 반-철학이라는 이름 아래 철학의 바깥으로 추방하려 했다. 그러나 바디우의 철학 자체는 현대 프랑스 철학자들 대부분과 마찬가지로 자신이 정의하는 반-철학으로 분류될 수 있다. 왜냐하면 근본적으로 존재와 사건의 이원론에 기초하고, 이 점에서 그가 정의하는 반-철학과 구조적으로 유사하기 때문이다.[19] 여기서 한 걸음 더 나아가 우리는 적어도 근대 이후의 서양 철학은 바디우가 정의하는 바 그대로의 반-철학에 해당한다고 볼 수 있다. 가령 데카르트나 칸트는 바디우적 의미의 철학자라기보다 오히려 반-철학자에 가깝다. 데카르트의 경우는 수학적 방법론(과학)의 영역과 신학적 무한성 사이의 괴리를 표현하는 영원 진리 창조론(그리고 이에 대한 레비나스의 해석이나 알키에의 해석)에서 뚜렷한 반-철학적 지향성을 찾을 수 있다. 칸트의 경우는 그의 철학 자체가 반-철학으로 정의될 수 있다. 칸트적 의미의 비판은 앎과 믿음, 인식과 사유, 현상계와 물자체를 나누는 경계를 그리는 데 있다. 칸트의 비판 철학은 반-철학을 정의하는 이원론을 구축하는 과정이라 할 수 있다.

칸트의 이런 반-철학적 경향은 그의 『실천이성비판』에서 훨씬 잘 나타난다. 이 책에서 우리는 두 세계(현상계와 물자체)가 교차하여 남긴 어떤 잔여를 발견할 수 있다. 그 잔여에 해당하는 것은 "도덕 법칙에 대한 존경심"이다. 칸트는 이 개념에 주목할 만한 세 가지 논평을 덧붙인다.[20] 첫째, 존경심은 "도덕의 원동력(Tiebfeder)"이다. 도덕에 대하여 존경심은 자동차의 엔진과 같다. 도덕의 조건(선한 의지, 정언 명법, 자율성)이 제대로 갖추어졌다 해도, 도덕 법칙에 대한 존경심이 없다면 모든 것은 활력을 잃고 정지 상태에 빠진다. 둘째, 존경심은 "유일한 선험적 정서"다. 정서는 원래 신체적 경험에 의존한다. 그러나 도덕적 존경심은 신체 없이, 경험에 앞서 초월론적 차원에서 일어난다. 그것은 경험과 선험, 육체와 정신, 현상과 물자체의 대립이 미궁에 빠지는 어떤 영점(零點)이다. 셋째, 이 역설적인 감정은 논증을 초과하는, 따라서 도덕이 성립하기 위해서는 무조건 받아들여야 하는 "이성의 사실(Faktum der Vernunft)"이다. 정언 명법의 무제약적 구속력은 어떤 합리적 설명에 있는 것이 결코 아니다. 오히려 그것은 합리적 설명의 세계에 구멍을 내는 어떤 것에서 온다.

그렇다면 그것은 도대체 어떤 것인가? 아마 이것을 레비나스의 얼굴이나 라캉의 대상 a만큼 잘 설명하는 것은 없을 것이다. 이런 것들은 잔여의 전형들로서 두 세계의 경계에 있다는 점 이외에 또 다른 중요한 특징을 지닌다. 그것은 주체를 호명한다는 데 있다. 더 정확히 말하자면, 이런 것들은 호명을 통하여 주체를 생산한다. 주체는 그 자체로 존재하는 실체가 아니다. 주체는 반-철학적 잔여가 부르는 목소리 앞에서, 그 목소리에 대한 응답과 더불어 현존하게 된다. 칸트가 가리키는 존경심은 어떤 불가해한 목소리의 부름에 대한 응답이다. 칸트의 도덕적 주체는 존경심이라는 그 응답 속에서 비로소 태어난다. 우리는 라캉의 주체뿐만 아니라 바디우의 주체 역시 이런 호명의 사건(Che vuoi?) 속에서 태어나는 것이 아닌지 물을 수 있다. 바디우

273

가 존재와 대립시키면서 설명하는 사건이란 단지 합리적 지식을 초
과하는 어떤 공백의 성립만을 가리키는 것만이 아니다. 그것은 그 공
백이 누구인가를 불러 세울 때, 그리고 그 부름에 응하여 그 누가 주
체로서 태어날 때 비로소 사건이 된다.

호명의 변증법과 서양적 주체의 탄생

바디우는 그 공백의 호명에 대한 주체의 응답을 충실성(fidélité)이
라 명명했다. 우리는 그 충실성을 정신분석의 관점에서, 특히 라캉이
말하는 "전이의 현상학"[21]으로 돌아가서 설명할 수 있다. 왜 그런가?
그것은 전이의 현상학이 분석가(대상 a/아갈마의 소유자)와 분석자(욕망
의 주체) 사이에 일어나는 호명의 변증법 이외에 아무것도 아니기 때
문이다. 바디우의 사건은 충실성이라는 주체의 응답 속에서 일어나
고, 그런 점에서 분석자가 환상($\diamond a$)의 주체로 거듭나는 전이의 사건
과 유사하다. 그래서 바디우의 충실성은 환상이라는 라캉의 용어로
옮길 수 있다. 이때 환상이란 쾌락의 원칙을 넘어서는(따라서 합리적
설명을 넘어서는), 자기만의 고유한(따라서 다른 사람은 알지 못하는) 향락
(jouissance)의 대상(잔여 혹은 공백)과 관계한다는 것을 말한다. 충실한
주체는 그런 의미의 환상의 주체와 같다.

우리는 칸트의 도덕적 주체도 전이의 현상학 속에서, 그것의 핵
심인 호명의 변증법을 통해 재구성할 수 있다. 칸트의 도덕적 주체가
도덕 법칙에 대한 존경심에서 태어난다면, 그 존경심은 대타자(법)의
호명(케 보이?)에 대한 응답이다. 이 점에서 그것은 라캉적 의미의 환
상, 그리고 바디우적 의미의 충실성과 유사한 위치에 있다. 우리는 여

기서 칸트의 윤리학, 라캉의 윤리학, 그리고 바디우의 윤리학은 어떤 동일한 구조를 공유한다는 사실을 알 수 있다. 그 세 가지 윤리학에서 주체는 모두 호명의 변증법에 의해 구조화된다. 도덕적 주체의 탄생을 얼굴에 대한 환대에서부터 설명하는 레비나스의 윤리학도 이 점에서는 마찬가지다. 그렇다면 이토록 서로 다른 종류의 윤리학을 동시에 구조화하는 호명의 변증법은 어디서 오는가? 그것은 유대-기독교적 전통에서 올 것이다. 유대-기독교적 전통에서 주체는 언제나 신의 부름에 응답하는 위치에 있다. 주체는 신에 의해 부름을 받았다는 소명 의식 속에서 주체가 된다. 서양 윤리학의 핵심이 책임감에 있다면, 그 책임감의 역사적 유래는 종교적 소명 의식에 있다. 칸트의 존경심과 바디우의 충실성은 유대-기독교적 소명 의식이 세속화된 형태, 다시 말해서 책임감의 다른 말에 불과하다. 그렇다면 서양 윤리학의 원점은 소명 의식을 유발하는 신의 목소리에, 혹은 그것을 대신하는 반-철학적 잔여의 호명 효과에 있는 것이 아닌가?

이런 관점을 고수하자면, 서양 윤리학의 기원은 모이라 산의 사건에 있다. 모리아 산에 올라 이삭을 칼로 베려는 순간의 아브라함, 그는 신의 불가해한 명령에 응답하기 위해 세속적 주체(아버지, 남편, 공동체의 지도자)로서는 넘지 말아야 할 광기의 선을 넘어서고 있다. 데리다는 이 장면에 두 가지 의미를 부여한다. 먼저 그것은 메시아주의 종교(유대교, 기독교, 이슬람교)가 뿌리를 내리는 첫 번째 장면이다. 다른 한편 그것은 신에 대한 절대적 책임과 세속에 대한 일반적 책임 사이의 모순 속에서 일어나는 윤리적 결단이다.[22] 이미 언급했던 것처럼, 모든 윤리적 결단은 양립 불가능한 두 차원(이편과 저편, 현상계와 본체계)의 교차 속에서, 그 교차가 남기는 반-철학적 잔여 앞에서, 거기서 일어나는 호명의 변증법에 의해 인도된다. 따라서 모세의 결단은 어떤 극단적인, 그러나 모든 윤리적 판단의 구조를 반영하는 범례적인 사례에 해당한다.

그런데 데리다는 윤리적 판단만이 아니라 이론적 판단을 포함한 모든 종류의 판단(가령 심미적 판단)에서 동일한 구조를 식별한다. 판단은 두 차원(제한 경제와 일반 경제, 이성과 광기, 이성과 신앙)의 교차와 거기서 성립하는 반-철학적 잔여(흔적, 유령, 대리적 보충, 선물, 파르마콘, 코라) 앞에서 일어나는 결단의 사건일 때만 진정한 판단일 수 있다는 것, 바로 이 점을 밝히는 작업에 데리다의 해체론은 일관하고 있다. 그렇다면 모든 진정한 판단은 (미래에 대한 희망과 긍정을 의미하는) 결단의 성격을 띤다는 점에서 윤리적 판단이라 부를 수 있는 것이 아닐까? 모든 종류의 판단에서 하나의 동일한 구조를 본다는 것은 바디우에서도 마찬가지다. 주요 영역(과학, 정치, 예술, 사랑)에서 성립하는 사건적인 판단은 수학으로 계산되는 존재의 영역과 공백 사이의 가장자리에서 일어난다. 그리고 그것은 그 가장자리에서 일어나는 호명의 변증법 속에서 결단의 성격을 띠게 되므로 윤리적 판단의 양상을 지닌다. 그러므로 바디우가 말하는 진리의 네 가지 조건은 암묵적으로 윤리적 구심점을 요청한다. 왜냐하면 그 윤리적 구심점에서 태어나는 주체에 의해서야 비로소 일관성을 유지할 수 있기 때문이다.

세계화의 아침과 서양의 바깥

바디우가 자신의 철학을 반-철학의 화신인 사도 바울을 통해 가장 멋지게 설명할 수 있었다는 역설은 바로 이런 관점에서 이해되어야 한다. 이것은 데리다가 자신의 철학을 모세에 의지해 극적으로 연출할 수 있었던 것과 맥락을 같이한다. 둘 다 서양 현대 철학의 반-철학적 성격, 다시 말해서 그것이 유대-기독교적 전통에 속한다는 사실을 말해 주는 사례라 할 수 있다. 우리는 앞에서 열거한 현대 프랑스 철학자들(레비나스, 푸코, 들뢰즈, 리오타르 등) 이외에도 하이데거, 비트겐슈타인, 가다머, 리쾨르 등을 여기에 추가할 수 있을 것이다. 서양철학은 협소한 인식론을 넘자마자 반-철학의 양상을 띤다. 그리고 반-철학의 양상을 띠자마자 유대-기독교적 전통의 윤리적 형식에 의해 구조화된 사유를 펼쳐 간다. 그 형식은 두 차원(이편과 저편)의 교차와 거기서 남는 잔여를 중심으로 일어나는 호명의 변증법 속에 있다.

이런 점이 해체론자로서 서양 사상사 2000년의 전통에 도전하는 데리다에 의해, 그리고 해체론적 종언의 주제 이후 철학의 재개를 외치는 유물론자 바디우에 의해 가장 선명하게 드러나고 있다는 역설은 우리의 추론에 근거를 더해 주고 있다. 그리고 이 모든 것은 니체, 하이데거, 데리다 등이 찾던 서양적 사유의 바깥이 여전히 서양적 사유의 울타리에 속한다는 것을 명백히 말해 주고 있다. 이는 헤겔적 일몰 이후 하이데거가 바라보는 세계의 밤이 여전히 서쪽(서쪽의 서쪽)에 속한다는 것과 같다. 바디우의 용어로 하면, 그 안과 바깥의 차이는 철학(이성)과 반-철학(믿음)의 차이에 불과하다. 양자는 어떤 변증법 속에서 이중화와 이분화를 반복한다. 그런데 지젝에 이르러 이상한 일이 벌어진다. 그것은 세계의 밤이 쾌락 원칙과 그 너머의 사이, 생명과 죽음 사이, 다시 말해서 산 것도 죽은 것도 아닌 좀비의 세계

오늘의 사상의 흐름

로 변질되는 사건이다. 세계의 밤은 이제 낮도 아니고 밤도 아닌 이상한 어둠을 맞이하고 있다. 이것은 혹시 세계화의 아침을 알아차리지 못하는 서양적 시선의 착시 효과에 불과한 것이 아닐까? 또는 이것은 서양적 사유가 호명의 변증법에서 막 벗어나고 있음을 알리는 징후라 할 수 있는가?

이런 물음에는 좀 더 추이를 지켜본 이후에 대답하기로 하자. 지금 우리가 내릴 수 있는 결론은 다만 이것이다. 즉 첨단의 서양철학에서마저 서양의 바깥은 헤겔-하이데거의 세계사 도식에서와 마찬가지로 여전히 철학의 바깥으로 방치되고 있다. 서양철학은 여전히 기원전 4세기에 시작된 동서 분기의 흐름을 떠나지 않고 있다. 세계화와 더불어 동서 합류의 시대가 시작되고 있다는 사실이 아직 외면되고 있다. 이는 서양의 해체론이 그토록 찾던 바깥은 역시 서양의 지리적 바깥에서부터, 다시 말해서 동양의 어디에선가부터 모색될 수밖에 없음을 시사한다. 가령 호명의 변증법에 의해 구조화되지 않는 사유의 전통에서 철학은 시작될 수 없는가? 물론 데리다와 들뢰즈는 허먼 멜빌의 소설『필경사 바틀비(Bartleby, the Scrivener)』에서 호명의 변증법을 무력화하는, 따라서 서양적 사유에 전혀 낯선 주체에 주목했다. 바틀비는 예와 아니오 혹은 긍정과 부정의 대립이 진공에 빠지는 세계에 위치한다. 이 점에서 그는 생을 긍정하지도 부정하지도 않는 지젝의 좀비와 같다.

그러나 바틀비와 좀비의 공통점은 다른 데 있을 것이다. 그것은 아마 방향을 잃어버리고 있다는 점일 것이다. 그들은 하나의 위치를 고수하거나 여기저기 헤매는 주체다. 이런 방향 상실의 주체가 서양

철학의 앞날을 예고하는 전조일 수 있는가? 오리무중의 앞날을? 앞에서 언급했던 것처럼, 사유에서뿐만 아니라 역사에서도 우리는 언제나 정향(오리엔테이션)의 문제에 부딪힐 수밖에 없다. 특히 동서 합류의 물꼬를 튼 세계화는 오늘의 철학에 대하여 정향의 문제를 절박하게 제기하고 있다. 이 난해한 문제는 어쩌면 동서의 보편자가 상호 교차, 순화되는 가운데 어떤 제3의 보편성이 분만될 때야 겨우 해결의 실마리를 찾을 수 있을지 모른다. 그리고 이럴 때일수록 우리가 주목해야 하는 것은 박동환의 3표론과 같이 동양의 사상사(제1표)와 서양의 사상사(제2표)뿐만 아니라 동서의 바깥에 해당하는 잉여 지대 사상사의 가능성(제3표)을 하나의 평면에 구성하는 작업이다.[23]

김상환 연세대학교 철학과와 동 대학원을 졸업하고 프랑스 파리 제4대학(소르본)에서 철학 박사 학위를 받았다. 현재 서울대학교 철학과 교수로 현대 프랑스 철학을 강의하고 있으며, 구조주의 전후의 현대 철학 사조를 동아시아의 문맥에서 재해석하는 데 관심을 가지고 있다. 한국프랑스철학회 회장을 역임했고 고등과학원(KIAS) 초학제독립연구단에서 연구책임자를 맡았다. 저서로『해체론 시대의 철학』,『예술가를 위한 형이상학』,『니체, 프로이트, 맑스 이후』,『철학과 인문적 상상력』등이 있고 편서로『라캉의 재탄생』등이, 역서로『차이와 반복』등이 있다.

문화 연구와 문학 연구

일상적 삶의 상징 생산과 유물론적 미학

여건종 (숙명여자대학교 영어영문학부 교수)

1 문화 연구의 정신과 역사적 조건[1]

문화 연구는 학문적 제도이면서 구체적 실천의 기획을 가진 신념의 체계이다. 이 신념의 체계는 그것을 추동하고 있는 하나의 '정신'을 가진다. 문화 연구를 태동시킨 정신의 핵심에 대중에 대한 새로운 인식, 대중의 일상적 삶의 과정에 대한 새로운 각성, 대중이 향유하는 문화 생산물에 대한 새로운 접근이 있다. 이러한 각성을 토대로 구체적인 분석 대상이 규정되고, 새로운 방법론이 시도되고 인정되고 축적되면서 분과 학문으로서의 문화 연구의 정체성이 지난 30여 년간 서서히 형성되어 왔다. 대중의 일상적 삶에 대한 새로운 인식은 물론 변화된 역사적 조건의 요구이겠지만, 대부분의 문화 연구 소개서는 그 출발점을 레이먼드 윌리엄스(1921~1988)의 "문화는 일상적이다."[2]라는 명제에서 찾는다.

"문화는 일상적"이라는 명제는 문화적 행위와 그 생산물을 인간 정신 능력의 예외적 성취로서의 예술이나 문학적 전통 속에 한정시켜 보는 관점에서, 보통 사람들의 일상적 삶 속에서 일어나고 있는 다양한 형태의 상징적 행위로 확장시키는, 관점의 전환을 의미한다. 윌리엄스의 문화에 대한 새로운 정의는 그 이전의 문화에 대한 논의가 대체로 간과해 왔던 우리의 일상적 삶에 내재해 있는 창조적 과정에 새로운 의미를 부여하는 것으로 시작하고 있다. 일상적 삶의 상징적 창조성에 대한 윌리엄스의 생각은 문화 비평 전통에 획기적인 전환을 가져오면서, 이후에 학문적 제도로서의 문화 연구가 태동하는 정신적 토대를 제공하게 된다.

문화 연구와 문학 연구

2차 대전 이후 급변하는 영국의 정치 경제적 상황에서 대중이 그들의 일상적 삶에서 수행하는 문화적 행위는 이전까지와는 전혀 다른 이해의 패러다임을 요구하게 된다. 소비 자본주의의 새로운 주체로서 대중이 부상하고 대중 미디어가 점점 더 강력한 영향력을 가지게 되는 새로운 사회 경제적 조건에서 영국의 뉴 레프트들이 사회주의의 가치와 지향점을 새롭게 정립하려 했던 시도의 핵심에 바로 '대중의 문화적 삶'에 대한 관심이 놓여 있었다.《뉴 레프트 리뷰》의 초대 편집장이었던 스튜어트 홀이 쓴 창간사는 이 상황을 다음과 같이 기술한다.

《뉴 레프트 리뷰》에서 영화나 10대의 문화를 논의하는 목적은 우리가 시대에 뒤처지지 않고 최신 유행을 따르고 있음을 보여 주기 위해서가 아니다. 이러한 것들은 자본주의를 살아가야 하는 일반 사람들의 상상적 저항 ── 사회적 불만이 점차 증가하고 있는 지점들, 깊게 느껴진 욕구들의 투사 ── 에 직접적으로 연결되어 있다. (……) 사회주의의 임무는 대중이 있는 바로 그 지점, 즉 대중이 느끼고, 고통 받고, 영향 받고, 좌절하고, 방황하는 바로 그 지점에서 대중을 만나고 불만을 확인하는 것이다. 그와 함께 우리가 살아가는 방식과 시대에 대한 직접적인 느낌을 사회주의 운동에 부여하는 것이다.[3]

경제 성장과 고용 조건의 질적 향상으로 특징지어지는 2차 대전 이후 영국의 사회 경제적 상황은 영국 노동 계급의 삶의 양식을 결정적으로 변화시켰고, 생산자들은 소비자로 급격하게 전환되고 있었다.

이러한 변화는 영국 노동당과 함께 사회주의 지식인들에게도 커다란 충격을 주었다. 노동당은 1950년대에 있었던 세 번의 총선에서 모두 패했고, 정치적, 경제적 변혁의 의제에 한정되어 있었던 전통적인 좌파의 이론적, 실천적 기획들은 더 이상 대중의 삶을 설명하거나 변화시키는 데 유용한 것이 되지 못한다는 위기감이 사회주의 지식인들에게 심각하게 인식되고 있었다. 대중의 문화적 삶이 새로운 좌파적 의제의 중심으로 떠오른 것은 소비 자본주의의 본격적인 도래에 수반하는 사회 경제적 변화에 대응하려는 사회주의 지식인들의 자기 갱신의 결과로 나타난 것이었다.

문화 연구가 태동하는 이 결정적 전환기를 다시 기록하고 있는 「'1세대' 뉴 레프트의 삶과 시간(Life and Times of the 'First' New Left)」이라는 글에서 스튜어트 홀은 '대중의 문화'가 당시 새로운 사회주의적 기획의 핵심적 요소로 부상한 이유를 세 가지로 설명한다. (1) 사회적 변화가 가장 극적으로 스스로를 드러내는 것은 문화와 이데올로기 영역에서이다. (2) 문화적 차원은 부차적인 것이 아니라 사회가 구성되는 핵심적인 차원이다.(이것은 토대-상부 구조의 비유가 가지고 있는 환원주의와 경제 중심주의를 상대로 뉴 레프트가 오랜 기간 벌인 논쟁의 한 부분이기도 하다.) (3) 문화와 관련된 논의는 사회주의를 다시 규정하는 모든 언어에 근본적으로 필수적인 것이다.

일상적인 삶의 과정에서 수행되는 상징적 행위들을 통해 우리 삶의 기본적인 관계와 조건과 제도가 구성된다는 생각은 현대 문화 연구를 낳은 핵심적인 문제 인식이었다. 사회주의 정치학에서 대중문화에 대한 새로운 인식이 요청되는 것은 바로 이 지점이다. 대중의 일상적 삶의 과정에 대한 새로운 각성, 대중이 향유하는 문화 생산물에 대한 새로운 접근은 사회주의 정치학의 이론적 토대로서의 문화적 마르크스주의의 핵심적인 정체성을 구성하는 요소들이 된다. 영문학, 역사학, 정치학, 철학 등 다양한 지적 전통으로부터 결집된 뉴 레프트 이론가들이 공유했던 이론적 태도는 토대-상부 구조의 환원주의적, 경제 결정론적 마르크스주의를 거부하고 문화적 마르크스주의의 이론적 모델을 구축하기 시작했다는 것이다.[4] 그것은 무엇보다 한 공동체 안에서 상징과 서사가 생산되는 새로운 조건이 등장하고 그에 따라 서사의 기본적인 성격도 전혀 다른 형태를 갖게 되는 의사소통 구조의 전면적 변화에서 새로운 사회주의의 지향점과 전략을 어떻게 정립할 것인가의 문제와 연관되어 있다. 이러한 변화의 특징을 가장 압축적으로 보여 주는 것이 '일상적 삶에서의 상징 생산(symbolic production in everyday life)'이라는 화두이다.

2   일상적 삶에서의 상징 생산

먼저 '일상적 삶에서의 상징 생산'이라는 화두를 가지고 보통 사람들이 일상적 삶에서 소비하는 대중문화가 문화 연구에서 어떻게 새롭게 인식되고 접근되고 있는가를 살펴보자. 일상적 삶에서의 상징 생산이라는 명제는 보통 사람의 일상적 삶에서 작동하는 상징적 욕구와 그것을 충족시키는 과정, 즉 상징 생산 행위에 개입하는 창조적 자기 형성의 과정에 주목한다. 상징적 욕구는 상징, 즉 언어와 이

미지와 소리와 몸짓에 의해 수행되는 재현 행위를 통해 세계를 경험하고, 표현하고, 소통하고, 스스로를 의미 있는 존재로 만들어 나가려는 욕구를 가리킨다. 이 욕구를 충족시키는 행위를 상징 생산이라고 부를 수 있다. 이 행위는 일상적이면서 동시에 창조적인 행위이며, 인간이 스스로를 지속해 가는 과정에 필수적인 행위이다. 인간의 상징 생산이 수행되는 가장 기본적인 단위는 이야기다. 이야기를 통해 세계와 만나고, 그것이 내 안에 들어와 내가 하나씩 만들어지고, 그렇게 만들어진 나는 다시 나의 이야기를 소통시키면서 세계에 개입하고 현실을 변화시키는 일들이 이 상징 생산의 전 과정을 구성한다. 주체의 상징적 생산은 이야기로서의 문학과 대중문화가 중첩되는 지점이다. 어떤 의미에서 대중문화는 문학보다 월등한 이야기 양식이다. 질적 수준에서 그렇다는 것이 아니라 그것이 수행하는 기능의 편재성(遍在性), 보편성, 일상성의 측면에서 이야기의 본질에 더 가깝다는 뜻이다.

상징 생산이란 우리의 삶을 지속하기 위해서 반드시 필요한 의미와 가치, 그리고 쾌락의 생산을 가리킨다. 인간은 물질적 노동을 통해 생물적 삶을 지속해 가기 위한 재화를 생산하고, 상징적 노동을 통해 주체 즉 '나'를 생산해 간다. 마르크스는 이 두 가지 생산 활동이 사실은 하나의 행위라는 것을 간파한 최초의 사상가였다. 상징 생산은 인간 행위의 한 부분일 뿐 아니라 필수적인 부분이며 살아 있는 생명체의 태생적 권리이다. 이러한 상징적 작업은 우리의 일상적 삶에 편재되어 있으며, 신체와 언어는 상징적 창조 행위의 중요한 매개물인 동시에 자원이다. 생산 과정에서 몸은 세계를 감각하고 전유하고 확장하며, 언어나 이미지는 이러한 세계의 경험을 소통하고 축적한다.

그렇다면 이러한 상징적 창조성에 의해 생산되는 것은 무엇인가? 가장 중요한 것은 그것이 우리의 개인적 정체성을 생산하고 재생산해 준다는 것이다. '나는 누구인가'는 나에게 주어지는 것이면서, 동시에 상징적 노동을 통해 끊임없이 생산되고 갱신되는 것이다. 상징적 노동은 스스로의 의미를 창출하려는 투쟁, 즉 스스로 의미 있는 존재가 되려는 본능적 노력을 포함한다. 이 과정에서 상징적 노동은 인간 정체성을 보다 큰 전체 속에, 즉 '나'라는 존재를 역사와 공동체 속에 위치시킨다. 구조화된 집단성은 개인의 상징적 창조 행위를 가능하게 하는 자원을 제공해 준다. 이 시공간의 제약은 제한이고 결정이면서 동시에 가능성이고 잠재력이다.

마지막으로 상징 노동은 우리 자신이 가진 역동적 능력에 대한 적극적 느낌을 발전시키고 확인해 준다. 이것이 자아 정체성의 가장 역동적인 부분이다. 궁극적으로 이것은 (아무리 미미하고 눈에 보이지 않을지라도) 현실 세계를 변화시킬 수 있는 힘에 대한 느낌이다. 이것은 문화 연구 등장 이후 진행된 대중문화 분석이 확인하고 강조하는 가장 의미 있는 발견이다. 상징 생산 행위는, 그것이 잘 작동되었을 때, 자신의 존재감, 살아 있음의 느낌을 강화해 준다. 이것은 자신이 무엇인가를 할 수 있다는 것, 자신의 삶이 살 만한 것이라는 사실에 대한 깊은 느낌이다. 이 느낌을 통해 한 인간은 스스로에게 힘을 부여한다. 이것은 내밀한 과정이면서 동시에 인간이라는 살아 있는 생명체에 일상적이고 필수적으로 작동하는 과정이다. 이 말은 동시에 인간은 지속적인 상징 생산 행위 없이는 사람다운 삶을 영위하지 못한다는 것을 의미한다. 상징적 자원이 저장되어 있는 곳을 우리는 문화라고 부른다. 대중문화의 시대를 사는 우리에게 일상적 삶의 상징적 창조성의 원천은 주로 대중문화의 소비를 통해 제공된다.

왜 '대중의 일상적 삶'의 '상징 생산'인가? '일상적 삶에서의 상징 생산'이라는 개념은 지금까지 미적인 것을 논의하는 학문들의 주류 전통에서는 별로 다루지 않았던 두 영역의 통합, 즉 일상성과 창조성의 이론적 통합을 시도한다. 이 두 영역의 통합은 독일 고전적 낭만주의로부터 적어도 20세기 전반기까지 서구 인문학 전통을 관통했던 심미적 인문주의(aesthetic humanism)와, 일상적인 노동과 생산의 과정을 통해 개인과 공동체와 역사가 형성되는 과정을 강조하는 마르크스의 유물론의 만남을 통해 이루어진다.(이 만남은 윌리엄스의 "문화는 일상적이다."라는 명제에 집약되어 있다.)

심미적 인문주의의 핵심적 문제의식은 상징적 재현 행위를 통한 미적 경험 —— 낭만주의자들이 창조적 능력이라고 처음으로 이름 붙인 것 —— 이 개인을 더욱 성숙하고 풍요롭게 만들고, 공동체를 더욱 진보하고 자유롭게 만드는가였다. 근대적 의미에서의 문학과 예술은 이러한 인간 행위의 중심에 위치해 왔다. 마르크스의 유물론은 이러한 창조적 자기 형성 과정의 물질성(materiality), 즉 보통 사람들의 노동과 생산 행위를 통한 자기 창출(self-creation)의 일상성을 강조한다.(이것이 마르크스 이론의 핵심 개념으로서의 물질성의 진정한 의미이다.) 마르크스에게 인간의 노동과 생산 활동은 단지 물질적 재화의 생산을 의미하는 것이 아니었으며, 마찬가지로 인간의 창조성은 정신적 행위에 국한된 것이 아니었다. 그에게 노동의 궁극적인 목적은 자기 생산이었으며, 이 자기 생산의 과정은 일상적이면서도 동시에 창조적이고 역동적인 것이었다.

이 글에서 두 지적 전통의 만남은 완성된 이론적 체계가 아니라 문제 제기의 형태로 제시된다. 이 글이 제기하는 질문들은 다음과 같다. 인간의 미적 경험 혹은 상징 행위가 인간을 더욱 성숙하고 풍요롭게 한다면, 이 기능은 (적어도 문학 연구 제도 안에서) 전통적으로 그 역할을 해 왔다고 상정되는 '고급문화'로서의 문학의 영역에 국한된 것인가? 일반 사람들은 일상적 삶에서 어떻게 상징적 욕구를 충족시키고, 스스로를 의미 있는 존재로 만들어 가는가? 현재의 대중문화는 일상적 소비를 통해 상징 생산의 사회적 제도로서의 역할을 어떠한 방식으로 수행하고 있으며, 필요하다면 그것을 어떻게 변화시킬 수 있는가? 이러한 질문들이 오늘의 상황에서 왜 요구되는가에 답하기 위해 이 글은 보통 사람들의 일상적 삶에서 진행되는 상징적 창조성을 이해하는 새로운 관점을 유물론적 미학(materialist aesthetics)의 이름으로 제시하려고 한다.

유물론적 미학은 인간의 자기 생산 과정에서의 미적 경험의 일상성, 삶의 적극적이고 긴급한 필요로서의 미적 경험과 상징적 생산, 예외적이고 특권적이고 배제적인 예술관의 거부, 대중문화 시장에 대한 복합적이고 균형 잡힌 관점, 그리고 마지막으로 자기 형성을 통해 자본주의의 소외를 넘어서는 대안적 삶의 모색 등의 요소로 특징지어진다. 유물론적 미학은 대중문화를 접근하는 몇 가지 새로운 관점을 제공해 준다. 그 관점들을 정리해 보면 다음과 같다.

(1) 대중문화의 소비 행위에 수반되는 상징적 창조 행위를 인정하고 그 소비의 일상성에 주목한다. 인간은 상징 생산을 통해 자신의 정체성을 구성하고, 자신의 존재감, 살아 있음의 느낌을 강화해 간다.

(2) 이 과정의 핵심에 미적 경험이 존재한다. 이것을 우리는 미적 경험의 윤리학이라고 할 수 있을 것이다. 미적 경험의 윤리학은 우리 앞에 주어진 삶의 가능성을 더 풍부하고 충만하게 살아 내는 삶의 원리를 말한다. 이것을 통해 인간은 의미 있는 존재로 갱신되고 확장된다.

(3) 미적 경험의 윤리학은 대중문화 생산물 중에서 좋은 것과 나쁜 것, 더 좋은 것과 덜 좋은 것을 구분하고 새로운 생산의 지향점을 설정해야 할 당위를 제공한다. 이때 가치 평가의 기준은 작품 자체의 내재적 특성이 아니라, 구체적인 삶의 조건에서의 소비 행위를 통해 어떠한 상징 생산이 일어나는가, 그것이 소비자와 그의 현실을 어떻게 형성하고 변화시키는가의 문제가 된다. 문화 생산물에 대한 이러한 적극적인 질적 가치 평가를 통해 시장 기제가 유일한 기준이 되고 있는 문화 생산의 시장에 개입한다.

(4) 대중문화를 통해 제공되는 쾌락, 그리고 그 쾌락과 관련된 욕망 구조가 당대의 구체적인 삶의 조건들과 가지는 역동적 관계에 주목한다.

(5) 마지막으로 문화 생산 과정에서 시장 기제를 포함한 우리 사회의 지배적인 힘이 대중문화의 가능성을 제한하는 과정에 대한 성찰과 분석을 제공한다.

문화적 존재로서의 인간은 표현하고 소통하고 반응하는 존재이다. 문화적 민주화의 이상과 가치를 받아들인다는 것은 무엇보다도 그러한 소통 경험의 축적을 통해 스스로를 보다 풍요롭고 성숙한 존재로 만들어 나가는 행위가 대중의 주체적이고 자율적인 삶의 실천 조건이 됨을 인정하는 것이다. 그런 의미에서 우리 시대 대중문화의 질은 곧 삶의 질을 의미하기도 한다. 대중문화 생산물에 대한 질적 판단과 평가가 끊임없이 이루어져야 하는 이유도 여기에 있다.

3   유물론적 미학의 재구성

일상적 삶이 가진 상징적 창조성에 대한 믿음을 이론적으로 개진해 온 비주류적 미학 전통이 유물론적 미학이다. 필자는 다른 지면들을 통해 마르크스의 미학, 프리드리히 실러의 심미적 인문주의, 윌리엄 모리스의 생활 예술에 대한 논의, 존 듀이의 경험으로서의 예술관, 발터 벤야민의 대중 미디어 시장의 해방적 잠재력에 대한 예언적 성찰, 레이먼드 윌리엄스의 '일상 문화'와 '공유 문화' 개념, 폴 윌리스의 대중문화 시장의 창조적 소비에 대한 논의들을 유물론적 미학의 이름으로 재구성하고, 대중문화를 깊이 있게 이해할 수 있는 새로운 문제 틀(problematics)을 제시해 왔다. 여기에서는 지면 관계상 마르크스, 레이먼드 윌리엄스, 폴 윌리스의 논의만을 간단하게 소개한다.

마르크스와 감각의 해방

유물론적 미학은 『경제학 철학 수고』에서 개진된 마르크스의 인간에 대한 정의에서 출발한다. 스물여섯 살의 청년 마르크스가 오랜 망명 생활을 시작한 파리에서 쓴 글들을 수록한 이 책에서 마르크스는 서구 철학사에서 가장 긍정적이고 적극적인 인간에 대한 정의를 완성한다. 그것은 바로 '생산하는 인간'에 대한 사유이다. 자본주의적 인간과 삶에 대한 그의 예언적 통찰은 바로 이 정의를 통해 구성된다.(어쩌면 그 역도 성립한다. 즉 자본주의적 삶에 대한 대응에서 생산하는 인간에 대한 정의가 나온다.)『경제학 철학 수고』에 나타난 '생산하는 인간'에 대한 정의와 그에 의거한 자본주의 비판은 기본적으로 미학의 성격을 가지고 있다. 필자가 주목하는 것은 마르크스의 미학(혹은 마르크스의 전체적인 자본주의 분석)의 근간에 독일 고전적 낭만주의 전통의 심미적 인문주의가 있다는 것이다. 마르크스의 유물론적 미학과 실러의 심미적 인문주의, 더 넓게는 서구 낭만주의 전통과의 친연성을 확인하는 것은 진전된 자본주의 시대에 대중의 일상적 삶의 상징적 창조 행위를 성찰하는 데 많은 시사점을 준다. 필자는 마르크스의 자본주의 분석과 유물론적 미학에 대한 논의를 다른 논문들을 통해 다루었다. 여기에서는 논의의 문맥과 필요에 따라『경제학 철학 수고』에 나타난 '생산하는 인간'에 대한 해석의 일부를 재구성하려고 한다.[5]

초기 마르크스의 자본주의 분석에서 미학적 특성이 가장 극명하게 드러나는 부분은『경제학 철학 수고』에서 자본주의적 삶의 대안으로서 공산주의를 정의하는 대목이다.

인간의 자기 소외, 사유 재산의 적극적 지양으로서의 공산주의, 인간에 의한 인간을 위한 인간적 본질의 진정한 전유로서의 공산주의는 인간이 사

회적 (인간적) 존재로서의 그 자신에게로 완전하게 회귀하는 것을 의미한
다. (……) 사유 재산의 지양으로서의 공산주의는 인간의 감각과 속성의
완전한 해방이다. 이 감각과 속성들이 주관적으로나 객관적으로나 인간
적인 것이 될 경우에만 이 해방이 가능하다. (완성된 공산주의 사회는) 그의
존재의 총체적인 풍요성 속에 인간을 생산한다. ── 아주 깊고 풍요롭게
그의 모든 감성을 부여받은 풍부한 인간을 생산한다.[6]

이 구절에서 사유 재산은 경제적 의미에서의 재화의 소유 형태를
가리키는 것이 아니라, 교환 가치의 지배를 받는 자본주의적 삶의 전
체적인 양식을 표현하는 환유(換喩)이다. 그것은 자기 소외와 동의어
이다. 공산주의 또한 생산 수단과 재화 분배의 사회적 제도를 가리키
는 것이 아니다. 그것은 자본주의적 인간 소외가 아닌, 그것을 넘어서
는 어떤 것이다. 공산주의는 교환 가치의 지배와 인간 소외를 지양하
고 대안적 삶의 형식을 탐색한다. 감각은 마르크스에게서 주체와 세
계가 만나는 지점이다. 감각의 해방은 인간이 외부 세계를 교환 가치
와 소유 관계로 만나는 것이 아니라 보다 총체적으로, 전면적으로, 충
만하게 만나는 삶의 양식을 가리킨다. 이때 인간은 진정으로 자유롭
고 풍요로워진다. 풍부한 인간 존재와 풍부한 인간 욕구는 그가 적어
도『경제학 철학 수고』의 단계에서 상정한 '인간의 자기 소외의 극복
으로서의 공산주의'의 핵심적 내용을 구성한다. 마르크스가 자본주
의적 인간 소외의 대안으로 제시한 '감각의 해방'은 어떠한 의미를
갖는가? 그는 왜 자본주의적 인간의 대안을 "풍부한 인간 욕구를 가
진 풍부한 인간 존재(the rich human being with rich human need)"로 제시

했을까? 이러한 이항 대립을 설정하게 한 담론의 모태는 무엇인가? 마르크스의 '생산하는 인간'에 대한 정의는 이러한 질문들을 답변하는 단초를 제공해 준다.

'생산하는 인간'은 마르크스가 헤겔로부터 전승한 변증법적 인간학이 정립되는 지점이면서 또한 그가 헤겔을 어떻게 넘어서는가를 선명하게 보여 준다. 청년 마르크스의 낭만적 성향이 아직 많이 감지되는 『경제학 철학 수고』에서 '생산하는 인간'에 대한 사유는 파편적이고, 경구적이고, 논리적인 단절이 많고, 지나치게 반복적인 아포리즘으로 구성되어 있다. 그것을 몇 가지 명제로 요약하는 것은 무모한 시도가 될 것이다. 그럼에도 불구하고 요약해서 정리하면 다음과 같다. 인간은 무엇보다 욕구를 가진 존재이다. 그것은 삶을 삶답게 만드는 인간 내면의 본질적 에너지, 생명 활동(life-activity)의 요체이다. 이 에너지는 마르크스의 저작에서 욕구(needs), 성향(tendency), 능력(power), 의지(will), 잠재력(potentiality) 등의 용어로 다양하게 표현된다. 이 욕구는 자기 밖의 세계, 즉 자연을 통해 충족된다. 이 인간 욕구와 자연을 매개하는 행위가 노동이며, 그 과정과 결과가 생산이다. 마르크스에게 노동은, 인간의 삶을 삶답게 만드는 생명 활동이다. 이때 인간의 노동 행위에 의해 생산된 산물, 혹은 세계를 마르크스는 인간적 실재(human reality)라고 부른다. 이 과정을 통해 자연 세계가 변형되고 스스로가 변화한다. 따라서 노동의 궁극적인 결과는 인간적 실재의 창출이면서 동시에 자기 생산(self-production)이다. 인간의 노동 행위는 물질적 재화를 생산하는 것을 넘어서서 인간이 스스로를 생산하고 스스로를 실현시켜 나가는 행위이다. 노동은 자기실현이며 그 결과로 존재하는 세계가 인간적 실재이다. 외부에 새로운 실재가 생산되는 만큼 인간의 내부에 새로운 것이 형성된다. 인간은 새로운 욕구의 존재가 되어 세계와 관계하고 세계는 그만큼 확장된다. 노동하는 인간이 자신의 세계를 구축할 때, 그는 생물적 욕구뿐만 아니라 미적, 정신적, 정서적 욕구에 따라서도 움직이게 된다. 정신적, 정서적 욕구는 인간이 세계를 포착하고 경험하고 이해하고, 그 경험의 소통을 통해 새로운 인간적 실재를 창출하려는 행위와 연결되어 있다. 이것은 세계를 온전하고 충만하게 경험하려는 욕구이며, 우리가 미적 욕구라고 부르는 것의 본질을 구성한다. 그리고 궁극적으로 존재를 확인하고 인정하고 긍정하려는 본능적 지향과 깊이 연루되어 있다. 이것을 우리는 (편의상 물질 생산과 대비하여) 상징 생산이라고 할 수 있다.

마르크스에게 '생산하는 인간'은 '창조하는 인간'의 다른 이름이다. 인간은 자신의 생산 행위를 통해 끊임없이 새로운 인간적 실재를 창출한다. 마르크스가 20대 초반까지의 저작에서 자주 쓰던 '창조'라는 단어를 '생산'이라는 단어로 대치하기 시작한 것은 물론 이 과정의 물질성, 즉 일상성을 강조하기 위한 것으로 보아야 할 것이다. 삶의 기본적인 영역으로서의 일상적 노동에 대한 강조는 그의 사상에서 가장 일관된 것 중의 하나이다. 마르크스에게 창조성은 예외적 인간의 예외적으로 탁월한 행위가 아니라 일상적 삶에서 진행되는 자기 생산 과정의 이름이다. 이때 생산과 창조, 노동과 예술의 구분은 사라진다. 마르크스의 표현을 빌리면 "밀턴이 실낙원을 생산한 것은 누에가 명주실을 생산한 것과 같은 이유이다. 그것은 그의 본성의 행위이다."**7** 생명체의 가장 중요한 본성은 '스스로를 끊임없이 생산하는 것(self-production)'이며, 모든 생산 행위는 그에게 본성으로 주어진 창조적 능력의 발현이다. 마르크스가 인간의 창조 행위를 생물학적 비유로 설명하는 것은 그것이 생존에 필수적인 것이면서 동시에 역동적이고 고양된 행위이기 때문이다.

창조성은 독일 고전적 낭만주의가 인간을 새롭게 이해하고 정의하는 데 가장 강력한 개념적 틀을 제공한 것이며, 인간에 대한 이러한 새로운 이해는 인간의 본질적 능력으로서의 창조성을 위협하는 힘이 본격적으로 세력을 갖게 되는 역사적 조건 속에서 그에 대한 대응으로 정립되었다. 이 역사적 조건은 자본주의적 근대의 등장이다. 인간의 창조적 능력과 힘의 대립 항에 삶의 교환 가치화가 있다. 마르크스는 이것을 "노동은 상품만을 생산하는 것이 아니다. 노동은 노동 행위 그 자체와 노동자를 상품으로 생산한다."라는 인간 소외의 명제로 압축했다.(이때 노동은 물론 자본주의적 노동, 소외된 노동을 가리킨다.) 그에게 인간 소외란, 인간이 자신의 욕구 충족과 자기실현을 위해 생산한 물건이 인간으로부터 독립적인 존재가 되고, 더 나아가서 인간에게 낯설고 적대적인 것이 되고, 궁극적으로 인간이 그것에 지배된다는 것이다. 여기에서 인간과 세계, 인간과 물건의 관계는 소유의 관계로 축소된다. 자본주의하에서의 삶의 조건으로 제기된 인간 소외는 외부 세계가 자기실현의 장이 되지 못하고, 다른 어떤 비인간적인 힘(결국 시장과 자본의 힘)이 인간과 외부 세계와의 관계를 지배하는 것을 의미한다. 이런 관점에서 마르크스가 자본주의를 비판하는 것은 (적어도 『경제학 철학 수고』의 단계에서는) 부의 불공정한 분배 때문이라기보다는 그것이 인간의 가능성을 소진시키고 인간을 축소하는 삶의 형태이기 때문이다. 인간의 잠재적이지만 본원적인 풍요로움으로부터의 소외는 인간에게 주어진 가능성의 박탈이며, 인간 존재의 왜소화이다. 존재의 왜소화는 보다 풍부한 삶을 영위할 수 있는 역동적 삶의 원천이 고갈되는 것을 의미한다. 이러한 미적 경험의 윤리학을 통해서 마르크스는 자본주의적 생산 양식과 그것의 필연적인 삶의 형식(인간 소외)에 대한, 그리고 그것을 넘어서는 새로운 혁명적이고 대안적인 삶의 양식에 대한 비전을 가질 수 있었다.

『경제학 철학 수고』는 마르크스가 "내 안에 실러 있다."라고 커밍아웃하는 텍스트에 다름 아니다. 이 커밍아웃을 확인하는 것은 지난 200여 년간 서구 인문학의 역사뿐만 아니라 오늘의 문화적 상황을 이해하는 데에도 많은 의미를 가진다. 그것은 무엇보다 마르크스에서 시작되는 유물론적 미학의 전통에 실러적 전통의 심미적 인문주의가 본질적으로 내장되어 있다는 사실을 알려 준다. 그러나 마르크스는 이 커밍아웃의 과정에서, 헤겔에 대해서도 그랬듯이, 실러와 독일 낭만주의 전통을 유물론적으로 변형한다. 실러는 심미적 국가라는 공동체가 소수의 능력을 부여받은 사람들에게만 가능하다고 판단하는 것으로 보인다.『인간의 미적 교육에 관한 편지』에서 그는 심미적 국가의 존립 가능성에 대해 다음과 같이 말한다. "그러한 미적 형상의 국가가 진정으로 존재할 수 있는 것일까요? 하나의 필요로서 그것은 모든 잘 조율된 영혼 속에 존재합니다. 실현된 사실로서 우리는 그것을 잘 선택된 소수의 집단으로 이루어진 순수한 교회나 순수한 공화국에서 찾을 수 있을 것입니다." 마르크스의 유물론적 신념은 무엇보다도 문화적 엘리트주의의 위계적이고 배타적인 성격을 가질 수밖에 없었던 실러의 심미적 경험을 보통 사람들의 일상적인 삶, 바로 노동과 생산의 장으로 끌고 내려온다. 마르크스의 관심은 언제나 실제 삶을 살고 있는 평범한 사람들이었다. 그는 「유태인 문제에 대하여」에서 "노동하는 실제적 인간이 추상적 시민을 자신 안으로 흡수할 때 인간의 해방이 가능하다."라고 강조한다. 이것이 그의 유물론의 요체이다. 실러가 강조한 통합적 경험으로서의 심미적 가치가 고급한 문화 생산물이 독점적이고 배타적으로 가지고 있는 특성은 아닐 것이다. 또한 그 생산물에 갇혀 있는 속성만도 아닐 것이다. 더 강렬하고 높고 깊은 것에 대한 욕구가 하나의 본성으로, 하나의 능력으로, 하나의 권리로 인간에게 존재한다면 그것은 그것을 수용하는 주체의 본질적 속성이자 잠재력으로 인정되어야 할 것이다. 마르크스의 '생산하는 인간'에 대한 정의가 강조하는 것의 핵심은 이 수용하는 주체의 내면의 욕구가 어떻게 실현되는가에 있다.

레이먼드 윌리엄스 — "문화는 일상적이다"

마르크스의 자기실현과 자기 창출로서의 생산의 개념을 내적 형성과 확장으로서의 문화의 개념으로 이해한 최초의 이론가는 레이먼드 윌리엄스다. 이 장에서는 마르크스에서 발아했던 유물론적 미학에 대한 신념이 영국 문화 비평 전통과 만나 새로운 문화적 민주화의 이상으로 발전하게 되는 이론적 지점을 레이먼드 윌리엄스로 규정하고 윌리엄스에게 문화적 민주화가 무엇을 의미하며, 오늘의 삶에 왜 그것이 요구되는지를 그의 대표적인 개념인 일상 문화(ordinary culture)와 공유 문화(common culture)를 통해 살펴보려고 한다.

영국 문화 비평 전통의 계승자이자 그 전통에서 발전된 문화 개념의 완성자였다고 할 수 있는 프랭크 리비스(F. R. Leavis)에게 당시 문화적, 지적, 종교적 정체성을 서서히 상실해 가던 영국이라는 공동체를 구원할 수 있는 길은 그가 정의한 바의 문화 —— 즉 인간 경험의 위대한 기록이자, 의미 생산의 영속적이고도 역동적인 원천으로서의 문화 —— 를 복원하고, 그것을 개별적인 공동체 구성원에게 공유시키는 것이었다. 그는 여기서 핵심적인 요소가 이러한 문화의 형성적 힘을 먼저 습득한 문화적 엘리트 집단이며, 이들에 의해 한 공동체의 삶의 질적 상승이 가능하다고 믿었다. 웨일스 지방 철도 노동자의 아들로서 케임브리지에 장학생으로 입학한 윌리엄스에게 그의 스승인 리비스를 중심으로 당시의 지적 풍토를 지배하고 있던 이러한 생각은 몇 가지 중요한 문제점이 있었다. 우선 리비스적인 문화의 개념은 어린 시절 자신의 주체를 모양 짓고 성장시켰던 웨일스 지방의 철도 노동자의 공동체적 삶이 지닌 매우 강력한 형성적 힘을 부정하는 것이었다. 한 공동체의 문화가 가지는 형성적 힘이 역사적으로 한정된 문화적 전통에 의해서만 만들어지고 계승되고, 또한 특정한 교육을 받은 소수의 지적 엘리트 집단에 의해서만 전파될 수 있다는 생각은 윌리엄스가 보기에 문화에 대한 근본적으로 잘못된 전제에서 나오는 것이었다. 그의 어린 시절 삶의 구체적 경험과 그것을 통해 습득되었던 가치들은 이러한 사실을 그에게 끊임없이 확인시켜 주었다.

'일상 문화'와 '공유 문화'로 압축되는 윌리엄스의 민주적 문화의 이상은 영국 문화 비평 전통이 발전시켜 온 창조적 인간과 마르크스적 의미에서의, 노동을 통해 자기 자신과 공동체와 역사를 만들어 가는 '생산하는 인간'의 이론적 결합을 통해 형성되었다고 할 수 있다. 윌리엄스가 마르크스의 유물론의 핵심으로 포착하고 있는 것은 바로 노동과 생산을 통한 인간의 자기 창출 과정이다. 앞에서 보았듯이 마르크스에게 인간의 노동 행위는 물질적 재화를 생산하는 것을 넘어서서 인간이 스스로를 생산하고 실현해 나가는 행위이다. 인간이 노동을 통해 외부 세계를 변화시키는 것은 인간이 자기 스스로를 창출해 나가는 것과 동일한 과정이며, 창조적 자기실현은 인간의 노동의 본질이다. 레이먼드 윌리엄스에게 청년 마르크스의 '생산하는 인간'에 대한 철학적 사유는 자신이 문화라는 말로 표현하려고 했던 인간의 행위 — 본질적이면서 역동적인 과정, 마르크스의 표현을 빌리면 생명 활동(life-activity) — 를 개념화하는 데 핵심적인 이론적 원천을 제공하는 것이었다.

영국 문화 비평 전통이 발전시켜 온 창조적 인간에 대한 이해를 "일반 사람들이 주체적인 삶을 살 수 있는" 문화적 민주화의 이상과 결합시키려고 한 문화 이론가로서 레이먼드 윌리엄스에게 기술과 표현과 소통과 반응의 행위로서의 문화는 무엇보다도 공동체를 구성하는 일반 사람들의 일상적인 삶의 과정에서 일어나는 것이며 인간의 삶에 주어진 역동적인 창조적 에너지를 일상적 삶의 과정 속에서 실현시키는 행위이다. 문화는 일상적이라는 명제에서 출발하는 레이먼드 윌리엄스의 민주적 문화의 이상은 그의 전 생애를 거쳐 표현되었는데 다음과 같은 네 가지 주장으로 정리할 수 있다.

(1) 일반 사람들이 일상적인 삶을 영위하는 과정에 필연적으로

301

개입하게 되는 기술과 표현과 소통과 반응의 행위는 그들이 외부 세계에 대한 적절한 이해를 가지고 그것에 적절하게 대응하는 데 필수적인 것이며, 이는 근본적으로 창조적 과정이고 이 과정을 통해 스스로를 의미 있는 존재로 만들어 나간다.

(2) 일반 사람들의 일상적 삶에서 진행되는 상징 행위, 즉 외부 세계를 기술하고 표현하고 소통하고 반응하는 행위는 항상 풍부하고 깊은 의미를 가질 수 있는 잠재력을 내장하고 있고, 그것을 인정해야 한다. 보다 깊고 강렬하고 고양된 형태의 표현인 예술은 이러한 과정의 연장선에서 이해되어야 한다.(따라서 예술을 이해하는 방식도 달라진다. 예술은 우리의 감상과 해석을 기다리는 대상이 아니라, 구체적인 삶의 과정에서 외부 세계를 기술하고 그것에 반응하는 양식이며, 그 행위를 통해 형성의 내적 과정이 더욱 풍부해진다. 이것은 예술을 일상적 경험의 차원으로 끌어내리는 것이 아니라, 일상적 삶의 과정이 가질 수 있는 보다 강력한 형성적 힘의 가능성을 인정하는 것이다.)

(3) 모든 사람이 잠재적으로 창조적이지만, 현실은 특권적 소수 혹은 집단이 문화적 의사소통과 가치 평가의 중요한 제도와 수단들을 독점하고 통제하고 있는 경우가 많으며, 일반 대중의 주체적 자기 형성의 가능성은 심각하게 제한된다.(이러한 의미 생산 과정에서의 독점과 제한은 어떠한 공동체에서도 항시적으로 ─ 많은 경우 정치권력과 자본의 지배의 형태로 ─ 존재해 왔다. 문제는 현재 우리의 문화 생산의 장에서 진행되는 이 제한적 힘들을 확인하고, 대안적 문화 생산의 제도와 조건을 모색하는 것이다.)

(4) 인간이 가지고 있는 진정한 삶의 원천, 인간에게 허가된 자기

형성의 가능성을 실현하는 데 가장 적합한 것은 민주적 문화이다. 이
때 민주적 문화의 핵심은 참여이다. 문화적 의미에서의 참여는 자기
실현의 과정에서 일반 사람들이 창조적 주체가 된다는 것이다. 그리
고 이 참여의 과정은 필연적으로 특권적 소수 집단의 독점과 통제를
거부하는 실천의 과정을 수반한다.

레이먼드 윌리엄스에게 참여 민주주의는 "문화는 일상적"이라는
명제에 근거한 민주적 문화의 이상이 집약되어 표현된 개념이다. 이
때 참여 민주주의는 대중이 한 공동체가 공유하고 있는 의미 생산의
창조적 주체가 되는 것이다. 이것은 또한 이 의미 형성의 원천이 특정
한 소수 집단에 독점되지 않고 공유되는 것을 의미한다. 윌리엄스에
게 인간은 무엇보다도 "습득하고, 창조하고, 소통하는 존재(a learning,
creating, communicating being)"이다.

인간이 본질적으로 습득하고 창조하고 소통하는 존재라면, 인간의 이러
한 본성에 적합한 유일한 사회 체제는 참여 민주주의이다. 그 안에서 우리
모두는 하나의 고유한 개체로서 습득하고 소통하고 스스로를 지배한다.
이보다 열등하고 제한적인 체제는 인간에게 주어진 진정한 삶의 원천을
소진시켜 버린다.[8]

습득하고 창조하고 소통하는 행위는 문화적 존재로서의 인간의
본성이다. 여기에서 습득한다는 것은 한 공동체 속에 축적되어 온 삶
의 방식을 내화한다는 문화인류학적 개념을 넘어서, 보다 주체적이
고 풍요로운 삶을 살 수 있는 형성의 원천을 공유한다는 것을 의미한

다. 형성의 원천이 공유되었을 때 고유한 개체로서의 개인은 진정으로 창조적인 존재, 즉 스스로 의미를 생산하고 자신의 삶을 스스로 지배할 수 있는 존재가 된다는 것이다. 공동체 안에는 유구한 삶의 경험, 그것의 정수들이 집적되고 축적된 의미 원천의 공간이 있으며, 이를 통해 우리는 사물을 구별하고 가치를 체득해 내며 성장과 변화를 이룩한다. 일상생활에서 이루어지는 개별적인 상징적 창조 행위들은 바로 이 주체 생산의 원천을 통해서 이루어지며 또한 다시 그것을 만들어 간다. 형성의 원천을 공유한다는 것은 바로 의미 있는 반응의 원천을 찾아내고 공유하고 그것을 통해 공동체적 의미 생산 과정에 주체적으로 참여한다는 것이다. 따라서 인간이 "창조하고 소통하는 존재"라는 의미는 대중이 소통의 과정, 즉 공유의 과정에서 수동적 소비자가 아니라 능동적 생산자가 되어야 한다는 당위를 표현한 것이라고 할 수 있다. 윌리엄스는 이것을 "교육과 참여의 민주주의 (educating and participating democracy)"라고 일컫는다.

대중이 소통의 과정에서 능동적 생산자가 될 때, 재현의 형식은 참여의 형식이 된다. 재현의 궁극적 기능은 스스로의 경험과 정체성을 표현해 내고 공적 경험으로 공유시키며 이를 통해 자신의 집단적 정체성에서 오는 고유한 관점과 해석을 공동체의 관점과 해석으로 바꾸어 놓고, 더 나아가서 공동체의 의미 생산 과정에 참여하는 것이다. 자신과 공동체의 문제에 주체적으로 개입하는 능력을 통해 보다 주체적이고 자율적인 삶을 살 수 있는 조건을 만든다는 의미에서, 재현과 참여의 형식을 함께 만들어 가는 것은 민주적 삶을 위한 실천 조건이 된다.

폴 윌리스—대중문화의 소비와 일상적 삶의 상징적 창조성

레이먼드 윌리엄스가 일상적 문화의 관점에서 영문학 정전을 해석하고 문학을 한 공동체 전체의 상징 생산 과정으로 확장했다면, 폴 윌리스는 더 구체적이고 본격적으로 대중의 상징 생산과 소비 행위 영역으로 진입한다. 이를 위해 윌리스는 먼저 인간의 문화 행위와 창조성을 고급문화와 예술의 관점에서 제한적으로 접근하는 제도권의 미학을 해체하는 것에서 시작한다. 삶과 예술의 분리에 대한 신랄한 비판은 윌리엄 모리스, 존 듀이, 레이먼드 윌리엄스 등의 유물론적 미학의 비주류 전통을 정립한 주요 이론가들의 작업에 공통적으로 나타나는 것이다. 윌리스는 이러한 비판의 전통을 20세기 이후 현재까지 진행되어 온 "예술의 제도화"에 대한 비판으로 발전시킨다. 그에게 오늘날 고급 예술의 제도는 포함의 범주라기보다는 배제의 범주다. 예술은 특수하고 예외적인 것이며 일반적이고 일상적인 것은 "예술이 아닌 것(non-art)"이다.⁹ 예술은 예술이 아닌 것과 구분됨으로써 존재 가치를 갖는다. 이러한 존재 가치를 위해서 "예술이 아닌 것"이 어떻게 그 가치를 위협하고 훼손하는지를 항상 의식하고 강조한다. 다른 한편에서는 특수하고 예외적으로 창조적인 개인과 수동적으로 소비하는 일반적이고 일상적인 대중의 이분법이 확고하게 유지된다. 학문적 문화적 제도를 통해서 예술이 전문화되는 것은 이러한 삶과 예술의 분리의 현대적 현상이다. 배제의 미학적 위계는 장르 관례, 정전화, 형식적 요소들 간의 상호 참조의 관계망을 통해 구성되는 감상과 평가의 제도화를 통해 더욱 정교하고 견고하게 된다. 윌리스가 "예술의 과도한 제도화(hyperinstitutionalization)"(CC 2)라고 부르는 이러한 과정을 통해 미적 경험은 전문적 지식과 훈련된 취향의 습득으로 환원되고, 실제 경험과 소비의 다양성은 정전화된 해석의 위계에 대한 일탈로 규정된다. 예술의 특수성, 예외성, 탁월성을 인정하고 강조하는 것은 그 자체로서 자연스럽고 정당한 것이겠지만 이 제도화된 배제의 범주가 가지는 효과는 매우 파괴적이다. 그것은 일상적 삶의 과정으로부터 역동적 창조성의 잠재력을 박탈한다.

현재의 제도화된 예술은 대부분의 사람들의 일상적인 삶과 직접적인 관련을 갖지 않는다. 그것은 일반 사람들의 삶을 의미 있게 지속시키는 상징 생산의 과정에 적극적으로 참여하지 않는다. 윌리스가 관심을 가지는 것은 대중의 "일상적이고 직접적인 삶의 공간과 사회적 행위 속에서 일어나는 상징적 창조"(CC 2)가 진행되는 다양한 방식이다.

우리는 일반 사람들의 일상적인 삶, 일상적인 행위와 표현에 역동적인 상징적 생명력과 상징적 창조성이 있다고 주장한다. 비록 그것이 때로는 눈에 보이지 않고, 아무도 알아주지 않고 무시될지라도……. 대부분의 젊은이들의 삶은 예술과 관련되어 있지 않지만, 표현과 기호와 상징으로 충만해 있다. 그것을 통해 한 개인과 집단은 그들의 존재와 정체성과 의미를 창조적으로 정립해 가려고 한다. 젊은이들은 그들의 실제적이고 잠재적인 '문화적 의미'에 대해 언제나 무언가를 표현하고 있다. 이것이 살아 있는 일상 문화의 영역이다.(CC 1)

대중문화의 시대를 살고 있는 우리에게 이러한 일상적 삶의 상징 행위의 원천은 주로 대중문화 — 음악, 영화, 미디어, 대중 소설, 드라마, 패션 — 의 소비를 통해 제공된다. 윌리스에 의하면 "사소하고 별 볼일 없는 것처럼 보이는" 이러한 소비와 향유의 행위는 "절박한" 긴급성을 갖는다. 그것은 "필수적인 상징적 노동(necessary symbolic work)"이다. "우리는 상징적 창조성이 단지 일상적인 인간 행위의 일부일 뿐만 아니라 없어서는 안 될 필수적 부분이라는 것을 주장한다."(CC 9) 이 "필수적인 상징적 노동"은 우리 삶의 전 영역에 편재해 있다. 윌리스에 의하면 상징적 노동이 인간에게 필수적으로 요구되는 이유는 인간이 생산하는 존재일 뿐만 아니라 소통하는 존재이기 때문이다. 윌리스는 상징적 노동을 설명하면서 마르크스를 전혀 인용하지 않는다. 그러나 이 논의가 앞서 기술한 마르크스의 생산하는 인간에 대한 정의를 풀어 쓰고 있다는 것은 자명하다.

오늘날 일상적 삶의 상징적 창조성의 원천은 대체로 시장 기제를 통해 생산되고 유통되고 소비된다.

> 상징적 노동과 창조성은 문화 상품의 사용과 의미와 효과에 의해 매개되고, 확장되고 발전한다. 문화 상품은 생산물이라기보다는 매개물이라고 해야 할 것이다. 그것은 문화적 행위의 최종 결과물이 아니라 하나의 단계이다. 소비주의는 이제 수동적인 것이 아니라 활동적인 능동적 과정으로 접근되어야 한다.(CC 18)

윌리스가 이윤을 추구하는 대량 복제를 통해 문화가 생산되는 상황에서 주목하는 것은 소비의 창조성이다. 대량 복제의 과정을 지배하는 실질적인 원동력은 소비 행위가 되고, 소비에서는 생산된 결과물이 아니라, 소비의 구체적인 일회적 과정이 중요해진다. 즉 소비는 본질적인 창조 행위, 마르크스의 용어로는 '생산 행위'가 된다. 마르크스의 생산하는 인간의 정의에서 인간의 생산 행위와 소비 행위는 서로 긴밀하게 연결되어 있는 상호 구성적 과정, 사실은 한 가지 과정의 다른 이름이라고 할 수 있다. 인간은 노동을 통해 물리적 세계를 변화시켜 자신의 욕구를 충족하고 삶을 지속해 나간다. 이 과정에서 가장 중요한 것은 자기 생산이다. 인간의 욕구 충족을 위해 외부 세계를 변형시키는 행위인 노동은 실재를 만들어 내는 생산 행위이면서 궁극적으로는 스스로를 지속적으로 창출하는 행위, 자기 생산 행위이다. 이 자기 생산은 소비 행위를 통해 이루어진다. 이것은 물리적 실재를 생산하는 물질적 노동뿐만 아니라 주체를 생산하는 상징적 노동에서도 마찬가지이다. 윌리스에게 대중문화는 일반 사람들의 보편적 욕구인 상징 욕구 —— 즉 스스로를 의미와 가치와 쾌락을 가진 존재로 만들어 가려는 욕구 —— 를 충족시킬 수 있는 자원을 제공해 주는 주요한 원천이며, 대중문화의 소비를 통해 일반 사람들은 스스로를 상징적 존재로서 지속적으로 생산해 가는 것이다.

창조적, 생산적 소비에 대한 윌리스의 논의는 대중문화 영역에서 소비의 주체로서의 대중의 역량을 더욱 강조한다. 윌리스는 이것을 기존의 문화적 엘리트에 의해 정의되고 계도되던 "과거의 대중(old mass)"이 문화적으로 다양화될 뿐만 아니라 해방되는 과정이라고 기술한다. 윌리스의 표현을 빌리면, "비공식적인 일상 문화의 대륙이 서서히 인지되고, 부상하고, 전개"(CC 18)되고 있는 것이다.

만약 그러한 것이 존재했다고 한다면, 과거의 '대중'은 이제 상품 관계의 확장된 순환 과정에 쉽게 접근함으로써 대중적으로 다양화된 문화적 시민으로 해방된다. 이 상품 관계는 매일매일의 일상적 문화가 발전하고 해방되는 데 요구되는 매우 광범위한 영역에 걸쳐서 사용 가능한 상징적 자원을 제공한다.(CC 18)

윌리스의 창조적 소비의 논의에서 가장 중요한 것은 대중의 일상적 삶에서의 문화 소비 행위가 텍스트의 일회적 소비로 끝나는 것이 아니라, 사실은 일상적 삶의 전 과정을 통해서 일어난다는 것이다. 다른 말로 하면, 문화적 텍스트의 소비는 총체적 존재로서의 주체를 생산하는 과정과 맞물려 있다는 것이다.

대중은 살아서 꿈틀대는 정체성을 가지고 시장과 문화적 상품의 소비에 참여한다. 그들은 시장에서 문화 상품을 만날 때 그들의 경험과 느낌과 사회적 지위와 집단적 정체성을 같이 가지고 간다. (……) 우리 삶에서 반드시 요구되는 상징적 행위의 결과는 문화 상품 안에 이미 내장되어 있는 것들과는 판이하게 다른 것이 될 수 있다.(CC 21)

문화 상품의 소비를 통한 상징적 생산 행위는 주체의 역사와 그 삶이 처해 있는 조건 전체를 통해서 수행되는 것이므로, 문화 텍스트 자체가 가지고 있는 내재적, 형식적 특질로부터 상대적으로 독립되어 진행된다. 이것은 문화 텍스트의 내재적 형식적 요소들을 이해하고 해석하고 향유하는 능력을 강조하는 전통적 미학과는 전혀 다른 미학을 요구한다. 윌리스는 그것에 "땅에 뿌리박은 미학 혹은 일상의 미학(grounded aesthetics)"이라는 이름을 부여한다.[10] 이 미학적 원리는 구체적이고 일상적인 삶의 과정에서 문화의 소비가 주체의 생산으로 이어지는 과정에 주목하는 미학이다. 그 구체적인 삶의 장소가 땅(ground)이다. "일상의 미학은 공통의 문화가 발효되는 효모와 같은 것이다."(CC 21) 일상의 미학이 작동하는 장소는 대학 연구실이나 도서관이나 전시관이 아니라, 우리의 일상적 삶의 영역이다. 일상의 미학은 "인간의 역동적 능력에 힘을 부여하고, 그 힘을 구체적이고 실천적인 방식으로 이 세계에 집중시킨다."(CC 24) 일상의 미학을 통해 생산되는 상징적 창조성은 우리 자신이 지닌 능력에 대한 적극적 느낌을 확인해 주고 발전시킨다. 이것은 자아 정체성의 가장 역동적인 부분이다. 인간의 상징 생산은 자신의 존재감, 살아 있음의 느낌을 강화한다. 그리고 아무리 미미하고 눈에 보이지 않을지라도, 궁극적으로 이것은 현실 세계를 변화시킬 수 있는 힘으로 이어진다.

> 일상의 미학은 우리의 문화적 삶, 문화적 생성과 재생의 전 과정 속에서 특별히 창조적이고 역동적인 순간들이다. 문화적 세계를 알기 위해서는 그것을 변화시키는 것이 요구된다. 아무리 작고 사소한 방식으로라도. (……) 일상의 미학은 현재 존재하는 것을 반복하고 반영할 뿐만 아니라, 현존하는 것을 변화시킬 수 있는 의미의 경계를 생산한다.(CC 22~23)

1980년대 중반 이후 새로운 대중문화 분석은 대중문화가 일상적 삶에서 어떻게 상징 생산의 기능을 하는가에 집중해 왔다. 윌리스가 이론화하고 있는 대중문화의 상징적 창조성에 대한 인식은 이러한 실제적인 분석 작업들의 연구 성과에 기반을 둔 것이기도 하다. 거기에는 하위문화 연구에서 대중 통속 연애 소설, 대중 드라마와 소프 오페라(soap opera) 연구, 그리고 최근 칙릿 연구에 이르기까지 새로운 대중문화 분석에 나타난 가장 핵심적인 변화가 반영되어 있다.

윌리스의 대중문화 소비의 일상성에 대한 이론은 대중문화의 새로운 의미 생산 양식의 태동기에 발터 벤야민이 예지적으로 간파했던 대중 미디어의 민주적 요소들 — "복제를 목표로 생산된 복제"로서의 문화 생산물의 새로운 이해, 대중 미디어 시장의 해방적 잠재력, 문화 상품 시장에서의 생산과 소비의 변증법과 수용자 경험의 강조 — 을 현대 대중문화의 구체적인 상황과 관련하여 논의하고 있다. 벤야민의 대중 미디어 시장의 해방적 잠재력에 대한 사유를 영국 뉴레프트의 일상 미학의 이론적 문맥에 결합시키는 것은 유물론적 미학의 비주류적 전통을 복원하여 대중문화 시대가 요구하는 새로운 미학적 패러다임을 탐색하는 것을 의미한다.

유물론적 미학에서 인간의 미적 경험은 정치적 사회적 경제적 자원을 독점하고 있는 특정한 집단이 생산하고 향유하는 특권적이고 배제적인 권리가 아니라, 우리의 일상적 삶에 깊이 편재해 있는 일상적인 상징적 욕구의 충족이며, 삶을 지속하고 영위해 나가는 데 필수적인 행위이다. 윌리스는 이 유물론적 미학의 전통을 오늘날 대중 미디어 시대의 구체적인 문화 생산과 소비의 현실에 위치시켜 놓는다.

이때 논의의 핵심은 대중과 문화가 만나는 지점인 시장을 어떻게 볼 것인가에 있다. 윌리스는 시장으로부터 주어진 대중의 일상적 상징 행위의 영역의 해방이 일방적이고 완전하게 주어진 것이 아니라 "부분적이고, 모순적인 것이며, 갈등을 수반하고 있다"는 것을 잊지 않고 지적한다. "시장은 문화적 논의에서 두 번 등장한다. 한 번은 벗어나야 할 어떤 것으로, 그리고 다음에는 대안을 위한 방법과 자원을 제공해 주는 것으로서다."(CC 19) 그러나 그가 시장의 이중성, 모순성을 강조하는 것은 결국 두 번째 국면, 대안을 위한 자원으로서의 시장의 기능을 강조하기 위한 것으로 보아야 할 것이다.

기존의 대중문화 비판이 시장의 바깥에서 대중을 대상화하면서 이 상황에 접근하고 있다면, 윌리스의 문화 대중주의는 시장 안에서 시장을 관통하면서 시장을 넘어선다. 그것은 대중을 통해 새로운 형태의 시장을 창출하는 것을 의미한다. 일상의 미학은 궁극적으로 민주적 문화와 관련되어 있다. 윌리스의 일상의 미학이 강조하는 것은 이러한 미적 경험이 현실에 개입하고 현실을 변화시키는 힘이다. 그것은 "매일매일의 일상의 문화를 그 주인에게 돌려주고, 그들 스스로 그 잠재력을 발전시키고 실현시키게 하는 것이다."(CC 130) 이것은 시장이 민주주의에 줄 수 있는 가장 긍정적이고 적극적인 가치이다.

대중이 역사적으로 태동하는 과정에 가장 핵심적인 사회적 조건을 제공한 것은 바로 시장이다. 자유주의 시장 경제 체제하에서 생산품 교환과 사회적 노동 영역에서의 모든 개인 활동이 국가의 통제에서 벗어나 가능한 한 사적 행위로서 보장받게 되는 과정을 통해 사적 자율성의 영역으로서의 근대 시민 사회가 형성되고 이것을 통해 근대적 대중의 최초의 형태인 시민이 탄생하는 것이다. 시장 기제의 등장은 물질적 생산과 소비, 노동과 자원 분배뿐만 아니라, 의미와 가치의 생산도 시장 기제를 통해 진행되게 되었다는 것을 의미한다. 근대 시민 사회의 새로운 문화 생산 체계로서의 시장의 등장과 함께 의미 생산의 원천이 아래로 확산되기 시작했다는 것은 바로 개체화된 계몽된 대중이 형성되고 있었다는 것을 의미한다. 이 계몽된 대중이 기본적으로 수평적 관계에 의존하는 근대 시민 사회를 구성하고 있는 사회적 주체였다.

4 미디어 리터러시에 관한 노트 — 새로운 시민성의 구성

유물론적 미학이 궁극적으로 강조하는 것은 보통 사람들이 상징 행위를 통해 스스로를 형성하고 그 과정을 통해 어떻게 주체적이고 자율적인 존재가 될 것인가이다. 다시 말해 대중이 문화적 능력을 통해 진정한 의미에서의 자유를 획득하는 문화적 민주화의 이상을 발전시켜 온 사유의 전통이라고 할 수 있다. 문화적 능력은 자기 형성의 능력이다. 그것은 보다 풍요롭게 외부 세계를 경험하고 그 경험을 자기 안으로 가져와 스스로를 형성하고 확장하면서 주체적인 삶을 영위할 수 있는 능력이며, 문화적 민주화란 이러한 자기 형성의 능력을 다양한 문화 제도를 통해 일반 사람들에게 공유시키고 확산시키는 것이다. 이 공유와 확산의 과정을 민주화라고 부르는 이유는 자기 형성의 과정이 주체적 삶의 실천 조건이 되기 때문이다. 대중이 이 자기 형성의 원천으로부터 차단된 공동체는 열등한 공동체다. 그것이 전근대적인 권위주의 체제이건, 전제적인 사회주의 체제이건, 혹은 자본의 논리와 시장의 이성이 지배하는 자본주의 체제이건 간에 대중을 의미 생산과 의미 공유의 과정으로부터 배제하고, 대중으로부터 풍요로운 자기 형성의 자원을 박탈하는 체제는 궁극적으로 민주적인 공동체가 아니며, 이러한 제한된 공동체는 인간이 가지고 있는 진정한 삶의 원천을 고갈시키고 인간의 삶에 허가된 자기실현의 잠재력을 파괴한다.

　문화적 의미에서의 참여 민주주의 개념을 실천적인 기획으로 전환하는 과정에서 가장 핵심적인 것은 대중의 자기 형성의 능력을 계발하고 신장시키기 위한 문화 교육의 구체적인 내용과 제도를 만들어 나가는 일이다. 문화 교육이란 자기 형성의 능력, 즉 주체적으로 느끼고 사고하고 표현하고 반응하고 개입하는 능력을 효과적으로 공유시키는 과정을 가리킨다. 이 과정은 한 공동체가 가지고 있는 다양한 형태의 문화 생산 제도들을 통해 진행된다. 문화 교육은 문화적 엘리티즘의 경우에서처럼 어느 한 집단이 다른 집단을 교육하는 것이 아니라, 자기 형성의 자원을 공유할 수 있는 제도적 조건을 함께 만들어 나가는 것을 의미한다.

　대중 미디어 시대에 대중의 문화적 능력의 가장 핵심적인 부분은 미디어 능력이다. 미디어 능력은 우리가 미디어를 더 많이, 더 깊이 향유할 수 있도록 해 준다. 대중 미디어를 향유한다는 것은, 모든 상징 행위와 마찬가지로, 세계에 대한 강렬하고 깊고 고양된 경험을 공유하는 것이며, 그것은 주체의 확장을 의미한다. 풍부하게 형성된 주체만이 시장의 공리적 이성이 지배하는 억압적이고 파괴적인 삶의 형태를 버티고, 교환 가치로 환원되지 않는 대안적 삶의 형태를 꿈꾸고 실현할 수 있다.

미디어 리터러시는 미디어 능력을 보다 구체화한 용어이다. 그것은 매체 환경의 변화에 따라 문자 능력(literacy)이 확장된 것이다. 이것은 우리가 텍스트라고 불러 온 것의 외연이 확장된 것이다. 미디어 리터러시는 다양한 형태의 미디어를 접근하고 분석하고 생산하는 능력일 뿐 아니라, 한 사회의 전체적인 상징체계, 의미 생산의 체계를 이해하고 평가하고 실천적으로 전유하는 능력이다. 미디어 리터러시는 현 단계의 대중문화 상황에 개입해 후기 자본주의적 삶의 대안을 모색하는 문화 운동이다. 지금까지 논의된 대중문화의 문제들을 미디어 리터러시의 실천적 작업과 연결하여 다음과 같은 아홉 가지 항목으로 정리하며 글을 마친다.

1 미디어는 보이지 않는다.

- 미디어는 우리가 세계를 경험하는 방식을 구성한다. 미디어는 가치와 행위의 강력한 모델을 제공하며, 그것을 통해 주체를 생산한다. 미디어는 우리가 사는 공동체와 우리 자신에 대한 정의를 생산해 준다.
- 현대 사회에서 시민과 미디어 소비자는 동의어이다. 현대 사회의 구성원은 미디어의 소비를 통해서 그 정체성을 획득한다.
- 우리는 대체로 미디어가 우리의 주체를 구성하고 있다는 사실을 의식하지 못한다. 그것은 보편적 관점으로 자연스럽게 내화된다. 미디어는 세상으로 통하는 투명한 창으로 우리에게 나타난다.

2 미디어는 재현한다.

- 미디어가 보여 주는 세계는 무엇인가에 매개된 세계이다.
- 세계는 이야기를 통해 재현된다. 우리는 이야기를 소비하면서 주체를 생산한다.
- 재현이 매개되는 과정은 우리 삶을 결정하는 여러 힘이 각축하고 있는 장소이다. 누구의 관점에서, 누구에게, 어떠한 조건 속에서 재현이 생산되는가를 살펴보는 것은 미디어 능력의 중요한 기능이다.
- 미디어 능력은 재현을 거슬러 읽는 능력을 만들어 주고, 더 나아가 우리를 재현의 주체로 만드는 가능성을 준다.

3 미디어 공동체는 경험 공동체이며, 해석 공동체이다.

- 언어가 우리 속에 축적되듯이, 미디어 경험들도 우리 속에 축적된다. 미디어 경험이 축적되는 공간은 우리의 내면이면서 동시에 '객관적으로 존재하는' 공동체적 공간이다.
- 언어가 공동체를 매개로 습득되듯이, 미디어 경험도 공동체의 경험으로 공유된다.
- 미디어는 특정한 공동체의 집단적 기억을 구성하는 이야기를 공유하게 해 주고 자신을 표현하는 공통의 어휘를 제공해 준다.
- 미디어는 지역 공동체의 구성원을 상상의 담론 공동체(imaginary community of discourse)의 구성원으로 대치한다. 따라서 미디어 공동체는 해석 공동체(interpretive community)이며, 사회적으로는 갈등의 단위를 구성한다.

4 미디어는 시장 기제를 통해 생산되고 유통되고 소비된다.

- 일상적 삶에서 상징적 창조 행위의 주된 원천은 상업적으로 생산

된 문화 상품이다. 대중은 스스로의 욕구를 대변할 수 있는 문화 생산 체계를 시장을 통해 처음으로 갖게 되었다. 따라서 시장의 해방적이고 민주적인 기능을 인정해야 한다.

• 상업적 문화 생산물은 다른 어떤 것과도 비교할 수 없을 정도로 다양하고 풍요로운 상징적 창조 행위의 형태를 제공해 왔다. 그런 의미에서 대중문화는 근대적 인간의 가장 위대한 발명 중의 하나이며, 시장 기제가 가지고 있는 창조적 소비의 역동성에 주목할 필요가 있다.

• 능동적, 창조적 소비의 가능성은 대중이 대중문화에 가지는 정서적 유대감, 치유적 효과, 혹은 쾌락 그 자체를 통해 스스로의 삶의 의미 있는 것, 살아갈 만한 것, 견딜 만한 것으로 만들고 현실을 넘어서는 핵심적 기능을 수행한다.

• 대중문화는 그것이 생산된 조건과 독립되어 대중들에 의해 소비된다. 이윤 동기에 의해 움직이는 상업 문화가 스스로의 이해관계를 실현하는 동안, 다중적 존재로 변환된 대중은 다른 한편에서 그들의 욕망의 성역을 구축하기 시작한다. 이 과정에서 아무도 예기치 못한 창조성, 저항성, 전복성이 성취되기도 한다.

5 미디어 능력은 시장 기제가 가지고 있는 제한적이고 파괴적인 측면을 항상 의식한다.

• 미디어 능력은 미디어가 생산되는 조건을 접근하고, 그것을 드러낼 수 있는 능력을 포함한다.

• 미디어 능력은 시장 기제가 우리에게 허위 욕구를 창출할 수 있다는 것을 알려 준다.

• 미디어 수용의 과정은 미디어가 정보를 우리에게 제공해 주는 것이 아니라 미디어가 우리를 광고주에게 제공해 주는 과정임을 인식할 필요가 있다. 우리는 미디어를 통해 시장 체제 — 즉 물건을 생산하고 유통하고 소비하는 과정 속으로 동원되고 편입되고, 더 나아가 그것에 관리된다.

- 시장과의 관계에서 미디어가 공공재라는 인식을 더 강화할 필요가 있다.

- 미디어가 가진 형성의 제도로서의 잠재력과 현재의 미디어의 현실적 상황 사이에 커다란 격차가 있다는 인식을 더욱 적극적으로 공유할 필요가 있다.

- 시장은 자연 발생적인 것이 아니며, 중립적인 것도 아니다. 미디어 시장에 개입해야 한다는 정당성을 설득력 있게 제시해야 하며, 개입하는 방법이 논의되어야 한다.

6 미디어 능력은 우리가 미디어를 더 많이, 더 깊이 향유할 수 있도록 해 준다.

- 미디어를 향유한다는 것은, 세계에 대한 강렬하고 깊고 고양된 경험을 공유하는 것이며, 그것은 주체의 확장을 의미한다. 풍부하게 형성된 주체만이 시장의 공리적 이성이 지배하는 제한적이고 파괴적인 삶의 형태를 버티고, 다른 삶의 형태를 꿈꾸고 실현할 수 있다.

- 미디어를 보다 깊이 향유하기 위해서는 시장에의 개입이 절대적으로 요구된다.

- 미디어의 미학, 미디어 생산물의 질적 가치에 대한 논의가 더욱 활성화되어야 한다. 미디어의 미학은 감상되고 해석되어야 할 고정된 작품의 예외적 성취를 드러내고 강조하기보다는, 일상적 삶에서 의미 있는 경험이 일어나는가의 관점에서 접근되어야 한다.

- 대중문화의 미학은 선언적 명제가 아니라 구체적 문화 생산물과 그것의 구체적인 경험에 대한 분석과 평가의 점진적 축적을 통해 만들어지며, 그것을 위한 제도적 조건을 만들어 가야 한다.

7 미디어 능력은 문자 능력을 대치하는 것이 아니라 확장하는 것이다.

- 일상적 삶에서의 상징적 창조 행위에 가장 핵심적인 요소는 언어이다. 미디어 능력에서도 마찬가지이다. 언어는 상징적 창조 행위의 풍부한 원천이며, 우리가 세계와 관계를 맺는 가장 인간적 형식이다. 그것은 세계를 경험하는 진화된, 그리고 진화되고 있는 방식이며, 그 축적의 결과물로 우리는 세계를 다루고 세계의 가능성을 확장한다.

- 이런 의미에서 기존의 문학 연구는 문자 능력에 대한 연구 — 문자 능력을 통해 인간의 개체적 공동체적 삶이 어떻게 질적으로 상승되는가, 그리고 인간이 어떻게 더 자유로워질 수 있는가 — 의 연구라고 할 수 있다.

- 인간이 상징 능력을 통해 성취한 것들 — 의식 속에 그려진 것의 아름다움, 인간 경험의 복합성을 온전히 담아내고 그것을 객관적 실재로 만들어 소통을 가능케 하는 표현의 적절함, 상상적 재현의 풍요로운 공간에서 조우하는, 삶의 전형이면서 동시에 유일하게 고유한 사람의 형상들, 그리고 이러한 것들이 어우러지는 하나의 정지된 공간을 특정한 에너지와 색채로 충전시키는 문체의 힘, 무의미한 사건의 시간적 지속에 의미의 틀을 부여하는 서사적 구조 — 은 우리가 '문학적' 경험이라고 부르는 것의 핵심을 이룬다. 그것이 문화 자본을 독점해 왔던 특정한 소수의 지적 전통을 통해서 내려왔건, 일반 사람들의 일상적 삶의 집단적 경험의 정수들이 민속의 형태로 전승되어 왔건 간에, 이러한 것들이 인간을 형성해 왔다는 것을 부정할 수 없다.

- 따라서 문자 능력의 문화적 유산은 미디어 능력의 확장에 가장 효과적이고 역동적인 원천을 제공한다.

- 문자적 텍스트와 미디어 텍스트 사이의 연속성, 동질성에 대한 인식이 차이에 대한 인식보다 더 강조될 필요가 있다. 이때 문학적 유산은 텍스트에 고정된 문학에서 '문학적'이라는 형용사의 형태로 전환될 필요가 있다.

8 미디어 교육은 제도권 교육의 일부가 되어야 한다.
미디어 교육은 시민 교육이다.

- 제도권 교육의 일부가 된다는 것은 미디어 교육을 각급 학교의 교과 과정에 포함하는 것과 고등 교육 기관에서 미디어 교육을 학문 제도의 일부로 편입해 가는 과정의 두 가지 작업을 요구한다.
- 미디어 교육을 중, 고등학교 교과 과정에 포함하는 것은 대중 매체의 시대에 시민 교육, 미적 교육, 공동체 교육에 핵심적 요소를 구성하게 된다. 미디어 교육을 교과 과정에 포함시킨 캐나다, 영국, 미국의 예를 바탕으로 교육 정책 운동으로 발전시킬 필요가 있다.
- 우리가 텍스트라고 불러 온 것의 외연을 확장시킬 필요성에 대한 공감대를 만들어 가는 것이 우선적으로 요구된다.
- 제도적 관행과의 갈등을 조정하고, 학문적 정체성을 다시 정의하고 구체적인 연구의 방법론을 견실하게 마련해 가는 과정이 필요하다. 이것은 기존의 학문 영역에서의 문자적 텍스트에 대한 몇 가지 전제들을 포기하는 것을 포함한다.

9 미디어 능력은 우리를 수동적인 소비자에서
능동적인 생산자로 만들어 준다.

- 미디어 교육은 궁극적으로 민주적 삶을 위한 교육이다.
- 자신과 공동체의 문제에 주체적으로 개입하는 능력을 교육한다는 의미에서 공공 영역의 실종과 함께 사라진 시민적 주체를 다시 만들어 가는 작업이며, 침묵하고 주변화되었던 집단에 목소리를 부여하는 참여의 기획이다.
- 미디어 능력은 참여 민주주의, 즉 의미 생산과 의미 공유의 과정에 참여하는 행위의 중요한 부분을 이룬다.

여건종 고려대학교 영어영문학과를 졸업하고 미국 뉴욕 주립대(버펄로)에서 영문학으로 박사 학위를 받았다. 현재 숙명여자대학교 영어영문학부 교수이며 한국영어영문학회 회장을 맡고 있다. 1998년부터 10년 간 계간지 《비평》의 편집 주간으로 있었고 미국 듀크 대학 한국문학 초빙교수, 한국비평이론학회 회장을 역임했다. 『현대 문화론의 이해』, 『문학, 역사, 사회』, 『영미 명작, 좋은 번역을 찾아서』 등의 책을 공저하고 『현대 문학 이론』, 『햄릿』 등을 공역했다.

주

01 동양의 고전

1 『설문해자』는 『설문(說文)』이라고 간칭하기도 하며, 동한(東漢) 시대 허신(許慎)이 편 저한 문자 공구서이다. 540개의 부수(部首)로 나누어 총 9353개 글자의 뜻과 기원을 설 명하고 있다.

2 『설문해자』. "古, 故也. 從十, 口. 識前言者也."

3 오제란 중국 전설상의 영명한 군주로서 여기에는 다양한 설이 있다. 『공자가어(孔子家 語)』에서는 황제(黃帝), 전욱(顓頊), 요(堯), 순(舜), 우(禹)를 꼽는다.

4 『설문해자』. "典, 五帝之書也. 從冊在丌上."

5 5경에는 시(詩), 서(書), 역(易), 예(禮), 춘추(春秋)가 있다.

6 13경에는 역(易), 서(書), 시(詩), 주례(周禮), 의례(儀禮), 예기(禮記), 춘추좌전(春秋左 傳), 춘추공양전(春秋公羊傳), 춘추곡량전(春秋穀梁傳), 논어(論語), 효경(孝經), 이아 (爾雅), 맹자(孟子)가 있다.

7 『설문해자』. "訓, 說敎也. 從言川聲."

8 『설문해자』. "詁, 訓故言也. 從言古聲."

9 梁啓超, 『中國近三百年學術史』(中華書局, 1923), 「反動與前驅」장 참조.

10 梁啓超, 위의 책; 蕭一山, 『清代通史』(商務印書館, 1963) 上卷, 939쪽 참조.

11 高明, 「中華學術的體系」, 黃章明·王志成 編, 『國學方法論叢(總論編)』(學人文敎出版社, 1979), 321쪽.

12 錢穆, 「新亞學報發刊辭」, 《新亞學報》第1期(1955年8月).

13 胡適, 「治學的方法與態度」, 『胡適文存』(上海: 亞東圖書館, 1930) 卷3, 115~122쪽 참조.

14 段玉裁, 「瘗親雅言序」, 『經韻樓集』卷8, 『段玉裁遺書』(臺北: 大化書局, 1977) 下冊, 1010쪽. "考據者, 學問之全體."

15 勞思光, 『中國哲學史』(臺北: 三民書局, 1981) 下3, 819쪽.

16 錢大昕, 『潛研堂文集』(四部叢刊本) 卷24, 218쪽, 「臧玉琳經義雜說序」. "有文字而後有訓

詁, 有訓詁而後有義理."

17 '해석의 5단계'는 졸저『유가 사상의 사회철학적 재조명』(고려대학교출판부, 1998) 서
    문에서 간략하게 소개한 바 있으나 이번 기회에 약간 더 수정, 보강하여 전재한다.

18 阮元,『揅經室續集』(叢書集成本) 卷1, 48쪽,「馮柳東三家詩異文疏證序」."義理之學, 必
    自訓詁始."

19 段玉裁,『經韻樓集』(道光元年刊; 經韻樓叢書本) 卷3, 25쪽. "經之不明, 由失其義理. 義理
    所由失者, 或失其句度, 或失其故訓, 或失其音讀. 三者失而義理能得, 未之有也."

20 『맹자』,「만장(萬章) 상」4장. "不以文害其辭, 不以辭害其志."

21 "古人之事, 應無不可考者, 縱無正文, 亦隱在書縫中, 要須細心人一搜出耳." 이 구절은 첸
    무(錢穆)의『中國近三百年學術史』(待滿商務印書館, 1995) 上册, 제6장의「潛邱傳略」에
    서 재인용한 것이다. 사고전서본『潛邱箚記』에는 보이지 않는다.

22 胡應麟,『少室山房筆叢』卷33,「三墳補逸」卷上, 429쪽. "昔人之說, 有當於吾心, 務著其
    出處而韙之, 亡當於吾心, 務審其是非而駁之."

23 陸象山,『象山集』卷34,「語錄 上」. "六經皆我註脚."

24 白川靜,『字統』(東京: 平凡社, 1984), 759쪽.

25 『주역』,「분괘(賁卦)」의 단사(彖辭). "觀乎天文以察時變, 觀乎人文以化成天下."

26 鄭道傳,「陶隱文集序」,『三峯集』卷3,『韓國文集總刊 5』(민족문화추진회, 1990), 342쪽.
    "日月星辰, 天之文也, 山川草木, 地之文也, 詩書禮樂, 人之文也. 然天以氣, 地以形, 人則
    以道."

27 슝스리(熊十力)의 제자로 중국 현대신유가 2세대에 속한다. 1949년 홍콩에서 첸무 등과
    함께 신아서원(新亞書院)을 창립하였으며『中國哲學原論』,『中國人文精神之發展』,『生
    命存在與心靈境界』등 많은 저작을 남겼다.

28 唐君毅,『中國人文精神之發展』(臺北: 學生書局, 1979, 제5판), 17~18쪽.

29 위의 책, 18~19쪽 참조.

30 『논어』,「학이(學而)」. "巧言令色, 鮮矣仁."

31 『논어』,「옹야(雍也)」.

32 『논어』,「팔일(八佾)」. "繪事後素."

33 『논어』,「계씨(季氏)」.

34 『묵자(墨子)』,「겸애(兼愛) 중」.

35 『묵자』,「경편(經編) 상」.

36 『묵자』,「경편 상」.

37 『순자(荀子)』,「해폐(解蔽)」. "蔽於用而不知文."

38 『맹자』,「공손추(公孫丑) 상」.

39 『장자(莊子)』, 「지북유(知北遊)」.

40 『순자』, 「해폐」. "蔽於天而不知人."

41 『한비자(韓非子)』, 「오두(五蠹)」. "民固驕於愛, 聽於威矣."

02 서양의 고전

1 Charles Augustin Sainte-Beuve, "What Is A Classic?" *The Great Critics: An Anthology of Literary Criticism*, ed. James Henry Smith and Edd Winfield Parks(New York: W. W. Norton, 1951), p. 596.

2 Ibid., p. 597.

3 도널드 J. 윌콕스, 차하순 옮김, 『신과 자아를 찾아서』(이화여자대학교출판부, 1985), 137쪽.

4 Frank Kermode, *The Classic*(Cambridge: Harvard University Press, 1975), pp. 17~18.

5 George Steiner, *Tolstoy or Dostoevsky*(Harmondsworth: Penguin Books, 1959), pp. 76~77.

6 Lionel Trilling, *The Last Decade: Essays and Reviews, 1965-75*(New York: HBJ Books, 1979), pp. 161~162.

7 Thomas Mann, *Essays*, trans. H. T. Lowe-Porter(New York: Vintage Books, 1957), pp. 171~172.

8 Max Weber, *The Protestant Ethic and the Spirit of Capitalism*, trans. Talcott Parsons(London: Unwin University Books, 1974), pp. 180~181.

9 Bertrand Russell, *Skeptical Essays*(Oxon: Routledge, 2004), pp. 82~83.

10 Karl Marx and Friedrich Engels, *The Communist Manifesto: A Modern Edition*(London: Verso, 1998), pp. 11~12.

11 Martin Heidegger, *An Introduction to Metaphysics*, trans. Ralph Manheim(New Haven: Yale University Press, 1977), pp. 146~152.

12 M. I. Finley, *The Ancient Greeks*(Harmondsworth: Penguin Books, 1966), p. 17. 이하에 나오는 그리스 관계 정보는 주로 이 책에 의존하였다.

13 M. I. Finley, *Politics in the Ancient World*(Cambridge: Cambridge University Press, 1983), pp. 50~51.

14 Christian Meier, *The Political Art of Greek Tragedy*, trans. Andrew Webber(Cambridge: Polity Press, 1993), p. 56.

15 Jean-Pierre Vernant and Pierre Vidal-Naquet, *Myth and Tragedy in Ancient Greece*, trans.

Janet Lloyd(New York: Zone Books, 1996), pp. 25~28.

16 Herodotus, *The Histories*, trans. Robin Waterfield(Oxford: Oxford University Press, 1998), p. 220.

17 Walter H. Pater, *Plato and Platonism*(1901), Kindle edition, location 31~32.

18 Plato, *Gorgias*, trans. Benjamin Jowett, Kindle edition, location 1676~1677.

19 Ibid., location 1701~1702.

20 Ibid., location 2143~2144.

03 한국의 고전

1 심경호, 「한국 한문 문집을 활용한 학문 연구와 정본화 방법에 관한 일고찰」, 한국고전 번역원, 《민족문화》 제42호(2013. 12), 287~336쪽.

2 심경호, 「일본 일광산(동조궁) 동종과 조선의 문장」, 민족어문학회, 《어문논집》 제65집 (2012. 4), 315~347쪽; 심경호, 『국왕의 선물』(책문, 2011).

3 일연, 최광식·박대재 역주, 『삼국유사』(고려대학교출판부, 2014).

4 송성욱 풀어 옮김, 『춘향전』(민음사, 2004); 이가원, 『춘향전』(태학사, 1995); 정하영, 『춘향전의 탐구』(집문당, 2003); 김진영 엮음, 『춘향전 전집』 전10권(박이정, 1999).

5 김일렬 역주, 『홍길동전/전우치전/서화담전』, 연강학술도서 한국고전문학전집 25(고려 대학교민족문화연구소, 1996); 로은옥 윤색, 『홍길동전』, 조선고전문학선집 11(연문사, 2000; 평양: 문예출판사, 1985); 설성경, 『홍길동전의 비밀』(서울대학교출판부, 2004).

6 『금오신화』는 16세기 중엽에 목판으로 간행될 때부터 다섯 이야기였다. 이 책은 윤춘년 (尹春年, 1514~1567)이 교서관 제학을 겸하고 있을 때 간행했을 것으로 추정된다. 더 많은 작품이 있었을지 모르나, 1999년에 발견된 초기 목판본에도 다섯 편밖에 들어 있 지 않다. 심경호 옮김, 『금오신화』(홍익출판사, 2000); 류수·김주철 옮김, 『금오신화에 쓰노라』(보리, 2005); 심경호, 『김시습 평전』(돌베개, 2003).

7 심경호, 「관산융마의 형식과 주제 사상」, 민족어문학회, 《어문논집》 제59집(2009. 4), 169~193쪽.

8 1981년 아세아레코드에서 나온 『김월하 시조 2집』에 「십이난간(경포대)」, 「십재경영」과 함께 「관산융마」가 담겨 있다. 김정연의 제자인 명창 김광숙의 소리가 서울음반에서 나 온 『생활국악 대전집 제6집』에 실려 있는데 1, 2구를 불렀다.

9 신웅순, 「관산융마 소고」, 이동환 외 5인, 『석북 신광수의 삶과 문학 세계』(서천문화원, 2007), 143~159쪽.

10 자세한 논의는 심경호, 「한국 한문학의 독자성과 중국 고전 문학의 접점에 관한 규견(窺 見)」, 한국중국어문학회,《중국문학》제52집(2007. 8), 1~19쪽 참조.

11 심경호, 『산문기행』(이가서, 2007).

12 심경호, 『다산과 춘천』(강원대학교출판부, 1996); 심경호, 『여행과 동아시아 고전 문학』 (고려대학교출판부, 2011); 심경호, 『다산의 국토 사랑과 경영론』(국토연구원, 2011).

13 김인겸, 최강현 역주, 『일동장유가』(보고사, 2007); 이원식, 『조선 통신사』(민음사, 1991); 이혜순, 『조선 통신사의 문학』(이화여자대학교출판부, 1996); 박찬기, 『조선 통 신사와 일본 근세 문학』(보고사, 2001); 김태준, 『한국의 여행 문학』(이화여자대학교출 판부, 2006); 구지현, 『계미 통신사 사행 문학 연구』(보고사, 2006); 정한기, 『여행 문학 의 표현과 창작 배경』(월인, 2010); 심경호, 『여행과 동아시아 고전 문학』.

14 김만중은 1687년(숙종 13) 선천 유배지에서 단편 에세이를 하나하나 집필하기 시작해 서 남해 유배 시기인 1689년부터 1692년 사이에 책으로 묶은 듯하다. 이 책은 인쇄되지 못하고 필사본 형태로 일정한 범위 내에서만 읽혔다. 통문관 구장본은 상권 104조, 하권 163조로 되어 있다. 심경호 역주, 『서포만필 상·하』, 한국고전문학대계 1~2(문학동네, 2003).

15 맹자가 제(齊)나라 고을 평륙(平陸)에 가서 읍재 공거심에게 가축 사육하는 것을 백성 다스리는 데 비유하여 말하자 공거심이 뉘우쳤다고 한다.(『맹자』「공손추 하」)

16 신승운, 「주자의 명신언행록 편찬과 그 자료」, 《서지학보》제22호(1998); 이근명, 「송명 신언행록의 편찬과 후세 유전」, 《기록학연구》제11호(2005).

17 박인호, 「영·정조대 인물서의 편찬과 역사학의 변화」, '영·정조대 문예 중흥기의 학술 과 사상' 발표문(2011. 11. 26, 한국학중앙연구원 대강당 2층 회의실).

18 심경호, 『한국 한문기초학사 2』(태학사, 2012).

19 위의 책.

20 심경호, 「한국 한문 문집을 활용한 학문 연구와 정본화 방법에 관한 일고찰」, 한국고전 번역원,《민족문화》제42호(2013. 12), 287~336쪽.

04 근대 한국의 고전

1   대학생 권장 도서 목록과 별도로 출판사의 세계문학전집 목록을 참조할 수도 있다. 가령 민음사의 세계문학전집은 2017년 350권을 돌파했는데, 그 가운데에서 근대 한국 문학으 로는 여러 작가의 단편 문학선 두 권, 희곡 문학선 두 권, 황석영과 김승옥과 이상의 단 편 소설집 그리고 이광수의 『무정』과 이문열의 『황제를 위하여』 등이 있다. 그러나 이러

한 목록에서는 선정의 기준과 논리를 짐작하기 어렵다.

2 김팔봉, 「작가로서의 춘원」, 동국대학교부설한국문학연구소 엮음, 『이광수 연구』(태학사, 1984), 36~37쪽.

3 밀란 쿤데라, 권오룡 옮김, 『소설의 기술』(민음사, 2013), 15쪽. 같은 책 14쪽의 다음 인용은 쿤데라가 말하는 발견이 구체적으로 어떤 것인가를 쉽게 이해시켜 준다. "세르반테스의 동시대인들과 더불어 소설은, 모험이 무엇인가를 묻는다. 새뮤얼 리처드슨과 더불어 소설은 '내면에서 무엇이 일어나고 있는가'와 감정의 은밀한 삶을 검토하기 시작한다. 발자크와 더불어서는 역사에 뿌리내리는 인간을 발견한다. 플로베르와 함께 소설은 그때까지 미지의 세계였던 일상의 지평을 탐사한다. 톨스토이와는 사람들의 결정과 행위에 개입하는 비합리적인 것에 관심을 기울인다. 그리고 시간을 탐색한다. 마르셀 프루스트와 더불어 붙잡을 수 없는 과거의 순간을, 제임스 조이스와는 붙잡을 수 없는 현재의 시간을 탐색하는 것이다. 토마스 만과 더불어서는 시간의 밑바닥에서 유래하여 우리 발걸음을 원격 조정하는 신화의 역할을 묻는다."

4 김우창, 「한국 현대 소설의 형성」, 『궁핍한 시대의 시인』(민음사, 1977), 110~125쪽 참조.

5 『임꺽정』과 관련된 논의와 그 속에서 재인용된 구절의 출처는 이남호, 「벽초의 『임꺽정』 연구」, 『문학의 위족 2: 소설론』(민음사, 1990), 385~414쪽을 참조.

6 유종호, 「한국의 페시미즘」, 『유종호 전집 1: 비순수의 선언』(민음사, 1995), 114쪽. "한 가지 명백한 것은 낙백한 영혼이 펼쳐 보이는 이 비관론의 절창이 한국 최상의 시의 하나라는 사실이다."

7 이남호, 「시대에 대한 간접 화법」, 앞의 책, 369~384쪽 참조.

8 유종호, 「인간 사전을 보는 재미」, 『유종호 전집 5: 문학의 즐거움』(민음사, 1995), 256쪽.

9 가혹한 시대와 관련하여 순결한 영혼이 고뇌했던 갈등의 과정에 대해서는 이남호, 『윤동주 시의 이해』(고려대학교출판부, 2014) 참조.

05 이슬람 문명의 모험

1 Bernard Lewis, "The Mongols, the Turks and the Muslim Polity," *Transactions of the Royal Historical Society* (*5th Ser*) 18(1968), p. 49.

2 자크 제르네, 김영제 옮김, 『전통 중국인의 일상생활』(서울: 신서원, 1995).

3 Karl A. Wittfogel, *Oriental Despotism: A Comparative Study of Total Power*(New York: Vintage, 1957; repr., 1981), pp. 219~225.

4 F. W. Mote, "The Growth of Chinese Despotism: A Critique of Wittfogel's Theory of

Oriental Despotism as Applied to China," *Oriens extremus* 8(1961).

5   R. I. Moore, "The Birth of Europe as a Eurasian Phenomenon," *Modern Asian Studies* 31, no. 3(Special Issue: The Eurasian Context of the Early Modern History of Mainland South East Asia, 1400-1800)(1997), p. 597.

6   Michal Biran, "The Mongol Empire in World History: The State of the Field," *History Compass* 11(2013).

7   Marshall G. Hodgson, *The Venture of Islam: Conscience and History in a World Civilization*, 3 vols.(Chicago: University of Chicago Press, 1974).

8   국내에서는 호지슨 교수의 사론을 모은 책이 번역되었다. 마셜 호지슨, 이은정 옮김, 『마셜 호지슨의 세계사론: 유럽, 이슬람, 세계사 다시 보기』(서울: 사계절, 2006).

9   Edmund Burke III, "'There is no Orient': Hodgson and Said," *Review of Middle East Studies* 44, no. 1(2010).

10 이에 관해서는 김호동, 『동방 기독교와 동서 문명』(서울: 까치, 2002) 참조.

11 Patricia Crone, *Meccan Trade and the Rise of Islam*(Princeton, N.J.: Princeton University Press, 1987); Patricia Crone and Michael Cook, *Hagarism: The Making of the Islamic World*(Cambridge: Cambridge University Press, 1977).

12 Charles Forster, *Mahometanism Unveiled*, 2 vols.(London: J. Duncan, 1829).

13 Ata Malik Juvayni, *The History of the World-Conqueror*, Vol. 1, trans. John Andrew Boyle(Cambridge, Mass.: Harvard University Press, 1958), p. 107.

14 E. G. Browne, *A History of Persian Literature: From Firdawsi to Sa'di*, Vol. 2(Cambridge: Cambridge University Press, 1902), pp. 427~431.

15 J. A. Boyle ed., *The Cambridge History of Iran: The Saljuq and the Mongol Periods*, Vol. 5(Cambridge: Cambridge University Press, 1968), p. 485.

16 Rashid al-Din, *Jami'u't-Tawarikh: Compendium of Chronicles*, 3 vols., ed. W. M. Thackston (Harvard University, Dept. of Near Eastern Languages and Civilizations, 1998), p. 491.

17 J. A. Boyle, "The Death of the Last 'Abbasid Caliph: A Contemporary Muslim Account," *Journal of Semitic Studies* 6, no. 2(1961).

18 Joseph Schacht, *An Introduction to Islamic Law*(Oxford: Clarendon Press, 1982), pp. 69~75.

19 Christopher Pratt Atwood, "Validation by Holiness or Sovereignty: Religious Toleration as Political Theology in the Mongol World Empire of the Thirteenth Century," *The International History Review* 26, no. 2(2004).

20 William Rubruck, *The Mission of Friar William of Rubruck: His journey to the court of the Great Khan Möngke 1253-1255*, ed. Peter Jackson(London: The Hakluyt Society, 1990), p. 120.

21 Bernard Lewis, *What Went Wrong?*: *Western Impact and Middle Easter Response*(Oxford: Oxford University Press, 2002).

06 오늘의 사상의 흐름

1 R. Descartes, *Discours de la méthode*, A.T.판 전집 VI권(Paris: J. Vrin, 1982), 제1부 여기저기; *Principes de la philosophie*, A.T.판 전집 IX-2권(Paris: J. Vrin, 1971), 서문, p. 18.

2 그러나 헤겔적 삼위일체는 존재=시간성=근거로 정식화할 수 있는 칸트적 삼위일체의 변형이다. 칸트는 자연의 운동에 종속되어 있던 시간을 의식의 내면으로 도입했다. 그리고 내면화된 시간의 질서(도식)에서 현상(경험) 일반의 궁극적 조건을 찾았다. 이로써 외부의 운동에 종속되어 있었던 시간이 오히려 운동을 낳거나 규정하는 위치로 올라선다. 들뢰즈가 강조한 것처럼, 이것은 서양철학사에서 일어난 가장 위대한 전환 중의 하나다. 그럼에도 불구하고 칸트의 시간은 아직 역사적 시간이 아니다. 푸코의 고고학이 분명히 보여 주는 것처럼, 칸트는 역사가 아직 말과 사물의 일대일 대응 관계를 미궁에 빠뜨리지 않는 고전주의(계몽주의) 시대의 에피스테메에 속한다.

3 G. W. F. Hegel, *Vorlesungen über die Geschichte der Philosophie I*(Frankfurt am Main: Suhrkamp, 1971), p. 49. 본문 내 약칭 GPh.

4 헤겔적 의미의 정신은 공동체 수준의 자기의식, 상호 주관적 자기의식, 즉 스스로 문제를 낳고 그것을 해결해 가는 무한한 공동체 정신이다. 헤겔의 정신현상학은 개인적이고 유한한 자기의식과 무한한 상호 주관적 자기의식 사이에서 일어나는 변증법적 차이(모순)와 전도(일치)의 역사다. 헤겔의 논리학은 정신의 역사를 개념의 자기 분화(복잡화) 및 복귀(단순화)의 운동으로 그려 낸다. 헤겔의 법철학은 개인적 자기의식의 관점과 정신적 자기의식의 관점이 하나를 이루는 이성적 사유의 이념이 인류의 질서로 실현되는 방식을 체계화한다. 헤겔의 철학은 언제나 정신=무한자의 철학이다.

5 G. W. F. Hegel, *Vorlesungen über die Philosophie der Geschichte*(Frankfurt am Main: Suhrkamp, 1970), pp. 133~134. "태양, 빛은 동양에서 출현한다. (……) 세계의 역사는 동쪽에서 서쪽으로 나아간다. (……) 세계의 역사에 대해서는 어떤 절대적 의미의 동쪽이 있다. 왜냐하면 지구는 구체를 이루고 있음에도 불구하고 역사는 이 지구를 돌며 원환을 그리는 것이 아니기 때문이다. 역사는 오히려 어떤 특정한 동쪽을 가지고 있을 것이며, 그것이 바로 아시아다. 여기서는 외면적이고 물리적인 태양이 떠오르고, 이 태양은 서쪽으로 진다. 하지만 이와 더불어 자기의식이라는 내적인 태양이 떠오르는 것이고, 이 내적인 태양은 훨씬 찬란한 빛을 발한다." 여기서 서양 말 Orient와 Occident의 어원이

독일어에서 분명하게 드러나는 것처럼 각각 일출의 땅과 일몰의 땅에 있음을 상기하자.

6 M. Heidegger, *Holzwege*, 전집 5권(Frankfurt am Main: Klostermann, 1977), pp. 325~326. 본문 내 약칭 HW.

7 프랑스에서 이런 복귀의 추세를 반영하는 대표적 성과물로는 최근에 나온 논문집 P. Maniglier ed., *Le moment philosophique des années 1960 en France*(Paris: P.U.F., 2011)를 들 수 있다. 그밖에 E. Alliez, *De l'impossibilité de la phénoménologie: Sur la philosophie française contemporaine*(Paris: J. Vrin, 1995) 같은 책도 있다. 우리말로 된 책으로는 프레데릭 보름스, 주재형 옮김, 『현대 프랑스 철학』(길, 2014) 3부도 참고할 만하다.

8 A. Badiou, *Manifeste pour la philosophie*(Paris: Seuil, 1989), p. 39. 본문 내 약칭 MP.

9 G. Deleuze and F. Guattari, *Qu'est-ce-que la philosophie?*(Paris: Minuit, 1991), p. 102. 본문 내 약칭 QP.

10 내재성의 평면은 『천 개의 고원』이나 『시네마』 같은 저작에서는 깊이(생성)의 층위를 가리키고, 이 점에서 기관 없는 신체(CsO)와 동일한 의미를 지닌다. 하지만 지금 우리가 읽고 있는 『철학이란 무엇인가』에서는 깊이와 표면을 동시에 포괄하는 것같이 보인다. 이것은 기관 없는 신체가 때로는(『의미의 논리』와 『천 개의 고원』 등의 경우) 강도적 질료의 깊이를, 때로는(『안티 오이디푸스』의 경우) 등록의 표면을 가리키는 것과 같다. 그렇기 때문에 다른 곳에서는 분명하게 구별되는 생성과 사건이 여기서는 역사와 대립하는 하나의 부류로 취급되고 있고, 때로는 혼동되기도 한다. 가령 본문의 긴 인용문은 개념적 인물이 생성에 속한다고 말하지만, 유사한 내용이 반복되는 다른 대목(QP 106)에서는 사건에 속하는 것으로 되어 있다. "생성은 개념 자체다. 그것은 역사 안에서 태어나 다시 역사로 떨어지지만, 그럼에도 불구하고 역사는 아니다. 생성 그 자체에는 시작도 끝도 없이 그저 환경만이 있을 뿐이다. 그러므로 그것은 역사적이라기보다 지리학적이다. 혁명들, 친구의 사회들, 저항의 사회들 역시 (……) 하나의 내재성의 평면 위에서 일어나는 순수한 생성들, 순수한 사건들이다. 대문자 역사가 사건으로부터 포착하는 것은 정황이나 체험 안에서 이루어지는 사건의 효과화일 뿐이지만, 사건은 자신의 생성 내에서, 자신의 고유한 공속성(consistance) 안에서, 개념으로서의 자기 정립 속에서 대문자 역사를 벗어난다. 사회-심리적 유형들은 역사적이지만, 개념적 인물들은 사건들이다." 칸트, 구조주의, 현상학 등의 영향 아래 있을 때 들뢰즈는 표면(사건)의 철학자이지만, 니체, 베르그송, 아르토 등의 영향 아래 있을 때는 깊이(생성)의 철학자가 된다는 인상이다.

11 A. Badiou, *Monde contemporain et désir de philosophie*[pamphlet], Cahier de Noria, no. 1(Reims, 1992) 참조.

12 G. Deleuze, *Logique du sens*(Paris: Minuit, 1969), p. 152. 본문 내 약칭 LS.

13 바디우의 철학사 인식을 정리한 글로는 P. Hallward, *Badiou: A Subject to Truth*(Minneapolis: University of Minnesota Press, 2003), pp. 15~28 참조.

14 A. Badiou, *Conditions*(Paris: Seuil, 1992), p. 76. 본문 내 약칭 C.

15 A. Badiou, *L'antiphilosophie de Wittgenstein*(Caen: Nous, 2009), p. 16. 본문 내 약칭 AW.

16 이런 이유에서 발리바르는 바디우가 말하는 진리의 역사는 데리다가 흔적의 논리나 유령의 논리를 통해 설명하는 진리의 역사(혹은 캉길렘이나 푸코의 역사)와 별다른 차이가 없음을 강조한다. 왜냐하면 바디우에게서도 진리는 흔적에 가까운 공백의 가장자리에 있기 때문이고, 진리가 현실 속에 등장하기 위해서는 어떤 주관적인 열망과 보충(바디우의 경우는 충실성)이 수반되어야 하기 때문이다. E. Balibar, "Histoire de la vérité: Alain Badiou dans la philosophie française," *Alain Badiou: Penser le multiple*, ed. Ch. Ramond(Paris: L'Harmattan, 2002), pp. 497~523, 특히 pp. 500~501 참조.

17 A. Badiou, *L'éthique*(Caen: Nous, 2003), p. 21. 본문 내 약칭 E.

18 S. Zizek, *Ticklish Subject*(London: Verso, 1999), p. 157.

19 그렇기 때문에 크리츨리는 바디우가 말하는 진리의 네 가지 조건(과학, 예술, 정치, 사랑)에 종교가 추가되어야 하고, 나아가 종교가 네 가지 조건들이 통합되는 윤리적 구심점이 되어야 한다고 말한다. S. Critchley, "Comment ne pas céder sur son désir. Sur l'éthique de Badiou," Ch. Ramond ed., op. cit., pp. 207~233, 특히 pp. 218~220 참조.

20 I. Kant, *Kritik der praktischen Vernunft*(Frankfurt am Main: Suhrkamp, 1974), p. 191(A 127) 이하.

21 J. Lacan, *Le séminaire XI*(Paris: Seuil, 1973), p. 210.

22 J. Derrida, *Savoir et Foi*(Paris: Seuil, 1996), p. 86.

23 박동환, 『안티호모에렉투스』(길, 2001) 참조.

07 문화 연구와 문학 연구

1 필자는 문화 연구의 등장과 전개 과정, 문화 연구의 철학적 전제, 유물론적 미학 전통의 재구성, 문화 연구의 실천적 기획으로서의 미디어 리터러시 등에 대해 여러 지면을 통해 글을 발표했다. 문화 연구의 특징을 개괄적으로 소개하는 이 글의 성격에 따라 다른 지면에 발표한 내용과 일부 중복됨을 밝힌다. 이 글에서 논의된 문화 연구와 유물론적 미학에 대한 생각들이 이미 발표된 논문은 다음과 같다. 「문화적 마르크스: 창조적 인간, 자기실현, 자유」, 《영어영문학》 50권 1호(2004), 79~94쪽; 「대중문화와 상징 생산: 유물론적 미학의 계보」, 《새한영어영문학》 50권 1호(2008), 63~82쪽; 「영문학과 문화 연

구: 대중의 문화에 어떻게 개입할 것인가」,《안과밖》20호(2006), 66~89쪽;「시장사회, 문화적 능력, 미디어 리터러시」,《비평과 이론》10권 1호(2005), 83~101쪽;「일상적 삶의 상징적 창조성: 심미적 인문주의와 유물론적 미학」,《안과밖》28호(2010), 14~35쪽;「문화는 대중과 어떻게 만나는가: 벤야민, 뉴 레프트, 그리고 서사의 대중성」,《새한영어영문학》55권 1호(2013), 47~64쪽.

2   Raymond Williams, "Culture is Ordinary," *Resources of Hope*(New York: Verso, 1989).

3   Stuart Hall, "Introducing NLR," *New Left Review* 1, no. 1(January-February 1960).

4   전통적인 사회주의적 의제가 문화적 마르크스주의로 전환되는 과정에 대해서는 Dennis Dworkin, *Cultural Marxism in Postwar Britain: History, the New Left, and the Origins of Cultural Studies*(Duke University Press, 1997) 참조. 특히 대중에 대한 관점의 변화에 대해서는 3장 "Culture is Ordinary" 참조.

5   마르크스의 '생산하는 인간'과 자본주의의 인간 소외에 대한 논의는 여건종,「문화적 마르크스: 창조적 인간, 자기실현, 자유」,《영어영문학》50권 1호(2004), 79~94쪽 참조.

6   Karl Marx, *The Economic and Philosophic Manuscripts of 1844*, ed. Dirk Struik(International Publishers, 1964), p. 135.

7   Karl Marx, *Theories of Surplus Value*(Beekman Publishers, 1971), p. 102.

8   Raymond Williams, *The Long Revolution*(Chatto and Windus, 1961), p. 118.

9   Paul Willlis, *Common Culture: Symbolic Work at Play in the Everyday Cultures of the Young*(Westview Press, 1990), p. 1. 이하 인용은 CC로 표기하고 괄호 안에 쪽수를 병기한다.

10   여기서 grounded는 일상적 삶에서 상징 행위가 작동하는 주체적 공간, 장을 의미한다. 즉 "땅에 뿌리박은", "구체적이고 일상적인 삶의 공간에서 일어나는"의 의미로 이해할 수 있다. 여기에서는 문맥에 따라 "일상의 미학"으로 번역한다.

고전 강연 전체 목록

고전 강연

1 개론

1판 1쇄 찍음 2018년 3월 16일
1판 1쇄 펴냄 2018년 3월 23일

지은이 이승환, 유종호, 심경호, 이남호, 김호동, 김상환, 여건종
발행인 박근섭·박상준
펴낸곳 (주)민음사

출판등록 1966. 5. 19. 제16-490호
주소 (135-887) 서울시 강남구 도산대로 1길 62(신사동)
강남출판문화센터 5층
대표전화 515-2000 | 팩시밀리 515-2007
홈페이지 www.minumsa.com

ISBN 978-89-374-3657-4 (04100)
978-89-374-3656-7 (세트)

NAVER
문화재단   이 책은 네이버 문화재단의 후원으로 만들어졌습니다.